感情研究の新展開

北村英哉
木村 晴
【編】

ナカニシヤ出版

はじめに

　感情の心理学的研究は盛んになってきている。日本感情心理学会の2005年度の発表件数は，約60件で，日本心理学会の情動・動機づけ部門の発表は109件であった。また，日本感情心理学会が発行する『感情心理学研究』という学術雑誌があり，感情の研究はこのように盛んになされている。しかし，それでは心理学の分野として一般的に「感情心理学」という領域がよく認知されているかというと，そうでもないように思われる。日本心理学会の会員の専門種別においても感情が独立した扱いをなされているわけではないし，大学教員の専門も「感情心理学」の教授というような位置を占めていることは少数ではないだろうか。それは，感情の研究というのは，人格心理学や臨床心理学のように，「感情心理学」として一分野を立てるタイプのものというよりも，人格研究の中にも臨床研究の中にも発達心理学，学習・教育心理学，社会心理学の中にも，どこにでも感情の問題は発生してくるようなトピック的な分類となるからであろう。

　実際，感情にまつわる現象を研究していくスタンスは，さまざまな視点，アプローチがあり，同じ臨床的な扱いの場合でも，パーソン・センタード（来談者中心療法）によるアプローチと本書で第14章に取り上げた認知行動療法的アプローチとではかなり異なってくるだろう。また，抑うつや不安という感情を病理，認知システムとして捉える感情研究と，第5章で取り上げた感情が記憶に及ぼす影響を実験的に捉える研究では，行っていることに隔たりを感じるかもしれない。しかし，抑うつ的な人が経験の中でどのような部分に着目，注意して，それが想起されやすい経験となるか，このような認知システムと病理は密接に関係している。

　本書では，多方面からばらばらの研究がなされているように見える感情の心理学的研究を，認知システムという切り口を中心に据えて互いに関連づけ，総合的に見渡すと，現在において，どのような感情研究の方向性が見出せるか，

そのような視点から，14の章を編んでみた。とりわけ，現在意欲的に研究に携わっている博士課程やPD，助手，講師など若い研究者たちを中心にして，研究の最前線では今何が行われているかがわかるように記述して頂いて，全体として感情研究がどのような方向に向かって展開しつつあるかを読者に示すことができるように心がけた。

　初学者の方にはいくぶんとっつきにくい記述も見られるかもしれないが，全体をざっと見て頂くと，ある種の研究スタイルと言ってよいだろう，「認知的なものの見方」が感じられるようになっていると思う。

　さて，認知ということであるが，一昔前は感情研究と認知という言葉は，全くつながりを欠いた現象であり，互いに異なる研究領域であると見なされていたと思う。しかし，本書の大きなテーマは「認知と感情」であり，感情現象は認知的に扱い得るし，認知的に扱うとどのような眺望が拓けるか挑んだ領域が主に集められている。計算論的なモデルを中心に発展してきた認知科学がずっと取り上げて来なかった感情という変数の重要性を指摘した海保博之編集の『「温かい認知」の心理学』（金子書房）の刊行が1997年であり，日本で最初に「認知と感情の融接現象」を前面となるテーマとして取り上げた書であったが，それから10年近くが経とうとしている。計算論的に全くクールな認知科学でもなく，読者の感情をも揺さぶるような現象の記述，伝達に主眼を置いた熱い研究でもなく，人間にどんな働きが装備されているのかに限りなく知的な関心を抱き，人間という不思議な，また実によくできた有機体が一体どんなメカニズムを持っているか，その発見による知的驚きを体験したいばかりに研究に夢中になっている人々が見出した新たな知見。そのような世界が描かれているのが，感情の認知的研究である。

　10年前は日本でもまだそれほど大きな広がりを見せていなかった進化心理学の影響がこの間徐々に浸透してきて，温かい認知は，認知に温かい血を入れていくだけでなく，そもそもヒトというメカニズムを考えた場合に，生存，繁殖という温かい目標を考えることなしに，そのメカニズムの深い意義，その存在のねらいは見通せないのだということがよくわかってきた。ヒトのメカニズムを解き明かすカギは，何のために感情が存在していて，そのため現実に感情はヒトにとってどんな働きをしているのかという問題意識・視点であり，感情

にまつわる現象をそのようなスタンスから丹念に検討していくことが必要であった．人間を正確に理解するためには，感情と認知を統合的に取り扱っていかなければならないことがますますはっきりとわかってきたのがこの 10 年ではないだろうか．人の認知システムは単に遊びやパズルとして問題解決をするように設計されているのではなく，日常生きていく上で適応が達成されやすいように進化の中で形作られてきたものである．人は意味のわかりにくい抽象的な問題よりも，経験に即した具体的な問題の方がずっと思考しやすい．そのような認知や思考のシステムにどのように感情が絡んでいるのかいくつかの章では，記憶，判断，自己というテーマと絡めて現在の知見が語られている．

このように新たな視点も加わってきた感情と認知の融接的な知見について，本書は主として心理学を専門として基礎的な課程を終え，個々の専門分野の学習を行おうとしている心理学関係の学部生，大学院生に，知的関心を充足してもらうだけでなく，卒業論文や修士論文に向けて，認知と感情の領域の先端を学習してもらって，ぜひ新たな研究のヒントにしてもらいたいと考えて書かれている．もちろん，専門や隣接領域の研究者の方々にもこの領域の知見を確認して頂くのにお役に立てれば幸いである．また，知的関心に富む一般の方々や先端領域に関心を持つマスコミやサイエンスライターの方々にもよい紹介になればと願っている．また，多くの不足の点，至らない点もあり，厳しいご批判や叱咤もお待ち申し上げている．

本書の執筆者の多くは，感情や社会的認知の学習を行うのに，しばしば勉強会や読書会を行ってきた．さまざまな大学の在籍者が主体となってきたが，とりわけ一橋大学大学院教授の村田光二先生の主催する多くの研究会・読書会による経験は，本書に役立てられる貴重な学問的資産であった．また，何人かの執筆者の指導教員でもある．ここに改めて感謝の念を表する次第である．

読書会などでの興味深い発表や意見交換などは本書で扱われるアイデアを磨いていく基盤となったものである．編者の研究出発の頃からそのような恩恵を与えて頂いた沼崎誠首都大学東京助教授，工藤恵理子東京女子大学助教授，さらにいつも有益な議論の相手をして頂いている伊藤忠弘帝京大学講師，藤島喜嗣昭和女子大学助教授に感謝の意を込めてお名前を挙げさせて頂く．その他にも研究会の参加者など多くの方々に普段から支えられていることに感謝を申し

述べたい。編者の指導教員である古畑和孝帝京大学教授，市川伸一東京大学教授，普段から多くの助言を頂いている安藤清志東洋大学教授，大坊郁夫大阪大学教授，外山みどり学習院大学教授，池上知子大阪市立大学教授，遠藤由美関西大学教授，唐沢穣名古屋大学教授，唐沢かおり東京大学教授，大平英樹名古屋大学教授，余語真夫同志社大学助教授，また，感情研究のご示唆をいつも頂いている久保ゆかり東洋大学教授にも感謝の意を表する。

　最後に，本書企画のときから，親身にご相談に乗って頂いて，励ましを頂いてきたナカニシヤ出版編集長宍倉由高氏に感謝申し上げたい。

　本書によっていくらかでも感情研究の面白さを感じて頂いて，研究テーマを形作っていく方がいたら執筆者一同として，この上のない喜びである。

緑薫る5月の文京の地より
編者

目　　次

はじめに　*i*

パート1　感情研究の動向

第1章　感情研究の新たな意義 …………………………………………3
1. 感情とは　*3*
2. 進化と感情　*6*
3. 主要な感情　*7*
4. 認知的評価理論　*11*
5. 用語の定義　*13*
6. 各章の概観　*15*

第2章　感情と認知の主要理論 …………………………………………21
1. 本章の内容　*21*
2. 認知の内容に対する感情の影響―感情と記憶・感情と社会的判断　*21*
3. 認知の方法に対する感情の影響―感情と情報処理方略　*26*
4. 感情と認知の相互作用―感情制御　*35*
5. 今後の検討課題　*36*

第3章　感情の研究法 ……………………………………………………43
1. 実態把握型研究とメカニズム解明型研究　*43*
2. 感情を独立変数として扱うために　*44*
3. 感情を従属変数として扱うために―感情の測定方法　*52*
4. 自己報告による感情の測定　*53*
5. 行動・認知指標による感情の測定　*55*

  6. 生理学的指標による感情の測定　*57*
  7. おわりに─指標選定の重要性　*60*

パート2　感情の個人内過程

第4章　感情と脳 …………………………………………………… *67*
  1. はじめに　*67*
  2. 古典的な理論　*68*
  3. 近年の展開　*71*
  4. なぜ脳なのか　*84*

第5章　感情と記憶 ………………………………………………… *93*
  1. 感情が記銘・保持に及ぼす影響　*94*
  2. 感情が記憶の想起に及ぼす影響　*96*
  3. 気分一致効果と気分不一致効果を弁別する要因　*99*
  4. 気分緩和動機を越えて　*101*
  5. 今後の課題・展望　*107*

第6章　感情と自動的過程 ………………………………………… *113*
  1. 感情の自動的過程　*113*
  2. 自動評価と感情の生起　*116*
  3. 自動評価の行動先導機能　*119*
  4. 感情における意識の役割─これからの感情研究に向けて　*123*

第7章　感情と主観的感覚 ………………………………………… *133*
  1. はじめに　*133*
  2. 熟知感が判断に及ぼす影響　*134*
  3. 検索容易性が判断に及ぼす影響　*140*
  4. 今後の展望　*146*

第8章　感情と自己 ……………………………………………… *151*
1. 自己はどのように表されるか　*152*
2. 自己のルーツ　*153*
3. セルフ・ディスクレパンシーと不快感情　*157*
4. 制御方略と感情経験　*161*
5. 残された問題点と今後の研究展望　*164*

第9章　自己意識感情とその働き ………………………………… *169*
1. 自己意識感情とは　*169*
2. 自己意識感情としての恥と罪悪感の働き　*172*
3. 自己意識感情の研究動向　*177*
4. 今後の自己意識感情研究の展望　*185*

パート3　感情のコントロール

第10章　感情の制御 ……………………………………………… *193*
1. 感情の制御とは　*194*
2. 感情制御とさまざまな影響　*198*
3. 感情制御の方略　*202*
4. おわりに　*206*

第11章　感情の開示と適応 ……………………………………… *211*
1. 感情の開示とは　*211*
2. 感情の開示による効果　*214*
3. 日常生活で感情を語ること——感情の社会的共有行動　*217*
4. おわりに　*219*

第12章　感情の表出とコミュニケーション …………………… *223*
1. 日常生活における感情の表出　*223*
2. コミュニケーションにおける感情の共有　*227*
3. 社会へと開かれたコミュニケーション　*232*

第13章 感情制御，個人差，パーソナリティ ……………………………243
  1. はじめに　*243*
  2. 感情制御方略の個人差　*244*
  3. 感情制御能力の個人差とそのメカニズム　*245*
  4. パーソナリティ特性と感情制御の個人差　*253*
  5. おわりに——パーソナリティと感情　*257*

第14章 感情と認知行動療法 ……………………………………………*263*
  1. 心理療法と感情のコントロール　*263*
  2. 認知行動療法とはどのようなものか？　*264*
  3. 情動処理理論　*266*
  4. 感情のコントロールから感情と「うまくつき合う」へ　*275*

索　引　*279*

パート1

感情研究の動向

1
感情研究の新たな意義

1. 感情とは

　感情は，心理学にとって興味深い研究テーマであるが，その研究の道のりは困難なものであった。研究の対象を考える場合，大きく二つに分かれる。人間の外部に現れるものと，人間の内的なものである。行動や発話などの言語行動は，外部に現れ，観察されやすいものである。ただ，外部から観察される事象を研究する場合でも，そこで留まる場合と，そこから内的過程を推測する場合がある。行動主義的な研究では，内的過程を推測せずに留めていた。

　研究という営みを進めていく重要なツールは言葉である。ある種の学問では，実演することによっても重要な表現が可能かもしれないが，知識として体系化する際にはやはり言葉が重要な媒体となる。学問という行為自体が主として言語的な提示に担われた営為であるわけだ。そこで，内的な過程を研究する際にも，どの程度，信頼性を持って言語的表現と内的過程が対応づけられるかが問題となる。

　たとえば，思考を研究する際，定義された正答「X」を正しく示すことができれば，正解・不正解はかなり明確に取り出すことができる。また，思考のプロセスを考える場合，意識的な思考は主として言語によって支えられているので，そのまま言語化されることによって研究していくことが可能であった。言語によらないイメージによる思考などは，そのために研究が遅れることになったわけである。言語による思考に研究対象を制限すれば，必然的に取り扱う事態はかなり明確なものとなり，客観的な検討の俎上に載せやすいものであった。

また，記憶などは，想起の遂行を測定することで，対応する外部の明確な指標を通してさまざまな過程が推測されてきた。知覚経験では，言語化しやすいような刺激側の設定の工夫によって，言語報告を通した知覚経験の捕捉がなされ，人間にとって共通性の高い経験であることが示されてきた。

　これに対して，感情はどうだろうか。感情経験に対して人は言葉をあてはめ，「今，私は嬉しい」などと表現することができる。しかし，共通の外的現象に対応させること，たとえば，「棒に3枚の円盤が刺さっている」というハノイの塔の問題解決の初期状態を示すような現象を言語的に表現するのであれば，かなり一般性があって，共通の言語を用いていれば，誰でも同じような言語表現をとることができるし，また，共通の言語でなくても，ある程度の対応性がとれれば，類似の事態を確かに表現していることが確認できるだろう。このような事態を一般に「客観性が高い」と呼んでいる。本当に，客観的なことがあるかどうかは脇に置いておいても，表現を通して推測される各個人の把握の共通性について，その共通している程度を推し量ることは可能であり，棒に3枚円盤が刺さっているという言語表現は，かなり類似の事態を共有しやすい状態を指し示している。ハノイの塔を前にした実験者と実験参加者で共通の経験を分かち合いやすいのである。

　しかし，実験参加者が「今，私は嬉しい」と表現しても，その経験は必ずしも容易に共有されない。極めて個人的な事情で嬉しい場合，その気持ちは実験参加者自身の経験であり，その人になり代わらない限り共有はできない。せいぜい共感的に理解しようとするのみである。このような経験を主観的感情経験という。したがって，このような感情は，ものではなく，一連の出来事であり，プロセスであり，個人にとっての経験である。

　同じ知覚システムを持っている人間同士，外部の物体については，それが見えているという出来事や経験もわりあい共有がなされやすい。しかし，感情は全く内部経験である。しかも，「今，Xという回答を考えついた」というような思考ほどには元々言語に対応していない。なぜなら由来が異なるからであり，意識的思考は元来多くの部分を言語に依存しているが，感情の発生は必ずしも言語によらないからである。猛獣に遭遇して恐怖を感じるときも，「怖い」と言語的，あるいは思考として認知するより先に，感情の元となる経験は動き出

してしまう。それは，身体−生理的なプロセスが大きく関与しているからであり，感情経験は身体という広い基盤に支えられているからである。このように経験として立ち現れてくる経路，過程が一般の思考と感情とでは異なっており，感情の場合は，元々言語的でない経験を，言語化しようとするために，その対応がかなり曖昧になりやすいのである。ある人にとって，寂しさであることが，ある人にとっては，孤独感であったり，落胆であったりするかもしれない。このような感情言語では，その言葉に付与したイメージ自体もいくらか個人間で異なっているかもしれない。したがって，感情にまつわる言葉の研究は，あくまで，その感情についての個々人のイメージ，印象の研究であって，根本的なところでは，感情そのものの検討には決してならない。感情のイメージ的な評定による次元の析出や分類なども感情イメージの研究であって，それが感情本体ときちんと対応するかどうかの保証は得られないと考えられる。

　このように感情は，身体を含めたその人全体として経験されるものであり，元々言語に対応して存在が成り立っているものではないので，確からしい測定が非常に難しい。この測定の困難さが，感情の研究の道のりの険しさをもたらしていたと言えるだろう。長い間，内的に生じているプロセスを可視化するような道具立てをわたしたちは持っていなかったのである。しかし，3章，4章で見るように，PET，fMRI などいくらかプロセスの可視化につながるような測定の道具立てを私たちは手にして，以前よりも感情を検討する客観性の度合いは増してきたと言える。ダイレクトに内的プロセスにアクセスすることで，人が感情を経験している際に生じている身体生理的，脳神経的な変化—ダイナミクスをいくらか捉えられるようになった。

　それでも，ある経験をしている状態が，その人にとってどのような意味を持つかの揺らぎは非常に大きく，経験の意味づけはある程度，その経験をしている人の言語化—嬉しいとか楽しいなどの—を待たざるを得ないところがある。

　しかし，何かしら人間共通の内的プロセスとして生じている類同性の手がかりでも手に入れられたことは大きな意味を持つ。そこを確かさの出発点として，類似の経験を多くの人に惹起していると考えることの正当性が与えられるからである。その都度生理的な測定をしていなくても，多くの人にポジティブな気分を喚起する，あるいはネガティブな気分を喚起するという本書のいくつかの

章で取り上げられている感情喚起の操作の正当性が保証できるのである。いつでもそれは，実証的な検討にさらすことができる。

2. 進化と感情

　人にとってある程度共通の感情の種別があったとすると，なぜそのような感情があるのか問うことができる。確かにいくつの種類があるかを問うことは難しい。それは，感情をどのように言語表現するか，その言語的問題に担われる要素もあり，また，類似のプロセスを持つ感情を区分けするか，ひとまとめにするか一意的に決められないからである。感情がプロセスである限り，同一ではないプロセスが生じるものは多くあり，同じ人間にとって同じ感情として経験される事態でさえ，プロセスで生じている出来事はいくぶんか異なっているのであるから，プロセスの観察から，決定的に感情の種類がいくつという答えは決して得られない。結局そこには何らかの分類，カテゴリー分けの視点を持ち込まざるをえない。それにしても，これまでの研究で，主な感情が文化を越えていくつか存在していることが指摘されている。その一つ一つについては後に主なものを取り上げるが，問題は，そのようないくつかの感情がなぜあるかということである。

　そもそも西洋合理主義の観点からは，感情は永らく理性的な思考を妨害する要素であると考えられてきた。感情に駆られて誤った決断を下してしまったり，怒りに駆られて攻撃を行ったり，およそ理性的行動の対極として感情は描かれてきた経緯がある。とりわけ合理的な思考を重んじる西洋の人間観の下では，感情はより原始的，動物的なもの，さらに進化上の残滓とまで考える者もあったのである。つまり，理性的な生活・人生にとって，メカニズムとしていえば，感情は不要なものだという認識である。はたして感情はいらないものなのだろうか。感情は何のためにもならないものであって，たまたま進化の過程で残り続けてしまったようなものなのだろうか。

　どうやらそれは違うようだ。それほどにムダなものを残しておくほど，進化の過程は悠長なものではないようである。感情は人の適応的行動を妨げるので

はなく，それとは全く逆に，人の適応を生み出すのに必須のメカニズムであると近年では考えられるようになってきた（Damasio, 1994; 遠藤, 1996; Frijda, 1988; 北村, 2003）。

日本においても世界的に先駆的な研究者として戸田（1992）は，感情の適応上の機能に着目して論じている。恐怖の対象に遭遇した際，恐怖に駆られて素早く逃走することで，サバイバルは可能であり，情報処理上，感情が緊急の割り込みをかけて，処理中の認知過程すべてにストップをかけ，優先的に逃走行動を生体に生じさせることで，生存・適応が保たれることが述べられている。このように感情システムは素早く人間に現時点での課題解決へのスタンスを準備させて，適切に動かしていく適応メカニズムであることを喝破したのである。

次節に，その後の新しい知見や筆者の考えも入れて捉え直した主要な感情の機能を描いていく。どのような際にその感情を感じるか，詳細に検討していくことで，「何のために」これらの感情があるのかがつかめてくるはずである。ただ生じてくる感情現象を研究するのではなく，感情が機能的に果たしている役割を検討し，感情の存在意義を見出していくような研究によって，感情は再評価され，その働きは捉え直されていくのである。

3. 主要な感情

[1] 喜　　び

個人的なもの，能力的なものと対人的なものがある。生体にとってよいことが生じているときは嬉しさが感じられる。食事等の生体にとって求められる活動が円滑に行われているとき，天気や気温の状態が生体の活動に適している状態であるとき，人は快適さを感じる。能力的な問題で，何かが「うまくできた」と感じられるときも喜びを感じる。もちろん勉強に限らず，スポーツでもその他の技能においても取り組んでいることがうまくできた際には通常喜びが感じられる。これらは，すべて個人的な適応に関わる事態であり，環境が良好であるとき，活動がうまくいっているとき，それは自己の適応が問題なく運んでいることのシグナルとして喜びが感じられていると考えられる。これらのことは

時によっては他者の身に生じていることを観察する，あるいは関わっている場合にも生じる。子どもがおいしそうに食事をしている様子は親にとって幸せである。後にも述べるように，社会集団の中に生きる人間にとっては，社会関係が円滑に運ばれることも喜びであり，子どものように遺伝的関係が強い場合にのみ限られるわけではなく，自己と親和的な他者の適応が向上していることは，自己の適応の向上にもつながるので，ポジティブな感情が感じられる。

対人的な要因としては，他者とうまくいっているとき，集団内で適応している際に喜びが感じられる。家族，友達，異性などとよい交流をしているとき，職場や学校で人間関係が円滑なときなどである。能力と他者を絡めると，他者から何かを認められ，評価されたときにも喜びの感情が感じられる。他者からの肯定的評価による適応感は，自尊感情の形成に重要な意味合いがあり，自尊感情の向上はさまざまな心理的適応にもつながっている。

[2] 楽 し さ

喜びと近しいものであるが，娯楽活動を行っているときや，スポーツ，趣味などを行っていて「楽しい」ということがある。また，ユーモアや冗談で笑うというような楽しさもある。これらはおおむね良好な達成感や新奇な経験と結びついている。人間は，ずっと同じ環境が維持されることを前提にした適応システムで動いているわけではない。人間がとりわけ適応的である特徴は，環境の変化に対処可能で，さらにまた，自己の適応に都合がよいように環境を改変してしまう能力にある。気温が不快であれば，冷暖房を行うことで気温を変える。移動が苦痛ならば，交通手段を開発する。効率的に力を用いるためにさまざまな器具を開発するなど枚挙にいとまがないが，文明とはそのような「環境の改変」の結果である。生物にとっては，環境を一定に維持して，不変の環境にもっぱら適応するシステムを保持する方が簡単なはずである。ところが人間の場合は，環境を自ら変え，文明や都市が出現し，現代でも情報環境など次々と新たな環境を自分で生み出して，変化させている中で生きているたいへん変わった生き物である。このような動因を支えているのが新奇なものに対する好奇心や興味であり，このような楽しさ感情に支えられて，発明や開発は行われていると考えることができる。もし人間が新しいものすべてに恐怖を感じるよ

うな極めて警戒的な感情システムを持っていたら，インターネットも iPod も，東京という街も生まれなかっただろう。ジョークや冗談も事象の新奇な結びつきや組み合わせによって面白さを醸し出している要素が大きい。新奇なことを生み出しそうな事態に対して人はしばしばポジティブな関心や楽しみを見出すのだ。また，人間は未来を想像できる生き物なので，将来のポジティブ事象の期待や希望においても楽しさを感じる。

[3] 恐　　怖

　恐怖は，逆に，人の適応にとってマイナスに働く事態が招かれたときの感情シグナルである。強い毒を有して人間にとって害になる可能性がある毒グモやヘビなどに遭遇した場合や，自分より強大，あるいは行動が予測しにくい獣に遭遇する際にも恐怖は感じられる。自分の能力で対処，統制できなさそうな自分より強大な力を有する存在に遭遇すると恐怖を感じる。それは，ナイフや拳銃を持ってこちらを襲おうとしている人や，怪獣やお化け，エイリアンでもそうである。特に予測不能で身体が壊滅の危機にさらされるような事態は怖い。ホラー映画の制作の原理になっているものである。これらは，ひとえに人間のサバイバル，生物的な意味において適応が危機にさらされる状況への反応と言えるだろう。恐怖はしばしば逃走行動を生じ，危うい場から逃げ去ることをねらい，そのような行動の準備態勢を高める。つまり，心拍を早め，血流を多くして，すばやく力を出して走ることができるように交感神経系を賦活するわけである。表情としては視覚的検出を最大化するため，瞼，瞳孔は開かれた状態になる。叫び声が出る場合も，身体の賦活準備にもなるとともに，仲間への警戒サインとしても働く。

[4] 嫌　　悪

　すぐに逃げるような事態ではないかもしれないが，適応にネガティブな刺激に遭遇した際に感じる感情に嫌悪がある。嫌悪は病気の感染や毒などの忌避と関係する。腐った食べ物など生体を病気に向かわせる可能性のある刺激に対して，わたしたちは嫌悪感を感じる。糞尿や異臭のある物などは感染や病原菌を有する可能性がある。そもそも病気につながる可能性があるような対象物の放

つにおいに対して人間は,「臭い」と感じるようにプログラムされているわけである。社会関係の中では,自己の所属集団の価値を下げてしまうと考えられる存在に対して,排除,差別,攻撃を加えるという働きもある。場合によっては集団による制裁行為を支える感情である。集団の運営には制裁システムが必須であるが,自覚の欠けた嫌悪感の暴走は,差別やいじめに容易につながるし,いじめの対象がよく「臭い」とか「バイ菌」にたとえられることがあるのは,このような嫌悪感情の由来と密接につながっている。表情としては,毒や感染のある気体,液体を吸入しないように,目,鼻,口をすぼませるような,いわゆる顔をしかめるような顔筋の運動が見られる。

[5] 怒　　り

　自分が進めていることを阻害する事態の出現や妨害者の出現,その行為には怒りを感じる。自分の生存や適応を脅かし,貶めようとするようなことがある場合である。侮辱される,批判・攻撃を受ける,足を引っ張られるなどさまざまな阻害的行為に対してわたしたちは怒りを覚える。相対的に自己の力が強く,攻撃することによって事態が打開可能,対処可能なときに,怒りは感じられやすい。自己が相対的に弱い場合には恐怖感情の方が強くなる。このように怒りか恐怖かは力関係の上下による微妙な差であり,いずれも交感神経系の賦活を呼び,エネルギーの効果的な発揮を身体的に準備するが,対象との関係で闘争か逃走かの選択（英語では韻を踏んで fight or flight）が迫られる。

[6] 驚　　き

　対象の自分にとっての意味がまだ不明であれば,驚きになる。したがって,驚きは初期感情である。突然何かわからないものが出現した場合,それが獣かもしれない大きな影であっても,木の枝かヘビかわからないものが上から降ってきても,まずは驚きが現れる。予測ができなかった事態の出現でも驚きが生じる。道を歩いていて突然水がかかるとか,思わぬ事態において驚きが生じる。予測しなかった合格や達成・成就,幸運などでも驚きは生じる。他者に生じたことであっても,間接的に聞いたことであっても予測しなかった事態の生起は驚きを生む。驚くときの身体状態は,対象,事態を見定め,理解しなければな

らないので，目は大きく見開かれる表情となる．対象が何を意味するか判明するに従って，驚き感情はすぐに恐怖感情に移ったり，喜びに変わったりする．

[7] 悲 し み

　自分の進めたいことを阻害する事態が出現し，それが容易に対処可能と思えないとき，落胆や悲しみが生じる．それは単に「できない」というよりも予定していた未来や希望の喪失を意味する．悲しみは広い意味で喪失に伴う感情であり，大切な人やその関係が失われること，ものや金銭や社会的地位，これまでの環境などを喪失する際にも悲しみが感じられる．人から叱責を受けたり非難されて悲しいというのは，これまでの立場や社会的地位，それに伴う自己イメージが失われる悲しみである．怪我や病気で悲しいときも，これまでの自分の存在，能力，社会的立場，将来設計，未来の自分イメージなど広い意味でのこれまでの「自己」の喪失が伴うからである．試験に不合格だったという場合も，能力へのネガティブな評価ということとともに，「合格したら……」と思い描いていた未来が失われることにも関係している．

　理不尽な喪失は怒り感情も生み出し，怒りと悲しみは意外と紙一重のところにあるが，積極的対処で打開しようとするのが怒りとそれに伴う行動であり，対処不能で無力感に陥るのが悲しみである．窮地においてエネルギーをムダに消費せず，からだの活動を不活発にして，力を温存しておく効果がある．また，対他関係において，労働・参加の免除など「そっとしておいてもらう」対処を引き起こすのが悲しみの表明，泣くなどの感情的行動である．

　これらの基本的な感情以外に，より複雑な自責感や恥などの自己関連感情があるが，これらについては第9章で取り上げられる．

4. 認知的評価理論

　このように感情が生起するのは，ある環境状況があり，それが生体にとって何を意味するかによる．また個人個人によって，その状況が打開可能かどうかは異なる．したがって，感情は，環境と生体が交じり合う場において生じる現

象であり，環境，個人一方にもっぱら原因が帰されるものではない。ある人にとって悲しい状況が別の人にとっては怒りが感じられる状況でありうるわけである。

しかし，おおむね共通して，ある特徴を持った事態において，特定の感情が感じられやすいという分析も成立する。このような条件は，認知的評価理論によってさまざまな提案がなされている。環境状況を認知的に評価することで，それに対応して特定の感情が生起すると認知的評価理論では捉えている。たとえば，ローズマン（Roseman, 1984）は，動機の状態や確実性，パワー，主体などの次元によって感情の種別を描き出している。スミスとエルスワース（Smith & Ellsworth, 1985）は，状況の望ましさ，主体，努力の予期，注意活動，障害の度合い，確実性などの次元を設定している。これらを統合すべく，三谷・唐沢（2005）では，各感情の各次元での値をプロフィール的に表示しているが，望ましさ，自己／他者の主体，確実性，努力・注意の予期，新奇性，人間／状況の主体，動機の状態，対処可能性の八つの次元を検討し，たとえば，驚きと恐怖は新奇性が高く，安心は新奇性が低い，誇りでは努力・注意の予期が高く，恥ずかしさでは低い，対処可能性が低いのが恐怖，悲しみなどの結果を得ている。このような要因の働きの基底にあるのは前節で記したように，基本的には生物としてのサバイバルや適応に関連して自分にとって今どのような状況が起こっているかということをシグナルとして表すとともに，その状況への対処に向けて最適な身体的状態を準備する一連のプロセスとして感情システムが作動するということであろう。

したがって，ある感情にとって重要であると見出された次元が，どのような進化的意義を持っているのか，そのような仮説やモデルと照合しつつ実証的に検討していくことが必要であり，適応上必要なシステムとして感情システムは貢献し，役立ってきたのだというその背景の理解が重要である。

たとえば，第4章「感情と脳」に描かれているダマシオ（Damasio, 1994）の研究では，前頭前野腹内側部が損傷を受け，感情機能に障害をもった患者が，レストランでメニューから自分の食べるものを選べないような日常の不適応が描かれている。ほんの日常的な決断の連続で生きているわたしたち人間にとって，感情は決断の手がかりを与えてくれる重要なシステムである。どれが食べ

たいか，何がよい感じか，これらの手がかりを欠いたところで，理詰めで決定を導き出すのが困難である場面はいくらでもあるのだ。感情システムを欠いた人間は理性的で立派な行動をする最適の人間になるわけでは決してない。むしろ感情システムによって，人はある意味で合理的な行動をとることができるような支援を受けているのである。

5. 用語の定義

　ここまで描いてきた感情はこれまでの心理学研究では，主に「情動（emotion）」と呼ばれる強い感情に含まれるものである。情動は，「比較的対象，原因が明確である一時的な強い感情」と定義できる。怒りの原因や強い悲しみの原因は通常その人にはわかっている。それに対して，「比較的持続的で，認知の背景にあるような弱い感情状態」を「気分（ムード：mood）」と呼ぶ。何とはなしに楽しい，ウキウキする，気分がよいとか，天気が悪くて憂鬱だとか，もの悲しいなどの感情状態は気分に該当する。これら二つの情動と気分を包括して「感情（affect）」という語が用いられる。このような感情が生じた際の主観的感情経験に焦点をあてたものが「感情（feeling）」であるが，区別が必要な際には，「感情経験」として記される。感情システムが働いている際には，対応する身体生理状態が進行している。この身体生理状態は必ずしも自覚可能ではないので，感情が生起しているが本人は気づいていないという場合があり得る。したがって，感情システムと主観的感情経験（feeling）は同じではない。また，ダマシオ（1999, 2003）によれば，脳へ入力される身体情報の総体は，感情反応の発現の源であり，また，感情経験を構成する基礎ともなっている。ダマシオは，感情経験を「感情」と呼び，非意識的に身体状態の情報が脳にマッピングされた生体システムの状態と，それが生体にとって意識される「感情」を区別しているが，それとは異なり，本書では，情動と気分を含む概念として感情を用いているので注意が必要である。ダマシオは身体からもたらされる情報の重要性を論じ，この身体情報の総体が，意識経験を構成する重要な源泉となっていることを主張している。とりわけその中核的な意識として，

脳が内臓などから受け取っている常に変化していくリアルタイムの感覚や内的な生理的，化学的情報が意識の形成に重要な役割を果たしていることに気づき，論じているが，この洞察は考慮に値するものであろう。

次に，概念の区別として，喚起（arousal）は生理的な覚醒状態を指し，交感神経系の賦活と関係している。したがって，喚起の高い状態は感情が強い状態とは限らず，腕立て伏せのような運動によっても喚起は高まる。また，シャクターとシンガー（Schachter & Singer, 1962）の実験においても採用されているように薬物の注射や投与によっても生理的喚起は生じる。このように生理的喚起＝感情ではない。感情が感じられる際の覚醒水準はさまざまなので，その強度を捉えるのに喚起レベルを問題にすることがある。感情喚起の刺激においても喚起レベルにさまざまなものがあるので，その統制は重要である（第3章参照）。また，喚起や感情などの生理的な状態の原因を誤って理解する感情の誤帰属という現象も知られている（第7章参照）。このような感情システムは，主観的意識や感情，身体生理状態など人間のシステム総体に広く関係する現象系であり，どれかひとつを取り出して「感情」というわけにはいかない。研究上，焦点をあてている対象が何であるかよく意識して検討する必要がある。

感情が適応上果たしている役割を考えると，気分という喚起レベルの弱い感情についても何らかのシグナルの役割を果たしていると予測される。ポジティブな気分は自己の置かれている現時点の環境が良好であること，ネガティブな気分はそれが問題をはらんでいることを示すシグナルであるとフライダ（Frijda, 1988）やシュワルツ（Schwarz, 1990）は論じている。このように気分の果たす機能を考えた場合に，状況に対するどのような対処方略が有効であり，生体がいかにその準備を行うかは第2章において論じられる。また，特にこのような弱い気分を取り上げる際には，ポジティブとネガティブの二つを対極として取り扱うことが多くなされる。感情のポジティブ－ネガティブという次元を表す用語としてヴェイレンス（valence）を用いている。ヴェイレンスは，誘因価，感情価などと訳されることもあるが，ここではそのままヴェイレンスとしておいた。以下，各章の概略の紹介を行う。

6. 各章の概観

　本書は，三つのパートにおいて，感情に関する 14 の異なるトピックを扱う。最初のパート「感情研究の動向」に関する三つの章では，感情を理解する上で，また，感情を研究する上で必要となる，基礎知識の概要が述べられている。第 2 パート以降の各章では，読者の興味に合わせて読み進められるように，感情研究の個別のトピックについて，その特徴や意義，従来研究の動向，そして最新の研究知見とその方向性が章ごとにまとめられている。第 2 パート「感情の個人内過程」に関する六つの章では，個人内の基礎認知過程における感情の働きや，その影響についてのトピックがまとめられている。第 3 パート「感情のコントロール」に関する五つの章では，個人間関係や社会的相互作用場面，また，臨床場面などにおける応用的な感情トピックが幅広くまとめられている。以降では，各章についての簡単な紹介を行っていく。

　第 1 章（本章）「感情研究の新たな意義」では，感情研究の特徴を描き，研究の方向性を示す。また，感情に関するいくつかの用語の定義を行い，感情を研究で扱うための前提となる基礎概念を確認し，最後に各章の概観を示す。

　第 2 章「感情と認知の主要理論」では，主に社会心理学，そして認知心理学における感情に関わる主要理論を概観する。感情の経験やその影響は，繊細で捉えがたいものである。しかし，ここ数十年ではそれらを説明しようとする理論が数多く提案されてきている。感情と認知に関する研究は，感情が認知の内容に影響を及ぼすことに関する研究，感情が認知の様式に影響を及ぼすことに関する研究，そして感情と認知の相互作用に関する研究に大別される。第 2 章では，感情研究にインパクトを与えた先行研究を，これらの領域ごとに紹介し，感情と認知の主要理論の特徴について述べていく。

　第 3 章「感情の研究法」では，感情を扱った研究の実施を目指す初学者のために，知っておくべき点がまとめられている。感情を対象とする検討を行うためには，考慮されるべき問題が多く，これまでにさまざまな工夫が凝らされてきた。感情を独立変数として操作の対象とする場合でも，また，従属変数として測定の対象とする場合でも，異なる研究方法の利点や限界点を十分に理解し

て研究を計画する必要がある。第3章では，これまでの感情研究において広く用いられてきた，さまざまな方法を紹介し，その特徴や留意すべき問題とその対処方法について論じていく。

　第2パート以降では，感情に関するさまざまな個別の問題をトピックごとに論じていく。第2パート「感情の個人内過程」においては，われわれの内部のどのようなシステムが感情に影響し，また，感情の影響を受けるのか，六つの章で論じていく。

　第4章「感情と脳」では，感情の生理的な基盤としての脳の働きに関するトピックを取り上げる。かつて，感情に関する理論的なモデルの多くは，神経生理学的な知見とは独立して構築されてきた。しかし近年では，感情の心理学の多くの分野で，脳科学の知見が取り入れられるようになってきている。第4章では，感情が生じた際の脳の働きについて解説し，感情の生起やその影響に関する脳内基盤と考えられている機構について論じる。また，そのような脳に関する知見が，感情の理論的モデルの構築に有益な示唆をもたらす可能性について述べる。

　第5章「感情と記憶」では，感情と記憶の関連について扱う。感情はわれわれの記憶に影響を及ぼし，また逆に，記憶は感情を呼び起こす。感情と認知の相互作用というトピックは，これまでの心理学において多くの研究者たちの関心を集めてきた問題である。第5章では，特に，感情一致効果，感情不一致効果と呼ばれる現象に焦点をあてながら，感情と記憶の関係について論じていく。

　第6章「感情と自動的過程」では，現在の心理学において極めて重要な視点である，非意識的過程（自動的過程）と意識的過程（統制的過程）の2過程の区別を強調した，感情研究について扱う。感情は偏在しており，われわれは，その影響を日常の至るところで受けていると考えられるが，その影響を自覚することは少ない。第6章では，われわれの意識の外で，感情がどのようにして生じているのか，また，感情の意識的過程と非意識的過程がどのような役割分担をしているのかという問題について論じる。

　第7章「感情と主観的感覚」では，ポジティブ，ネガティブといったヴェイレンスを持たない感覚，フィーリングに関する研究を扱う。親近感などの主観的感覚は，単純で直感的な判断だけではなく，複雑で熟慮的な社会的判断にお

6. 各章の概観　17

いても，情報処理の内容と様式を規定している。第7章では，これまでの研究において示されてきた，数々の主観的感覚の働きについて，その影響に関する説明理論を体系的にまとめて論じる。

　第8章「感情と自己」では，自己の状態と感情状態の関係について扱う。現在の自己の状態が，望まれる自己の状態から外れていると知覚されると，望まれる自己の内容に応じて，落胆や焦燥感といった特定の感情が生じる。第8章では，自己の状態の知覚によって感情が生じる過程と，そのようにして生じた感情が，自己の調整に果たす役割について説明する，代表的な理論と近年の知見について述べる。

　第9章「自己意識感情とその働き」では，社会における規範から逸脱した行動に伴う感情について扱う。逸脱行為は，恥や罪悪感といった独特の感情を生じさせ，ルール違反を伝えるシグナルとして機能する。第9章では，自己意識感情の経験やその表出が，社会的な規範の維持やルール違反の免責として働く過程について解説する。

　第3パート「感情のコントロール」では，感情がわれわれの心的機能に及ぼす影響だけでなく，われわれが感情に対して行う積極的な働きかけについて，より幅広い視野から論じていく。感情の影響は，広範囲の社会的相互作用に重要な影響を及ぼすため，われわれはしばしば自らの感情をコントロールしようと試みる。また，感情の現象はそれが生じる文脈に応じて独特であり，感情制御の問題を文脈から切り離して考えることはできない。第3パートの五つの章は，異なる社会文脈における感情制御の問題に取り組む。

　第10章「感情の制御」では，自らの心的状態を望ましく保とうとする試みに関する一般的な理論について解説する。われわれは感情を制御することで，たとえば動揺を凍結し，進行中の課題に影響されることなく作業を進めることや，社会からの拒絶を避け，恩恵を得ることができる。この点で感情の制御は，効果的な社会生活の鍵であると言えるが，感情の制御は常に成功するとは限らない。むしろ感情の制御は，失敗や逆効果となることが多い。第10章では，さまざまな感情制御方略の特徴と功罪について解説する。

　第11章「感情の開示と適応」では，日常生活において，抑え込まれていた感情を開示することが，心身の健康に及ぼす影響について扱う。自らの感情的

体験を人に話さないことは心の負担であり，ひいては心身の健康を脅かす素因となる。逆に，隠蔽されていた感情体験を表出することは，さまざまな精神的健康と社会的活動にポジティブな影響を及ぼすことが示されている。第11章では，感情の開示や，筆記による感情表出が心身の健康に及ぼす効果について論じていく。

第12章「感情の表出とコミュニケーション」では，感情のコミュニケーション機能に関する研究の中から，特に最新の研究知見を中心に紹介する。対人コミュニケーションにおいてどのように感情を表出するか，また，その感情表出によって他者といかに感情を共有するかという問題は，幅広いコミュニケーション研究の中で近年注目を集めているトピックの一つである。第12章では，感情のコミュニケーションが話者間での感情伝達や共有だけでなく，周囲の観察者に対しても情報を発信している可能性について論じる。

第13章「感情とパーソナリティ」では，感情の影響を受ける程度と，感情をコントロールしようとする程度の個人差について扱う。従来の研究の焦点は，感情制御を容易に行うことのできる適応的なパーソナリティと，その場の感情に容易に流されてしまう不適応なパーソナリティの存在を示すことにあった。しかし，近年では，あるパーソナリティの認知的，行動的，感情的な特徴を明確にした上で，これらの特徴と感情状態との相互作用がどのように感情制御に影響するかを検討していこうとする流れがある。第13章では，このような感情とパーソナリティの関係に関する研究の動向を概観した上で，その新たな流れの一つである，PSI理論を紹介する。

第14章「感情と認知行動療法」では，感情研究の臨床的応用について扱う。伝統的に，認知療法では，感情の問題を当事者の考え方から捉えてきた。第14章では，感情と認知に関するこれまでの研究知見が，臨床的介入に果たす役割について，臨床心理学，また，健康心理学の視点から論じ，認知療法の新たな流れについて紹介する。

引用・参考文献

Damasio, A. R.（1994）．*Descartes' error: Emotion, reason, and the human brain.* New York: Putnam.

（田中三彦（訳）(2000). 生存する脳：心と脳と身体の神秘　講談社）
Damasio, A. R. (1999). *The feeling of what happens : Body and emotion in the making of consciousness*. New York: Harcourt.
　　（田中三彦（訳）(2003). 無意識の脳　自己意識の脳：身体と情動と感情の神秘　講談社）
Damasio, A. R. (2003). *Looking for Spinoza: Joy, Sorrow, and the feeling brain*. New York: Harcourt.
　　（田中三彦（訳）(2005). 感じる脳：情動と感情の脳科学　よみがえるスピノザ　ダイヤモンド社）
遠藤利彦 (1996). 喜怒哀楽の起源：情動の進化論・文化論　岩波書店
Frijda, N. H. (1988). The laws of emotion. *American Psychologist*, **43**, 349-358.
北村英哉 (2003). 認知と感情　ナカニシヤ出版
三谷信広・唐沢かおり (2005). 感情の生起における認知的評価次元の検討―実証的統合を通して　心理学研究, **76**, 26-34.
Roseman, I.J. (1984). Cognitive determinants of emotion: A structural theory. In P. Shaver (Ed.), *Review of personality and social psychology. Vol.5. Emotion, relationships and health*. Sage. pp.11-36.
Schachter, S., & Singer, J. E. (1962). Cognitive, social, and physiological determinants of emotional state. *Psychological Review*, **69**, 379-399.
Schwarz, N. (1990). Feelings as information : Informational and motivational functions of affective states. In E. T. Higgins & R. M. Sorrentino (Eds.), *Handbook of motivation and cognition, Vol.2*. New York: Gulford Press. pp. 527-561.
Smith, C. A., & Ellsworth, P. C. (1985). Patterns of cognitive appraisal in emotion. *Journal of Personality and Social Psychology*, **48**, 813-833.
戸田正直 (1992). 感情―人を動かしている適応プログラム　認知科学選書**24**　東京大学出版会

2 感情と認知の主要理論

1. 本章の内容

　感情と認知は，かつて心理学において基本的に分離された別個の過程として研究されており，これらの相互作用に関する研究へと興味の対象が広がったのは20世紀になってからである (Forgas, 2000)。感情と認知に関する研究領域は，認知が感情の生起とその内容に影響を及ぼすことに関する研究[1]の他，(1) 感情が認知の内容に影響を及ぼすことに関する研究，(2) 感情が認知の方法に影響を及ぼすことに関する研究，(3) 感情と認知の相互作用に関する研究として大別できる。本章ではこの3領域について取り上げ，これまで提出された主要な理論を紹介する。

2. 認知の内容に対する感情の影響——感情と記憶・感情と社会的判断

　ここでは認知の内容として記憶と社会的判断を取り上げ[2]，それらに感情が与える影響についてそのプロセスを説明する理論とともに紹介する。

---

1) 認知的評価理論（たとえば，Smith & Ellsworth, 1985）では，認知が感情の生起とその内容に及ぼす影響について検討している。この理論では，ある状況で生じる感情の質がその状況に対する評価により決定されると考える。本章ではこの領域について扱わない。なお本章で取り上げる感情は，第1章の定義に従うと主に気分 (mood) として扱われるものである。また，感情の影響としてポジティブとネガティブという二分法により研究結果を整理する。
2) 記憶や判断における気分一致効果に関し，詳しくは伊藤 (2000) を参照のこと。

[1] 気分一致記憶の再生：感情ネットワーク理論

　感情状態は人の記憶再生に影響を与えるため，たとえばポジティブな感情状態にある場合には楽しい出来事の記憶が思い出されやすい。これは人がそのときの感情状態と同じヴェイレンスを持つ情報の検索をするためであり，フォーガスとバウアー（Forgas & Bower, 1987）の研究ではポジティブもしくはネガティブな感情を導出された参加者は，別の印象形成課題として呈示された対象人物の特徴のうちヴェイレンスと一致する特徴を再生した。

　この現象は記憶の気分一致効果と呼ばれ，感情ネットワーク理論（Bower, 1981）により説明されている。理論では人の記憶のネットワークモデルの中に感情を組み込み，感情と認知的表象の間にリンクを仮定する。感情はノード（結節点）として記憶の表象と結びついているため，人がある感情状態になりその感情ノードが活性化すると，それと連結した記銘材料も活性化し想起されやすくなるという。このモデルにより，感情が強度であるほど記銘材料の再生潜時が短いという現象に対しても説明が可能となった（Bower & Forgas, 2001）。

　しかしながらその後，特にネガティブな感情状態にある場合には，こうした気分一致効果が見られないことが示され（Isen, 1984, 1987），ポジティブ・ネガティブという感情と記憶の内容が必ずしも対称的な関係ではないことが見出された（記憶再生における気分一致の非対称性　Positive − Negative Asymmetry: PNA）。その理由として，実験参加者の動機や課題内容の複雑さといった文脈によって気分一致効果が調整されることが挙げられる。この点については [3] 感情混入モデル（Forgas, 1995）の説明において後述する。

[2] 社会的判断における気分一致効果：情報としての感情仮説

　感情状態は記憶の他，人の社会的判断にも影響を及ぼすことが示されている。たとえばポジティブな感情状態にあると，自分の生活満足感に対する評価も肯定的になる。シュワルツとクロア（Schwarz & Clore, 1983）の研究では，晴れた日もしくは雨の日に電話調査を実施し，生活満足感についてたずねた。すると晴れた天候の日には，天気の悪い日よりも生活満足感が高く評定された。これは天気がよくポジティブな感情状態であることが，本来は無関連な判断に影響を与えたためと解釈される。またジョンソンとトバスキー（Johnson &

Tversky, 1983）の研究では，実験参加者にネガティブな内容の新聞記事を読ませることによって感情を導出した後，様々な死因による年間死亡者数を推定させた。その結果，ネガティブな感情にあった参加者は，ネガティブな出来事による死亡者の数を統制群よりも多く推定した。このような出来事の生起見込み判断（DeSteno et al., 2000）や対人印象の判断（Forgas & Bower, 1987）も，ヴェイレンスと一致する方向に感情の影響を受けることが示されている。

　こうした気分一致判断は，記憶の再生と同様，気分一致検索により生じると解釈される場合もある。すなわち，ある感情状態になったときに，その感情ノードと連合する情報が活性化することにより判断が感情と一致した方向に歪むというものである。しかしながら気分一致が見られない場合があることから，こうした気分一致検索により媒介されたプロセスよりも他のプロセスによる説明を妥当とする主張がある。それが情報としての感情仮説（Affect as information: Schwarz, 1990）である。

　人は対象について判断する際，自分の感情状態を評価の手がかりとして用いることがある。このように感情を情報的基盤として用いることは，対象への判断を容易にさせる（"How do I feel about it?" ヒューリスティック）。感情はこうした過程を通じて判断に影響するため，ポジティブな感情状態にある場合の方が，ネガティブな感情状態にある場合よりも，より楽観的で肯定的な評価がなされる。

　この説では感情が対象への評価に誤帰属されるプロセスを仮定する。北村（2002）の研究では，実験参加者の感情をポジティブもしくはネガティブに操作した後，音楽を流しながらある商品に対する評価を求めた。音楽については気分をポジティブ，ニュートラル，ネガティブのいずれかにさせる効果があると伝えておいたが，実際はどの条件でもニュートラルな音楽を聴かせた。その結果，ネガティブな感情を導出された参加者において音楽の説明により商品評定に差が見られた。音楽によってポジティブな気分になると伝えられていた参加者は，ネガティブな気分になると伝えられていた参加者よりも商品を低く評定した。ポジティブな気分になる音楽を聴いているのに感情状態がネガティブなままであるのは，呈示された商品への評価が非常に低いからだと参加者が解釈したためだろう。

なお感情が正しい源泉に帰属される場合にはその影響が消失する。前述のシュワルツとクロア（1983）の研究では，生活満足感についてたずねる前に参加者に天気について答えさせると，天候が悪い場合のネガティブ気分一致効果が見られなくなった。つまり天候が悪くネガティブな感情状態にあった参加者が，その感情を正しい源泉に帰属することができたため，生活満足感の判断に感情の影響が見られなくなったのである。

[3] 統合的な説明として：感情混入モデル

以上のように，社会的判断に及ぼす感情の影響についてはさまざまな知見が存在し，感情ネットワーク理論による説明の限定性が指摘されるようになってきた。また気分一致判断は必ずしも頑健な現象ではなく，感情改善のような動機づけが存在する場合（Isen, 1987）には，気分一致効果が減少もしくは逆転する現象も見られることが確認された。さらに処理されるべき課題が容易である場合や，再認課題のように構造化されている場合には感情の影響が減少することも示された。

こうした研究の流れを受け，社会的判断に感情の影響が見られる場合と見られない場合を同定することを目指し，フォーガス（Forgas, 1995）はそれまでの研究知見を包括的にまとめた感情混入モデル（Affect Infusion Model; AIM）を提出した。

フォーガスはモデルの前提として，感情の影響を受けた情報が判断者の思考に入り込み判断過程に影響を及ぼすとしている。またこうした感情混入の程度や性質は，課題や判断者の特徴，そして状況的要因によって決定されるという。図2.1は，これら要因によってどのような処理が取られるのか概念化したものである。ここでは二つの軸が仮定されている。一つの軸は課題の質であり，課題の構造性の高さにより方略の質が決定される。もう一つの軸は認知的努力の量であり，モデルではこの2次元によって四つの処理方略を説明する。

1）直接アクセス型処理　よく知っている典型的な判断対象に対して用いられる方略であり，直接的に検索された既存知識に基づく自動的な判断である。既存の反応に対して感情が混入する余地は小さいため，感情の影響は見られに

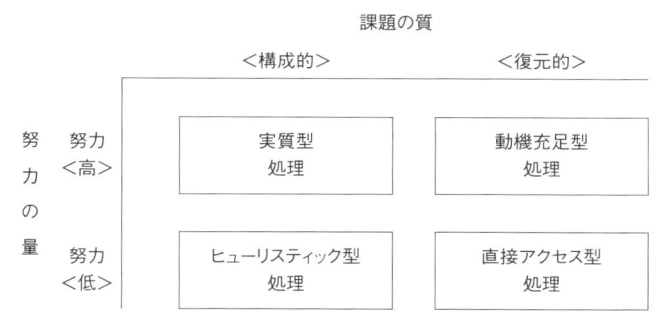

```
                        課題の質
              <構成的>           <復元的>
         ┌─────────────────────────────────────┐
   努  努力 │  ┌──────────┐      ┌──────────┐  │
   力  <高> │  │ 実質型    │      │ 動機充足型 │  │
   の      │  │ 処理      │      │ 処理      │  │
   量      │  └──────────┘      └──────────┘  │
         │                                     │
       努力 │  ┌──────────┐      ┌──────────┐  │
       <低> │  │ヒューリスティック型│ │直接アクセス型│  │
            │  │ 処理      │      │ 処理      │  │
            │  └──────────┘      └──────────┘  │
```

図2.1　感情混入モデルの概念図(Fiedler, 2001より)

くい。気分一致効果は再生課題において認められるものの，再認課題では認められにくい（Bower & Cohen, 1982）とされるのも，再認課題ではこうした処理がとられるためと考えられる。この解釈に基づき，フィードラーたちは再認刺激を徐々に見せるように実験の手続きを変更した。その結果，再認課題においても気分一致効果が見られるようになった（Fiedler et al., 2001）。課題の構造性が低まり，感情が判断プロセスに混入しやすくなったのである。

2）動機充足型処理　特定の目標が存在する場合に用いられる処理方略であり，目標に対して選択的な処理がとられるため，この場合も感情は混入しにくい。前述した感情の影響の非対称性（PNA）は，ネガティブ感情の改善という目標により感情混入が制限され生じる現象と考えられる。フォーガス（2000）の研究では，実験参加者の感情状態を操作した後，説得メッセージを記述する課題に参加させた。その際，報酬により課題への動機づけを操作したところ，動機づけが高い場合には説得メッセージの記述内容に対して感情の影響が見られなかった。つまり報酬獲得という動機づけが存在することにより，感情の混入が制限されたのである。

3）ヒューリスティック型処理　情報としての感情仮説（Schwarz, 1990）により仮定されたプロセスが介在すると考えられる。課題がシンプルで個人的関与も低い場合，また認知容量が制限されている場合には，感情という利用可

能な情報に注目してヒューリスティックな処理が行われるため，感情が判断に混入しやすい。生活満足感に対する判断（Schwarz & Clore, 1983）のように，課題に対して既に決定されたソリューションがなく，判断の手がかりがないとこのようなプロセスが生じるのである。

4）実質型処理　感情ネットワーク理論（Bower, 1981）により仮定されたプロセスが介在すると考えられる。課題が複雑で非典型的であり，さらに処理に対する特定の目標がなく認知容量が十分にあると，感情は記憶のネットワークを通じてその感情と結びついた情報を選択的に利用されやすくさせる。判断対象に関連する情報を解釈し，既存知識と統合させる心的オペレーションが必要であるほど，感情と結びついた情報が判断に混入しやすくなる（Forgas, 2001）。

フォーガスの研究では，参加者の感情状態を操作した後，カップルの写真を呈示し，その関係性について印象判断させた。呈示されたカップルは身体的魅力の程度が等しく，また同じ人種同士の組み合わせ（典型的カップル），どちらかの特徴が異なる組み合わせ，どちらの特徴も異なる組み合わせ（非典型的カップル）のいずれかであった。その結果，組み合わせが非典型的であるほど印象判断においてより気分一致効果が見られた（Forgas, 1995）。また判断にかかった時間やカップルに対する記憶の結果から，非典型的カップルに対してより深い処理が行われたことが示唆された。非典型的な対象に対する判断の方が複雑な過程を必要としたため，感情の混入が促進されたと考えられる。

以上のように，感情混入モデルは課題内容や判断対象の性質，認知的努力の高低により，感情が異なる影響を判断プロセスに与えることを示した包括的なモデルと言えよう。

3. 認知の方法に対する感情の影響──感情と情報処理方略

近年の研究では感情が認知の内容のみならず方法にも影響を与えることが明

らかになってきた。ここでは認知の方法として情報処理場面を取り上げ，説得情報の処理[3]や対人印象形成，ストーリー認知におけるスクリプトの使用などに対し感情が及ぼす影響と，そうした現象を説明する理論を紹介する。

感情と情報処理に関する多くの研究では，実験参加者の感情状態をポジティブもしくはネガティブに操作し，その後別の課題として情報処理の対象を呈示している。そして対象への態度を測定することで感情状態がどのような影響を情報処理に与えるのか検討する。たとえば感情と説得情報の処理方略について検討したブレスら（Bless et al., 1990）の研究では，楽しい出来事もしくは悲しい出来事を思い出しレポートを書くことにより実験参加者の感情状態を操作した。そしてその後，別の課題として大学の学費値上げに関する説得的で強い論拠を含むメッセージもしくは論拠の弱いメッセージのいずれかを呈示し，メッセージに対する参加者の態度を調べた。その結果，悲しい出来事を想起しネガティブな感情状態になった参加者は，メッセージの論拠が強い場合に，弱い場合よりも説得の方向に対して好意的な態度を示した。論拠の強弱によって説得の効果に差が見られたことは，参加者がメッセージの内容を深く処理したためと解釈できる。他方，ポジティブな感情状態にあった参加者は，論拠の強弱に対して異なる反応を示さなかった。こうした結果を受け，ネガティブな感情状態ではポジティブな感情状態よりも精緻化が促進されると考えられた（Bless et al., 1990）。

同様に，感情状態は他者の印象形成においてもその処理方略に影響を与えることが確認されている。ポジティブな感情状態においては対象人物の社会的カテゴリーに結びついた概念知識，たとえばステレオタイプに基づくヒューリスティックな処理方略が採用されやすい。他方，ネガティブな感情状態においては，対象人物に対する利用可能な個別情報に基づいた判断がなされ，ステレオタイプの影響のないシステマティック処理方略が採用されやすい。

たとえばボーデンハウゼンら（Bodenhausen et al., 1994）の研究では，楽しい出来事を想起することにより実験参加者にポジティブな感情状態を導出した。別の条件では，参加者をニュートラルな感情状態にするため日常の出来事

---

[3] 感情と説得情報の処理に関する詳細な研究レビューについては，原（2005）を参照のこと。

28 第2章 感情と認知の主要理論

を想起させた。次に別課題としてある事件のストーリーを読ませ，被告に対する有罪判断について回答を求めた。その際，被告の名前は否定的なステレオタイプと結びつきやすいヒスパニック系の名前，もしくは人種的な特徴のない名前のいずれかであった。その結果，ニュートラルな感情状態の参加者においては判断対象の人種が有罪判断に影響を与えなかった。他方，ポジティブな感情状態にあった参加者は，被告がヒスパニック名である場合に，そうでない場合よりも罪状と被告のステレオタイプとを結びつけ有罪と判断した。また他の研究では，ネガティブな感情状態にあった参加者はニュートラルな場合と同様にステレオタイプに依存せず，個別情報に基づいたシステマティックな処理方略を採用した（Bless, Schwarz, & Wieland, 1996）。

こうした感情状態と情報処理方略の選択を解釈するためにさまざまな説明が提出されている。それらは主に，感情の生起と処理容量に関わる説明，感情の機能的働きに関わる説明，感情制御の動機の働きに関わる説明として大別できよう。以下ではそれぞれの説明について紹介する。

[1] 認知容量説

認知容量説は感情ネットワーク理論に基づく説明であり，感情の生起は認知的負荷となり認知資源を占領するため，その後の注意や記憶および情報処理に対して用いるための容量を減少させると考える（Mackie & Worth, 1989）。

マッキーとワース（Mackie & Worth, 1989）の研究では，実験参加者の半数に架空のくじで金銭を得たと思わせることにより，ポジティブな感情状態を導出した。もう半数の参加者にはそのような感情操作をしなかった。次に別課題として説得メッセージを呈示し参加者の態度を測定した。その結果，ポジティブな感情状態にあった参加者はニュートラルな感情状態にあった参加者と比べてメッセージを精緻化しなかった。この結果は，ポジティブな感情状態が導出されたことでメッセージを処理する容量が減少し，メッセージを詳細に検討できなかったためと解釈された。ただしメッセージを読む時間を十分に与えられた場合には，ポジティブな感情状態にある参加者もメッセージを精緻化した。感情の生起によって認知容量が減少しても，時間を与えられることによってそれがカバーされ，メッセージに対する精緻な処理が可能となったためと解釈さ

れた（Mackie & Worth, 1989）。

なおネガティブな感情状態が生じる場合には，ポジティブな感情状態の場合よりもメッセージが精緻化されることについて，マッキーとワースはやはり感情ネットワーク理論に基づいて説明をする。その主張によると，ポジティブな記銘材料はネガティブな記銘材料よりも記憶の中で多く貯蔵されているため，記憶の中におけるネットワーク活性化の程度が高くネガティブな場合よりも認知容量を減少させるという。

しかしながら教示により参加者に注意深い処理をするよう告げると分析的処理が可能であったこと（Bless et al., 1990）や，対人印象形成課題において責任がある状況ではヒューリスティック処理の回避が可能であったこと（Bodenhausen et al., 1994）など，認知容量説では解釈できない知見も多い。こうした知見を説明するために他の説明が提出されている。

[2] **感情シグナル説**

認知的容量説が感情の生起による認知資源の減少を問題としているのに対し，感情シグナル説は感情の機能によって感情状態と処理方略の採用を解釈しようとする。この説では感情が周囲の環境や状況に対する情報を付与するとし，ポジティブな感情状態は状況が安全なことのシグナルとして働き，ネガティブな感情状態は安全でないことのシグナルとして働くと考える。そしてシグナルとしての感情が情報処理方略の採用に影響を与えるという（Schwarz, 1990）。安全な状況を知らせるポジティブな感情状態においては認知的努力が必要なく，トップダウン型でスキーマに依存したヒューリスティックな処理方略が採用される。対照的に，状況に問題があることを知らせるネガティブな感情状態においては，状況の変容が動機づけられ，ピースミールでシステマティックな処理方略が採用される。

たとえばシンクレアたちの研究では，天候によって自然に生起した感情状態が説得情報の処理方略に与える影響について検討した。その結果，ネガティブな感情状態の参加者はポジティブな感情状態の参加者よりも，呈示された説得メッセージを精緻化した。しかし実験操作により感情の源泉を顕現化すると，説得メッセージに対する感情の影響が消失した（Sinclair et al., 1994）。感情が

天候という正しい要因に帰属されたことにより感情の情報としての価値が減少し，情報処理に対する影響が消失したと考えられる。認知的容量説や次に説明する快楽随伴説では，こうした割引効果を説明できないことから感情シグナル説の優位性が主張されている。

なお，感情シグナル説はポジティブな感情状態にある場合の認知プロセスの柔軟性や問題解決における創造性の促進という現象に対しても説明を提示する。ポジティブな感情状態のときには認知的努力の必要な処理が促されないため，自由で柔軟性のある情報処理が可能となる。他方，ネガティブな感情状態では新奇で危険性のある解決方法の探索はなされにくい（Schwarz, 1990）。そのためポジティブな感情状態にある場合よりも，問題解決課題において創造的な回答が得られにくいと考えられている。

[3] 快楽随伴モデル

快楽随伴モデルはアイゼンの快楽動機説（Isen, 1984）に基づき，感情状態と処理方略の関係を動機的な理由により説明する。ネガティブな感情状態にあると，人はポジティブな情報に接する機会やポジティブな感情をもたらすような行動遂行を通じて感情を制御する（Wegener & Petty, 1994）。他方，ポジティブな感情状態にあると，人は認知的な処理を回避することで感情状態の維持をはかろうとする。したがって処理対象として説得情報を呈示されても，その内容に対してシステマティックな処理方略が取られにくい。しかしながらポジティブな感情状態にある場合でも，処理すべき課題がポジティブ感情維持やその促進を約束するような内容であれば，ネガティブな感情と同様の処理方略が取られるという。

ウェジナーら（Wegener et al., 1995）の研究では，まず，楽しいもしくは悲しい映像を視聴させることで実験参加者の感情を操作した。次に別課題としてこれから読む記事で感情状態が良くなるもしくは悪くなると告げた。記事を読ませた後で精緻化の指標を測定すると，ポジティブな感情状態にあって感情状態が良くなる記事を読んだ参加者は，ネガティブな感情状態にある参加者と同様に情報を精緻化していた。こうした結果は，ポジティブ感情による処理容量の減少を仮定する認知容量説，認知的努力の欠如を仮定する感情シグナル説で

は解釈できない。

またハンドリーとラシター（Handley & Lassiter, 2002）の研究では，ポジティブな感情状態にある場合，実験参加者は次に呈示された説得メッセージの感情的質に基づいて活動を決定した。すなわち，ポジティブな感情が予期されるとメッセージを精緻化するが，ネガティブな感情が予期される場合にはメッセージを精緻化しなかった。このことは人がポジティブ感情を維持しようとして，認知の方法を決定することを示唆している。

なお快楽動機説の主張に対する批判も存在する。たとえばウェグナーたちの実験では，ネガティブな感情状態を導出され，さらに感情状態が悪くなる記事を読んだ参加者もメッセージに対して精緻な処理を行っていた。もし人がネガティブな感情を改善しようとするのであれば，こうしたメッセージを回避するはずである（Schwarz & Clore, 1996）。

しかしながら感情操作によって生じた感情状態よりも次の課題によって生じる感情状態の方がネガティブな程度が低ければ，人はその課題に従事することによって少しでも感情を改善しようとするのかもしれない。この問題については，感情操作と課題によって生じる感情のヴェイレンスだけでなく，その強さについても考慮し検討する必要があるだろう。

これらの理論では，感情と情報処理方略の選択に関し，処理容量や感情の機能，動機づけを媒介として考えてきたが，近年ではなぜそうした処理方略が取られるのか認知的過程の性質をより明らかにしようとする試みが取られている。以下ではそうした理論について紹介する。

[4] 感情と一般知識構造仮説

一般知識構造仮説(Theory of mood and general knowledge structure: MAGK)では，感情シグナル説と同様に感情の情報的機能を仮定しながらも，状況変容への動機づけを仮定しない。そして感情状態によって処理方略に相違が見られるのは，一般知識構造を用いる程度が異なるためと主張する。人はポジティブな感情状態にある場合には，スキーマやスクリプトといった一般知識構造に依存し，簡便なヒューリスティクスを利用する（Bless, Clore et al., 1996）。よってポジティブな感情状態にある受け手において示されたヒューリスティックな

情報処理は，処理容量の減少や，処理への動機づけの欠如を原因とするものではなく，一般知識構造への依存のためと考えられる。

　感情とスクリプトの利用について検討したブレスたちの研究では，過去経験の想起により参加者の感情状態を操作した後，よく知った行動のスクリプト（e.g., レストランでの食事）をきかせた。この中には典型的な情報と非典型的な情報が含まれていた。後にその内容について再認課題を行うと，ポジティブな感情状態にある参加者はネガティブな感情状態にある参加者よりも，典型的な情報に対して再認成績が良く，また実際は呈示されていなかった典型的な情報をあったと誤って回答した。このことはポジティブな感情状態がスクリプトに依存したヒューリスティックな処理を導くことを示唆している。しかしながら他の課題との二重課題状況では，ポジティブな感情状態にある場合の方が二つめの集中課題の成績がよかった（Bless, Clore et al., 1996）。これは，ポジティブな感情状態の参加者にとって，一つめの課題は一般知識に依存した処理が可能であり，それゆえそこで余った認知容量が二つめの課題に割り当てられたためと考えられる。つまりポジティブな感情状態にあっても処理容量や動機づけが減少するわけではなく，一般知識構造への依存の程度が高まるのである。

　また感情とステレオタイプの利用に関するブレスたちの研究では，ポジティブ・ネガティブ・ニュートラルいずれかの感情状態にある実験参加者に，判断課題として対象のカテゴリーのステレオタイプとは不一致な内容の個別情報を呈示した。その結果，ポジティブな感情状態にあると，判断対象のカテゴリーと不一致な個別情報に重みづけがされた（Bless, Schwarz, & Wieland, 1996）。すなわちポジティブな感情状態の参加者は，単に対象が属する社会的カテゴリーにしたがってステレオタイプ的判断をしたのではなく，カテゴリーと個別情報との関係について注目したのである。同様の結果は，同じ問題を取り上げ追試した研究でも確認されている。判断対象の属するカテゴリーのステレオタイプと，対象の個別情報が不一致である場合は，ポジティブな感情状態にある参加者も，ステレオタイプ的判断を回避することが可能であった（Krauth-Gruber & Ric, 2000）。

　このように感情と一般知識構造仮説では，環境的状況のみでなく，一般知識に依存できる程度についても感情が情報を付与すると考える。しかしこの説に

関しては，ポジティブ感情と一般知識構造との結びつきをどう説明するか，また一般知識構造への依存という概念そのものに対する問題が提起されており（北村, 2003），今後さらに検証していく必要がある。

[5] 二重モデル説

　先の一般知識構造仮説と同様，認知過程を明らかにすることで感情状態と処理方略の関係について検討する。感情が情報処理スタイルの相違を導く理由として，フィードラー（Fiedler, 2001）は異なる情報処理機能を持つ2種類のアプローチを仮定した。この二重モデル（Dual-force model）は，感情の影響を増減させる課題状況と，感情が認知的機能に影響するメカニズムについて説明を可能とする。モデルによると，人の認知コンポーネントには，活性化した内的な知識構造に外的刺激を同化させる知識駆動型のトップダウン・アプローチ（assimilation: 同化）と，外的刺激に対し内的な認知構造を調節して，適応させる刺激駆動型のボトムアップ・アプローチ（accomodation: 調節）がある。そしてどちらが促進されるのかは感情状態によって決まっており，ポジティブな感情の場合にはトップダウン型処理が，ネガティブな感情の場合にはボトムアップ型処理が行われるという。

　この説では方略の選択に感情が及ぼす影響のみでなく，特定の処理方略における異なる感情の影響についても説明が可能である。たとえば，なぜ気分一致効果が再認課題よりも再生課題においてよく見られるのか，またネガティブ感情よりもポジティブ感情においてよく見られるのか，といった問題に対して説明を提供する。再生課題は構造化されていないオープンな課題であるため，調節のアプローチよりも知識構造を駆動させた同化のアプローチが用いられる。同化のアプローチはポジティブ感情の場合により促進されるため，ポジティブ感情の場合に気分一致効果が見られやすい。前述したように，フィードラーら（2001）の研究では課題の構造性を低めると再認課題でも気分一致効果が見られるようになった。

　モデルは課題に対する処理に対し，それぞれの機能が用いられる程度によって感情の影響が決定されると主張する。認知的過程について明らかにしようとするアプローチであり，感情と情報処理の研究に新たな視点を提供した。ただ

しモデルの前提である感情状態と二つのコンポーネントとの結びつきについて説明が十分とは言えず，この点についてはさらに検討する必要があるだろう。

[6] 感情インプット説

これまで紹介した理論は，いずれも感情状態がなんらかの認知的活動と結びついており，その活動の質や程度が感情によって決定されると考える。感情インプット説（Mood as input model）ではその点を批判し，感情の影響は一義的に決まるのではないとする。そして感情の情報的機能について注目しながらも，ポジティブ・ネガティブといった感情状態が処理方略を決定するのではなく，感情が与える情報に関して文脈の影響があると主張する（Martin et al., 1993）。

この説では，人は感情からの情報や対象に関する情報，文脈といった多くの情報を同時に処理し，判断するという並列処理モデルに基づく考え方を採用している。つまり判断がなされる場合には，感情を経験している文脈の効果を受けて，感情が伝える情報が変わるというのである。たとえばポジティブな感情は必ずしもヒューリスティックな処理方略を導くのではなく，教示や文脈によって他の目標や状況的要求が与えられた場合には，システマティックな処理を促進することもある。

マーティンら（Martin et al., 1993）の研究では，まず映像視聴により実験参加者の感情状態をポジティブもしくはネガティブに操作した。次に別課題として，カードをめくりながらそこに描かれた情報を読み，対象人物の印象を形成するよう告げた。その際，楽しんでいる間は課題を続けるように教示されると，ポジティブな感情状態の参加者は，ネガティブな感情状態の参加者よりも課題を長く続けた。他方，印象形成のために十分情報を得たと思うまで続けるよう教示した場合には，ネガティブな感情状態の参加者の方が長い間課題に従事した。つまり情報処理の選択は感情の解釈に依存しており（Martin & Davies, 1998），ポジティブな感情状態にあってもシステマティックな処理が促進されることもあるという。

しかしながらこの説に対する検証は十分ではない。たとえば研究において測定された課題従事時間は，単に処理時間が長いということを示している可能性

があり,精緻化の指標として妥当なものか明らかではない。この点に関しては課題内容に対する記憶指標などを用いることにより検討する必要があると思われる。

4. 感情と認知の相互作用―感情制御

　感情が認知に影響を与えることについてこれまで見てきたが,ここでは認知が感情に影響を与えるという方向についても取り上げる。人は消極的にネガティブな感情を経験するのではなく,ポジティブな感情状態を長く持続させることやネガティブな感情状態を低減したりなくしたりするために,感情を制御する方略を用いる。したがってある感情状態が導出されている場合,感情維持や改善の動機が生じて感情制御方略が取られることがある。そしてその結果として感情状態の変化が生じるのであろう。先に説明した快楽随伴モデル (Wegener & Petty, 1994) でも,こうした感情制御の動機によって情報処理のスタイルが決まると考えていた。以下では感情とその制御に関する説明を紹介する。

[1] 感情制御の社会的制約モデル (Social Constraints Model of Mood Control and Processing)

　このモデルでは感情と判断における感情制御の過程を検討している。説明によると,感情を制御するための社会的動機がある場合には,気分不一致判断がなされるが,そうした動機がない場合には感情が維持され,気分一致判断がなされるという (Erber & Erber, 2001)。

　アーバーら (Erber et al., 1996) の研究では,音楽によって実験参加者にポジティブもしくはネガティブな感情状態を導出した。次に,ある課題を他者と一緒に行う,あるいは一人で行うと告げることにより感情改善のための社会的動機の有無を操作した後,別の選択課題に回答させた。その結果,他者と課題を行う場合には,感情改善の動機が生じるため気分不一致判断が見られたが,一人の場合ではそうした状況の制約がないため気分一致判断が示された。人が

感情と一致する活動を求めるのは，社会的制約や処理の制約がないときであり，もし文脈にそぐわない行為であれば，感情と不一致な活動や情報が求められたり処理されたりすると考えられる（Erber & Erber, 2001）。

このモデルではたとえ人がネガティブな感情状態にある場合でも，そのことが不適切であるような社会的制約がなければ，感情状態が維持されることを仮定する。つまり，感情を制御しようとする動機的過程が自発的に生じないと考えており，この点が以下に説明する感情管理仮説と異なっている。

[2] 感情管理仮説（Mood Management Hypothesis）

この仮説も感情と判断における感情制御の過程について取り上げている。人は感情を制御するため自発的に方略を用いる（Forgas et al., 1998）。この説は感情混入モデル（Forgas, 1995）の動機充足型処理と一貫する。フォーガスとチャロキー（Forgas & Ciarrochi, 2002）の研究では，知覚課題の成績に対する偽フィードバックにより実験参加者の感情をポジティブ，ニュートラル，ネガティブに操作した後，単語完成課題に従事させた。その結果，ポジティブおよびネガティブ感情状態にある参加者は，課題において当初，気分一致効果を示した。しかしそうした効果は，次第に感情不一致な結果に移行した。人は自らの感情を恒常的に安定させるため，ある感情状態になったときは感情プライミングのメカニズム（Bower, 1981）により実質的な処理が取られ気分一致効果が示されても，感情の強さが閾値に達すると動機充足型の処理が駆動されて，感情状態とは不一致な連合が示されるという。

この研究によって感情管理が自発的に生じる方略であることが示唆された。しかしながら，実験において気分一致判断を続けることが実際に感情の強さを高めていたのか，また閾値に達するということの概念など，感情制御の過程について説明が十分ではない。今後こうした点に関し実証的に検討する必要性があるだろう。

5. 今後の検討課題

これまでさまざまな研究が感情と認知に関して行われてきた。それぞれのモ

デルは各研究が対象とする現象を説明するものであるが、今後これらの理論を包括的にとらえていくためにはさらに検討すべき点があろう。ここではそうした課題について取り上げる。

[1] **感情制御過程と処理方略に対する検討**

　感情制御に関し、ネガティブ感情の改善とポジティブ感情の維持という両方の処理方略が同時に示された実証的研究はこれまでない。たとえば前述のハンドリーとラシター（2002）の研究では、ポジティブ感情にある場合にはそれを維持しようとしてポジティブ感情を予期させるメッセージを精緻化した。この結果は、ポジティブ感情維持方略を示したものと考えられる。

　他方、フォーガスとチャロキー（2002）の研究では、ネガティブな感情状態における気分不一致効果が認められ、感情改善のための処理方略が取られたことが示唆された。しかしポジティブな感情状態にある場合にも次第に気分不一致効果が見られており、感情維持方略は認められなかった。

　また感情状態と広告商品に対する評価について検討した北村らの研究では、ネガティブな感情状態にある場合、参加者は明るいイメージの広告商品に対して高い購買意欲を報告した。このことはネガティブ感情改善のための方略としてみることが可能だが、ポジティブな感情状態にある場合には、暗いイメージの広告商品に対しても購買意欲が高かった（北村ら、1994）。感情状態と広告メッセージの処理について検討した田中（2004）の研究でも、ネガティブ感情にある場合の感情改善は示されたが、ポジティブ感情の維持については明確な証拠がない。このように感情維持と感情改善に関する知見は一貫しておらず、この点について検討する必要がある。また両者でプロセスが異なるのであれば、そのことについても検討する必要があるだろう。

　次に、感情制御のための処理が自動的に生じる過程か、統制的過程か、検討する必要が挙げられる。アーバーら（1996）の研究では社会的制約があるときに制御動機が働くが、なければ維持動機が働くことが示され、感情制御が統制的過程であることが示唆されている。他方、フォーガスとチャロキー（2002）の研究ではこうした社会的な動機づけが存在しなくとも、感情制御が自発的に生じる可能性が示唆されている。ハンドリーら（2004）の研究でも、ポジティ

ブ感情維持が自動的過程である可能性が示唆された。この研究では，まず実験参加者に単語対を記憶させた。単語の一方をニュートラル語，他方をポジティブ語・ネガティブ語・ニュートラル語のいずれかとすることで，ニュートラル語に対して非意識的な感情的連合を作り出すことが課題の目的であった。次に映像視聴により参加者にポジティブ・ネガティブ・ニュートラルいずれかの感情状態を導出し，その後，次に見る映像のタイトルを選択させた。タイトルには，最初の記憶課題で用いられたニュートラル語が含まれていた。その結果，ポジティブな感情状態にある場合には他の感情状態にある場合よりも，ポジティブ感情と非意識的に連合した対象を好意的に判断した。この結果から，ポジティブ感情にある場合には，意識的気づきなしに対象の感情的質を評価したと考察され，ポジティブ感情の維持が自動的に生じると考察されている。

　ハンドリーら（2004）も，こうした自動的な過程がアーバーらのいう社会的制約によって制限される可能性について認めているものの，感情制御が元々自動的に生じる方略であることを主張する点では，両者の意見が異なっている。

[2] 感情と情報処理方略に対する統合モデルの提出とその実証的検討

　これまで挙げた知見を統合して，北村（2004）は自動的処理と統制的処理の状況的方略モデル（Situated strategies of automatic and controlled processing model; SAC モデル）を提出した。このモデルは，認知的処理を自動的—統制的処理として内容を明らかにし，また感情のシグナルとしての働きと感情改善の影響を並列的に組み込んだ。さらに感情の情報的意味の解釈を取り入れ，感情と情報処理方略との相互作用について包括的に示している。

　このモデルをさらに発展したものとして，ここでは改訂版 SAC モデル（北村・田中，2006）を提出する（図2.2）。SAC モデルと同様，状況の影響と情報的意味の解釈，そして感情制御の過程を組み込み感情と情報処理について示しているが，このモデルでは情報処理の選択が択一的なものではなく，自動的処理と統制的処理を連続体として仮定する。そしてある状況から感情が生じると，その後の過程にも状況の制約や課題の特徴といったさまざまな影響が及ぶことを想定している。

　感情が生じると人は状況を勘案してその情報的意味を解釈する。その解釈に

基づき，感情に関わる目標設定が無自覚的もしくは自覚的に生じる。この目標とは，ネガティブ感情の改善やポジティブ感情の維持，もしくは感情のクーリングである。その目標に従い，自動的処理─統制的処理の連続体から処理モードが選択される。なおここで注意したいのは，処理の次に課題への態度として加えられているものが，実際に実証的研究で測定される変数であることだ。課題を処理することで感情状態が変化し，こうした循環が繰り返されていく。

　たとえばネガティブな感情状態は，何かしら問題があることを示すシグナルであり，そうした情報的意味が状況にそぐわないものであれば，感情を改善するという目標が生じる。この目標に応じて課題に対しどのような処理を取るべきか選択される。もし課題に集中することで感情が改善されるのであれば統制的処理モードとなる。その結果，たとえば課題が説得メッセージを読むことであれば，メッセージが精緻化される。この処理を行ったことで少し感情が改善したとしても，まだネガティブな感情が続いていれば相変わらず何か問題があることを知らせるため，課題に対してさらに統制的処理が取られる。そうしたネガティブ感情によるシグナルが消え，もしくはポジティブな感情状態になり

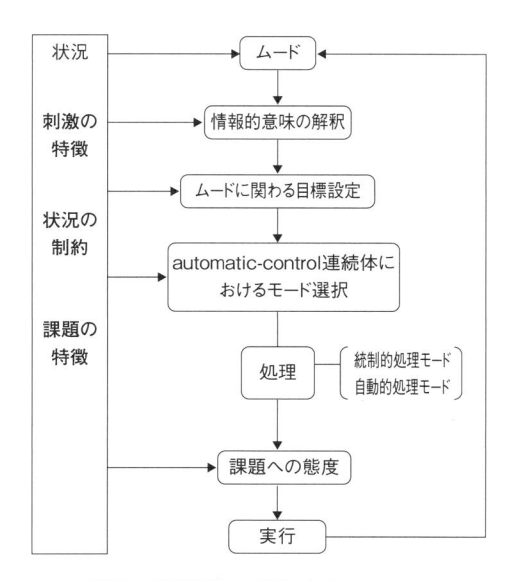

図2.2　改訂版SACモデル（北村・田中, 2006）

問題が十分解決されたというシグナルが働くと，課題に対する認知的処理が完了するのであろう。このモデルは概念的にこれまでの知見を統合する試みであり，今後，実証的に検討をする必要がある。

　章のはじめに述べたとおり，感情と認知の相互作用に関する研究は比較的新しい研究領域である。しかしこれまでにさまざまな理論が提出され，感情と認知に関わる現象を説明してきた。今後はこれらの理論をより精緻化していくと同時に，包括的なモデルを構築し，知見を整理していくことが研究の理解に役立つと思われる。

引用・参考文献

Bless, H., Bohner, G., Schwarz, N., & Strack, F. (1990). Mood and persuasion: A cognitive response analysis. *Personality and Social Psychology Bulletin*, **16**, 331-345.

Bless, H., Clore, G. L., Schwarz, N., Golisano, V., Rebe, C., & Wölk, M. (1996). Mood and the use of scripts: Does a happy mood really lead to mindlessness? *Journal of Personality and Social Psychology*, **71**, 665-679.

Bless, H., Schwarz, N., & Wieland, R. (1996). Mood and the impact of category membership and individuating information. *European Journal of Social Psychology*, **26**, 935-959.

Bodenhausen, G.V., Kramer, G. P., & Süsser, K. (1994). Happiness and stereotypic thinking in social judgment. *Journal of Personality and Social Psychology*, **66**, 621-632.

Bower, G. H. (1981). Mood and memory. *American Psychologist*, **36**, 129-148.

Bower, G. H., & Cohen, P. R. (1982). Emotional influences in memory and thinking: Data and theory. In M. S. Clark & S. T. Fiske (Eds.), *Affect and cognition*. Hilsdale, NJ: Lawrence Erlbaum Associates. pp.291-331.

Bower, G. H., & Forgas, J. P. (2001). Mood and social memory. In J. P. Forgas (Ed.), *Handbook of affect and social cognition*. Mahwah, NJ: Lawrence Erlbaum Associates. pp.95-120.

DeSteno, D., Petty, R. E., Wegener, D. T., & Rucker, D. D. (2000). Beyond valence in the perception of likelihood: The role of emotion specificity. *Journal of Personality and Social Psychology*, **78**, 397-416.

Erber, R., & Erber, M. W. (2001). Mood and processing: A view from a self-regulation perspective. In L. L. Martin & G. L. Clore (Eds.), *Theories of mood and cognition: A user's guidebook*. Mahwah, NJ: Lawrence Erlbaum Associates. pp.63-84

Erber, R., Wegner, D. M., & Therriault, N. (1996). On being cool and collected: Mood regulation in anticipation of social interaction. *Journal of Personality and Social Psychology*, **70**, 757-766.

Fiedler, K. (2001). Affective influences on social information processing. In J. P. Forgas (Ed.), *Handbook of affect and social cognition*. Mahwah, NJ: Lawrence Erlbaum Associates.

pp.163-185.
Fiedler, K., Nickel, S., Muehlfriedel, T., & Unkelbach, C. (2001). Is mood congruency an effect of genuine memory or response bias? *Journal of Experimental Social Psychology*, **37**, 201-214.
Forgas, J. P. (1995). Mood and judgment: The affect infusion model (AIM). *Psychological Bulletin*, **117**, 39-66.
Forgas, J. P. (2000). Introduction: The role of affect in social cognition. In J. P. Forgas (Ed.), *Feeling and thinking: The role of affect in social cognition*. Cambridge, UK: Cambridge University Press. pp.1-28.
Forgas, J. P. (2001). Affect, cognition, and interpersonal behavior: The mediating role of processing strategies. In J. P. Forgas (Ed.), *Handbook of affect and social cognition*. Mahwah, NJ: Lawrence Erlbaum Associates. pp.293-318.
Forgas, J. P., & Bower, G. H. (1987). Mood effects on person-perception judgments. *Journal of Personality and Social Psychology*, **53**, 53-60.
Forgas, J. P., & Ciarrochi, J. V. (2002). On managing moods: Evidence for the role of homeostatic cognitive strategies in affect regulation. *Personality and Social Psychology Bulletin*, **28**, 336-345.
Forgas, J. P., Johnson, R., & Ciarrochi, J. (1998). Mood management: The role of processing strategies in affect control and affect infusion. In M. Kofta., G. Weary & G. Sedek (Eds.), *Personal control in action: Cognitive and motivational mechanisms*. New York, NY: Plenum Press. pp.155-195.
Handley, I. M., & Lassiter, G. D. (2002). Mood and information processing: When happy and sad look the same. *Motivation and Emotion*, **26**, 223-255.
Handley, I. M., Lassiter, G. D., Nickell, E. F., & Herchenroeder, L. M. (2004). Affect and automatic mood maintenance. *Journal of Experimental Social Psychology*, **40**, 106-112.
原　奈津子 (2005). 説得における感情の役割　心理学評論, **48**, 10-20.
Isen, A. M. (1984). Toward understanding the role of affect in cognition. In R. S. Wyer & T. K. Srull (Eds.), *Handbook of social cognition, Vol. 3*. Hillsdale, NJ: Lawrence Erlbaum Associates. pp.179-236.
Isen, A. M. (1987). Positive affect, cognitive processes, and social behavior. In L. Berkowitz (Ed.), *Advances in experimental social psychology, Vol. 20*. San Diego, CA: Academic Press. pp.203-253.
伊藤美加 (2000). 気分一致効果を巡る諸問題―気分状態と感情特性―　心理学評論, **43**, 368-386.
Johnson, E. J., & Tversky, A. (1983). Affect, generalization, and the perception of risk. *Journal of Personality and Social Psychology*, **45**, 20-31.
北村英哉 (2002). ムード状態が情報処理方略に及ぼす効果―ムードの誤帰属と有名さの誤帰属の2課題を用いた自動的処理と統制的処理の検討―　実験社会心理学研究, **41**, 84-97.
北村英哉 (2003). 気分状態と情報処理方略 (1) ― MAGK 仮説をめぐって―　東洋大学社

会学部紀要, **40**, 61-74.

北村英哉 (2004). 認知と感情 大島尚・北村英哉 (編) 認知の社会心理学 北樹出版. pp.108-130.

北村英哉・田中知恵 (2006 (予定)). 気分状態と情報処理方略 (2) ― SAC モデルの改訂 ― 東洋大学社会学部紀要

北村英哉・沼崎誠・工藤恵理子 (1994). 広告接触時の感情及び広告のスタイルと感情価が広告効果に及ぼす影響 日本社会心理学会第35回大会発表論文集, 440-441.

Krauth-Gruber, S., & Ric, F. (2000). Affect and stereotypic thinking: A test of the mood-and-general-knowledge-model. *Personality and Social Psychology Bulletin*, **26**, 1587-1597.

Mackie, D. M., & Worth, L. T. (1989). Processing deficits and the mediation of positive affect in persuasion. *Journal of Personality and Social Psychology*, **57**, 27-40.

Martin, L. L., & Davies, B. (1998). Beyond hedonism and associationism: A configural view of the role of affect in evaluation, processing, and self-regulation. *Motivation and Emotion*, **22**, 33-51.

Martin, L. L., Ward, D. W., Achee, J. W., & Wyer, R. S. (1993). Mood as input: People have to interpret the motivational implications of their moods. *Journal of Personality and Social Psychology*, **64**, 317-326.

Schwarz, N. (1990). Feeling as information: Informational and motivational functions of affective states. In E. T. Higgins & R. M. Sorrentino (Eds.), *Handbook of motivation and cognition: Foundations of social behavior, Vol. 2*. New York: Guilford Press. pp.527-561.

Schwarz, N., & Clore, G. L. (1983). Mood, misattribution, and judgments of well-being: Informative and directive functions of affective states. *Journal of Personality and Social Psychology*, **45**, 513-523.

Schwarz, N., & Clore, G. L. (1996). Feelings and phenomenal experiences. In E. T. Higgins & A. W. Kruglanski (Eds.), *Social psychology: Handbook of basic principles*. New York, NY: Guilford Press. pp.433-465.

Sinclair, R. C., Mark, M. M., & Clore, G. L. (1994). Mood-related persuasion depends on (mis) attributions. *Social Cognition*, **12**, 309-326.

Smith, C. A., & Ellsworth, P. C. (1985). Patterns of cognitive appraisal in emotion. *Journal of Personality and Social Psychogy*, **48**, 813-838.

田中知恵 (2004). 関連感情がメッセージの精緻化に及ぼす影響：印刷媒体広告を用いた情報処理方略の検討 社会心理学研究, **20**, 1-16.

Wegener, D. T., & Petty, R. E. (1994). Mood management across affective states: The hedonic contingency hypothesis. *Journal of Personality and Social Psychology*, **66**, 1034-1048.

Wegener, D. T., Petty, R. E., & Smith, S. M. (1995). Positive mood can increase or decrease message scrutiny: The hedonic contingency view of mood and message processing. *Journal of Personality and Social Psychology*, **69**, 5-15.

3 感情の研究法

　私たちは毎日の生活のなかで，さまざまな感情を体験する。「気分」のように弱く持続的な感情を含めると，常に何らかの感情を感じていると言っても過言ではないだろう。しかし，感情は手にとったり，直接観察したりすることはできない。こうした目に見えない感情を科学的研究の俎上に載せるため，社会心理学や認知心理学ではさまざまな研究法が考案されてきた。本章では，これらの研究法を概観することにしよう。

1. 実態把握型研究とメカニズム解明型研究

[1] 実態把握型研究

　感情研究はその目的によって，二つのタイプに分類することができる。第一に実態把握型研究，第二にメカニズム解明型研究である。

　実態把握型研究とは，現状や実情をそのまま抽出し理解しようとする研究を指す。現代社会は規模も大きく，非常に数多くの人が関与している。そのため，「抑うつ患者はどの程度存在するのか」「人は職場に対してどの程度ストレスを感じているのか」といった問いに答えるのも容易なことではない。そこで質問紙調査や面接調査によって，実態を把握しようとする試みが行われてきた。こうした実態把握型研究は，基本的には，単一の変数を調べるだけでも成立しうるものといえる。たとえば，抑うつ患者の実態に関する研究では，被調査者の「抑うつの程度」を調べれば，それだけで目的が達せられることになる。同様に，職場ストレスに関する研究では，「被調査者が職場に対してどの程度ストレス

を感じているか」を調べるだけで目的を達成することができる。

［2］メカニズム解明型研究

確かに，大規模な実態把握型調査を行えば，抑うつ患者の割合や職場ストレスの程度をそれなりに把握することができるだろう。しかし，臨床的な観点から重要なのは，抑うつ患者の割合や職場ストレスの強度だけではない。「どうすれば抑うつを予防できるのか」「職場ストレスを低減するにはどうすればよいか」も極めて重要であろう。こうした問いに答えるためには，抑うつや職場ストレスに影響を与える要因を解明し，その背後にあるメカニズムを明らかにすることが不可欠と考えられる。メカニズム解明型研究とは，このように現象のメカニズムを明らかにしようとする研究を指している。

上述のように，実態把握型研究は単一の変数のみでも成立し得るものである。それに対して，メカニズム解明型研究は単一の変数では成立しえない。一般にメカニズムは，「あることが原因となって特定の現象が生起する」という因果関係の形で記述される。したがって，メカニズム解明型研究においては，原因となる変数（独立変数）と結果となる変数（従属変数）の両方を取り上げ，両者の因果関係を検討していく必要がある。

なお，実態把握型研究とメカニズム解明型研究のどちらを行うかは，研究の目的に応じて決められるものであり，二つのタイプの研究の優劣をつけることはできない。しかし，心理学研究の基本的な目的は，「感情や記憶，判断，思考といった心的処理のメカニズムを解明する」ことであり，メカニズム解明型の研究が多くを占めている。そこで本章でも，メカニズム解明型研究を念頭において議論を進めることにしたい。以下，まず感情を独立変数として扱う場合の研究法について概説し，次に感情を従属変数として扱う際の測定法を概観する。

2. 感情を独立変数として扱うために

まず，感情を独立変数として扱うための方法論について，感情が記憶に及ぼ

す影響に関する仮想的な実験をもとに考えていくことにしよう。感情と記憶の相互作用に関しては，「ポジティブ感情はポジティブな事象の想起を促進し，ネガティブ感情はネガティブな事象の想起を促進する」という気分一致効果が指摘されてきた（第5章参照）。こうした気分一致効果が本当に存在するのかを調べるために，実験参加者に高校時代の経験を自由に五つ想起してもらうことにした。そして，参加者の感情状態が過去経験の想起にどのような影響を与えるのかを調べることにした。すなわち，この実験の従属変数は想起経験の内容（特にそのヴェイレンス），独立変数は参加者の感情状態である。それでは，どうすれば参加者の感情状態を独立変数として扱うことができるのだろうか。この点については，以下に述べる三つの手法が考えられる（Parrott & Herte, 1999）。

[1] 感情特性の利用

感情を独立変数として扱う際に素朴に思いつく方法として，感情特性を利用することが挙げられる。感情特性とは，抑うつや特性不安，神経症傾向，外向性など，感情経験と関連するパーソナリティを表わす（Rusting, 1998, 1999）。こうしたパーソナリティを利用することで，感情と認知の相互作用を検討することができるかもしれない。たとえば，特性的に抑うつ傾向が高い人は慢性的に強い抑うつ感情を経験しているのに対して，抑うつ傾向が低い人は日常生活のなかで抑うつ感情を経験しにくいと考えられる。したがって，実験参加者の特性的な抑うつ傾向の個人差を測定すれば，気分一致効果を検討することができると考えられる。具体的には，抑うつ傾向が高い人は慢性的に抑うつ感情を経験しているため，抑うつ傾向の低い参加者より，ネガティブな経験をたくさん想起すると予想される。こうした予測が支持されれば，気分一致効果の蓋然性が高まるといえるだろう。

感情特性を利用した研究は，感情と認知の相互作用に関して示唆を与えるだけではない。感情特性が認知的処理に及ぼす影響を解明すれば，感情障害や不安障害の原因や持続因にも示唆を与えることができる。たとえば，先の実験で，抑うつ傾向の高い人は，抑うつ傾向の低い人よりネガティブ記憶を想起しやすいことが示されたとしよう。この結果から，抑うつ傾向の高い人はネガティブ記憶を選択的に想起する傾向があり，想起したネガティブ記憶によって一層強

い抑うつ感情が喚起されていると考えられる。すなわち，ネガティブ記憶の想起が抑うつの維持要因になっている可能性が示唆される（Blaney, 1986）。

ただし，抑うつ傾向に関する研究結果が，そのまま臨床的な感情障害に適用できる保証はない。感情特性を利用した多くの研究では，Beck Depression Inventory（BDI; Beck et al., 1961; 林，1988）やStait-Trait Anxiety Inventory（STAI; Spielberger et al., 1970; 清水・今栄，1981）などの自己報告式質問紙を利用して，実験参加者の感情特性を測定してきた（たとえば，Bradley et al., 1993; Josephson et al., 1996）。しかし，臨床的な不安障害や感情障害は，自己報告式質問紙だけで特定されるものではない。したがって，自己報告式質問紙を利用して感情特性の影響を検討しても，その結果が臨床事例に適用できる保証はない（Parrott & Hertel, 1999）。

また，感情の固有性に関しても注意が必要である。上記の実験で抑うつ傾向と記憶想起の関連が見出されたとしても，怒りや嫌悪，恐れなどの他のネガティブ感情で同じ結果が得られる保証はない。したがって，「特定の感情特性に関して得られた結果が他の感情に一般化できるか否か」に関しては，慎重に考察する必要がある。また，「得られた結果が抑うつ感情に固有の効果である」と主張したい場合にも注意が必要である。先行研究では，特性的な抑うつ傾向と特性的な不安傾向の間には正の相関関係が認められている（Clark & Watson, 1991; Katon & Roy-Byrne, 1991）。したがって，抑うつに関して得られた結果が，抑うつによって生じたのか，不安による効果なのか，抑うつと不安の共通成分による効果なのかを弁別するのは困難である。

さらに，最も大きな問題は，因果関係を解明できないことである。感情特性を独立変数とした場合には，独立変数に伴って複数の変数が連動して変化してしまうため（変数の交絡），因果関係を主張するのが困難になる。たとえば，先の研究で，「抑うつ傾向が高い人ほどネガティブ記憶を想起しやすい」という結果が得られたとしよう。この結果は，一見すると，ネガティブ感情が記憶想起に影響を与えることを示しているように見える。しかし，抑うつ傾向の高い人は，感情の効果とは独立に，自己のネガティブな経験を反芻する傾向があるのかもしれない。また，抑うつ傾向の高い人は，抑うつ傾向の低い人より，ネガティブな出来事を数多く経験しており，こうしたネガティブ経験の量が記

憶の想起に影響を与えているだけかもしれない。このように，抑うつ傾向と記憶想起の関連が示されても，「ネガティブ経験を反芻する傾向」や「ネガティブ経験の量」などの変数が因果関係を干渉してしまう。これらの因果関係を脅かす変数のことを干渉変数（interfering variable）と言う。こうした干渉変数が存在する限り，ネガティブ感情と記憶想起の因果関係を推定するのは難しい。

[2] 実験と因果

　それでは，どうすれば因果関係についてより明確な検討を行うことができるのだろうか。この点に関しては，実験の有用性が指摘されてきた（高野, 2000; 高野・岡, 2004; 南風原・市川, 2001）。実験とは，「干渉変数を人為的に統制し，調べたい変数のみを操作する」という研究手法である。たとえば，ネガティブ感情が記憶想起に及ぼす影響を検討する場合には，ネガティブ感情を喚起する条件と，ニュートラル感情を維持させる条件を設け，参加者をいずれかの条件に無作為に割り当てる。そして，条件間で想起された記憶の内容を比較するのである。ただし，どんな実験でも因果関係を主張できるわけではない。実験参加者の特性や実験刺激，実験環境に関して，条件間に系統的な差が存在する場合には，こうした変数が干渉変数となり，因果関係を曖昧なものにしてしまう。したがって，実験を行う際には，実験参加者の無作為割付やブロック化，実験刺激のカウンターバランスなどを利用し，感情以外の変数がなるべく条件間で等しくなるようできる限り統制することが重要である（高野, 2000）。

[3] 感情の実験的操作

　このように，実験は因果関係を主張するための有力なツールと言える。それでは，どうすれば感情を実験的に操作できるのだろうか。これまでの研究では，主に，①感情を自己生成させる手法と，②感情的刺激によって感情を喚起させる手法のいずれかが利用されてきた（Gerrards-Hesse et al., 1994）。

　1）感情の自己生成による操作　感情を自己生成させる手法としては，ヴェルテン法（Velten, 1968）やイメージ法（たとえば, Rusting & DeHart, 2000）が挙げられる。ヴェルテン法とは，カードに書かれた記述によって感情状態を

操作する方法である。具体的には、ポジティブ感情を喚起させる文、ネガティブ感情を喚起させる文、ニュートラルな文をそれぞれ60ずつ用意し、一文ずつカードに書いておく。そして、各参加者にポジティブ・ネガティブ・ニュートラルのいずれかのカードを60枚呈示し、書かれた内容に沿って自分の感情状態を変化させるように求めるのである。

一方、イメージ法では、ネガティブ条件の参加者にはネガティブな過去経験を、ポジティブ条件の参加者にはポジティブ経験を、ニュートラル条件の参加者にはニュートラル経験をできる限り詳細に想起し、出来事の生起当時の感情状態を再体験するよう求める。このように、イメージ法は、過去経験に基づいて感情を生成させる手法である。

以上のような感情を自己生成させる手法は、参加者の感情状態を効果的に操作することができる（Gerrards-Hesse et al., 1994）。しかし、いくつかの問題点も指摘されている。第一に、要求特性が挙げられる。要求特性とは、参加者が実験者の意図や目的を汲みとり、それに沿って回答を歪めてしまうことを指す。感情を自己生成させる場合には、参加者に自らの感情状態を変化させるよう明示的に求める必要がある。こうした明示的な教示を与えることで、参加者は「実験目的が自分の感情状態に関連している」と気づき、実験目的に沿って回答を歪めてしまう恐れがある。実際、これまでの感情研究では、参加者に実験目的が伝わると、要求特性によって実験結果が歪むことが指摘されてきた（Blaney, 1986; Parrott & Sabini, 1990）。第二に、日常生活との乖離が挙げられる。日常生活においては、感情は偶発的に生起するもので、自らの感情を意図的に生成することはほとんどない。したがって、感情の自己生成に基づく結果が、日常の感情経験や感情現象に一般化できる保証はない（谷口, 1991a）。

2) 感情的刺激による操作　それに対して、感情的刺激による操作では、感情の自己生成は求められない。ポジティブ条件ではポジティブ刺激を、ネガティブ条件ではネガティブ刺激を、ニュートラル条件ではニュートラル刺激を呈示し、こうした刺激によって自然に感情状態を変化させるのである。そのため、ヴェルテン法やイメージ法に比べると、より自然な感情状態を喚起できると考えられる（谷口, 1991a）。これまでの研究で用いられてきた感情刺激とし

ては，映像や画像（たとえば，Gross & Levenson, 1995），音楽（たとえば，谷口，1991b），匂い（たとえば，Ehrlichman & Halpern, 1988）が挙げられる。特に，映像を使用した場合には，全般的なネガティブ感情や全般的なポジティブ感情だけでなく，怒りや恐れといった個別の感情も誘導することができる（Gross & Levenson, 1995; Rottenberg et al., in press）。ただし，音楽や映像，匂いといった手法は，自己関与の低い感情しか誘導できない。それに対して，日常生活では，しばしば自己関与の高い感情状態を経験する。したがって，これらの手法で喚起される感情状態と日常の感情経験の間には，乖離が見られる可能性がある。

そこで，自己関与の高い感情を喚起する手法も提案されている。ここでは，フィードバック法（たとえば，Forgas & Ciarrochi, 2002; McFarland & Buehler, 1997）やプレゼントの利用（たとえば，Isen et al., 1987），課題の予告（たとえば，北村，2002）を紹介しよう。フィードバック法では，まず参加者に社会性や学力などのテストに取り組むよう求める。その上で，テストの出来とは独立に，ポジティブ条件の参加者にはよい成績を，ネガティブ条件の参加者には悪い成績をフィードバックする。こうした偽りのフィードバックを与えることで，参加者の感情状態を操作するのである。一方，プレゼントを利用した場合には，参加者にキャンディなどの簡単なプレゼントを与えることで，ポジティブ感情を喚起しようとする。このように，プレゼントは基本的にはポジティブ感情の操作に利用される（Fiedler, 2001）。それに対して，課題の予告はネガティブ感情の誘導に用いられる。具体的には，参加者に面倒な課題や嫌な課題を予告することで，ネガティブ感情を操作するのである。

3）感情誘導の際の注意点　以上のような感情の実験的な誘導方法を利用することで，感情の効果をより厳密に検討することができる。ただし，参加者の感情を操作する際には，以下の点に注意を払う必要がある。第一に，喚起される感情の強さが挙げられる。非常に弱い感情しか喚起できない場合には，感情の効果を検出できない恐れがある（Parrott & Hertel, 1999）。したがって，実験の目的に合わせて，適切な誘導方法を選択する必要がある。たとえば，音楽による感情の操作は，聴覚のみに依存するため比較的効果が弱いことが知られている。一方，フィードバックや映像による操作など，複数のモダリティに

働きかける方法を利用すると，ある程度強い感情状態を喚起することができる（Gerrards-Hesse et al., 1994）。

　第二に，感情の持続時間が挙げられる。感情が認知的処理に及ぼす影響を検討する場合には，通常，認知課題の遂行前に参加者の感情状態を操作する。しかし，操作された感情状態が認知課題の遂行中も持続している保証はない。したがって，感情を持続的に操作する努力も必要である。ここでは，感情の持続的操作のための手法として，二つの例を紹介しよう。まず，プレゼントの持続的な呈示が挙げられる。一般に，プレゼントは感情誘導の効果が弱いことが指摘されている（Fiedler, 2001）。しかし，参加者の見える場所にプレゼントを継続的に置いておくことで，より持続的に感情を操作できる（北村, 2002）。

　第三に，認知課題遂行中も感情誘導を継続することが挙げられる（Gerrards-Hesse et al., 1994）。たとえば，谷口（1991b）は，認知課題終了まで音楽を聴かせ続け，感情誘導を継続している。この他，課題の予告も持続的に感情を喚起できることが知られている（北村, 2002）。これらの手法を利用することにより，認知課題の遂行中も，誘導した感情をある程度持続させることができるだろう。ただし，音楽やプレゼントの持続的呈示は認知課題の遂行を妨害したり，干渉したりする恐れもある。そのため，実施には注意が必要である。

　第四に，認知課題への交絡が挙げられる。たとえば，感情が記憶に及ぼす影響を検討する際に，イメージ法を利用し，気分一致効果を裏付ける結果が得られたとしよう。この結果は，「感情状態が記憶想起に影響を与えた」と解釈することもできる。だが，イメージ法は記憶想起に基づく感情誘導法である。そのため，得られた結果が感情状態に起因するのか，感情誘導の際に想起した言語的知識に起因するのかを弁別できない。したがって，従属変数が記憶課題の場合には，イメージ法を用いるのは不適切と言える。記憶以外の認知課題を検討する場合にも，感情誘導と認知課題が交絡しないよう配慮する必要がある。

　第五に，他の誘導方法による追試が挙げられる。感情の操作方法は非常にたくさん存在する。しかし，感情状態のみを純粋に操作できる手法はない。たとえば，フィードバック法は参加者の感情状態のみならず，自尊心も操作する可能性がある（Boden & Baumeister, 1997）。また，音楽や映像を利用すると，刺激の内容が感情状態と交絡してしまう（Fiedler, 2001）。すなわち，「ベスト」

な操作方法は存在せず，常に何らかの要因が交絡しうる。したがって，複数の操作方法による追試が重要である（Forgas & Ciarrochi, 2002）。たとえば，榊はフィードバック法を利用した場合にも（Sakaki, 2004），映像を利用した場合にも（榊, 2006），同じ結果が得られることを示している。こうした追試によって，「特定の気分誘導に伴う干渉変数ではなく，感情自体の効果によって得られた結果である」という主張の蓋然性を高めることができる。

最後に，倫理的な問題が挙げられる。感情を操作する研究では，ディセプションを用いることが多い。たとえば，フィードバック法を利用する場合には，参加者に偽りのフィードバックを返すことになる。また，要求特性によって結果が歪むのを防ぐため，実験目的として偽りの目的を教示することも多い（Parrott & Sabini, 1990）。こうしたディセプションを用いる場合には，デブリーフィングを丁寧に行う必要がある。さらに，実験終了後に，誘導したネガティブ感情が残っていないことを確認することも重要である。そして，ネガティブ感情が持続している場合には，楽しい映像や漫画などを利用し，参加者の感情状態が回復するように配慮すべきである。

[4] 現実場面における検討

先に論じたように，感情の実験的操作は因果関係を検討する際に極めて有用な手法である。しかし，実験室で扱う感情が日常場面の感情と同一のものという保証はない。したがって，研究の生態学的妥当性を確保するためには，実験的操作のみに依存するのではなく，日常的な感情状態も扱うことが望まれる。この点に関して，パロットとサビーニ（1990）は興味深い研究を行っている。一般に，天気の良い日はポジティブ気分を経験しやすいのに対して，どんよりした天気の日には気分も沈みやすいと考えられる。彼らはこうした天気を利用して，感情状態が記憶に与える影響を検討した。そして，それまでの実験室実験の結果を覆す知見を報告している。具体的には，従来の実験室実験では気分一致効果が見出されてきたのに対して，日常場面では気分不一致効果（ネガティブ感情時に気分と逆にポジティブ経験の想起が促進される）が生じることを示している。

また，日常生活では，時として非常に強いネガティブ感情を経験することも

ある。こうした極端なネガティブ経験は心的外傷後ストレス障害をもたらす恐れもあり，実証研究が不可欠である。しかし，倫理的制約により実験室では強い感情状態を操作するのは難しい。そこで，テロや大地震のような出来事が現実に生じた際に，強いネガティブ感情の影響を検討することも求められるだろう。実際，先行研究では，選挙（Levine, 1996）や大地震（Nolen-Hoeksema & Marrow, 1991）などの社会的経験に基づいて，強いネガティブ感情の効果が検討されている。

パロットとサビーニ（1990）の研究からもわかるように，こうした現実場面を用いた研究は，実験室では見出せなかった新たな現象を拾い上げる可能性を持つ。したがって，現実場面を用いた研究は，実験室研究に新たなテーマを提供し，感情研究をより豊かにしてくれると言えるだろう。その一方で，現実場面を用いた研究は，干渉変数が多く，因果関係を推定するのが難しい。したがって，現実場面を扱う研究と実験室研究を併用することが有用と考えられる。

3. 感情を従属変数として扱うために──感情の測定方法

次に，感情を従属変数として扱う際の方法論について概説する。感情を従属変数として扱うためには，参加者の感情状態を測定する必要がある。たとえば，感情制御の研究では，参加者が自らのネガティブ感情を制御できているかどうかを調べるため，感情状態が測定されることになる。ただし，感情状態が主たる従属変数ではない場合でも，感情を測定することがある。たとえば，感情が記憶や判断に及ぼす影響を検討する際には，主たる従属変数は記憶や判断の指標である。しかし，感情状態を適切に操作できたかどうかを確認するために，感情誘導の操作後に参加者の感情状態が測定されることが多い（操作確認）。このように，感情状態が主たる従属変数として利用される場合にも，感情測定を操作確認に利用する場合にも，感情測定が必要とされている。このことから，感情測定は感情研究には非常に重要な役割を果たしていると言えるだろう。以降では，現在の心理学研究においてよく用いられている感情の測定法を紹介し，それらの利点と限界について解説を行う。

感情には認知反応，行動反応，身体反応という複数の反応が関与している。これに対応して，感情測定の手法としても，大きく3種類の手法が利用されてきた。
・言語的な自己報告
・明示的な行動
・生理反応

　これらの測定法はいずれも利点と欠点を持つ。また，単一の側面を測定するだけでは，実験参加者の感情を包括的に捉えることはできない（同様の議論はBradley & Lang, 2000）。したがって，異なる側面の測定を組み合わせることが望ましいと考えられる。ただし，単一の研究において，感情の三側面すべてを測定するのは，困難な場合も多い。感情の特定の側面に限局して測定せざるを得ない場合には，「自分の研究において，感情のどの側面が最も中心的な関心であるのか」を明確化し，中心的な側面を測定するよう配慮する必要があるだろう。

4. 自己報告による感情の測定

　対象者に「今，何を感じているか？」を尋ね，内的状態を自己報告で求める測定方法は，心理学において最も幅広く使われている手法である。感情状態の報告には，インタビュー方式で自由回答を求める場合もあるが，リッカート法，SD法などの評価スケールを用いるのが一般的である。気分調査票（坂野ら，1994）や多面的感情尺度（寺崎ら，1992）などがよく用いられている。
　自己報告による感情測定の最大の利点は，その実施の簡便さにあると言えるだろう。特別な実験器具を必要とせず，紙とペンさえあれば，いつでもどこでも実施することが可能である。また，実験目的に応じて，質問項目の内容や項目数も，比較的容易に編集することができる。なにより，参加者への負担が比較的少ないことから，基本的な読み書きが可能な対象者であれば，誰にでも実施できることも大きな利点と言える。
　また，自己報告以外の測定方法では，感情状態の細やかな違いを十分な信頼

性を持って測定することは難しい。快適さ，安心，幸せ，誇りなど，細かに区別される感情の測定は，自己報告に頼らざるを得ない部分がある。これらのことから，実験デザインとして，確実に主観的感情が生起すると予測できる場合には，自己報告は有力な測定方法であると言えよう。

　それでは，自己報告は，感情のどの側面を反映しているのだろうか？この種の測定の対象となるのは，感情の主観的経験の中でも，「喜び」，「悲しみ」，「恐れ」などと言語化できる側面である。すなわち，自己報告は，人の感情状態の意識的経験を測定する方法といえる。ただし，こうした感情の意識的経験も単一のものではない。オズグッドら（Osgood et al., 1957）によれば，自己報告に用いられる感情的言語は，ヴェイレンス（valence）と喚起度（arousal）の二次元で構成されていると考えられる。ヴェイレンスとは，ネガティブ（例．悲しみ，絶望，怒り）―ポジティブ（例．喜び，幸福，楽しさ）という双極性次元で，行動の方向性に対応している。一方，喚起度は，低喚起（例．穏やかさ，くつろぎ，眠気）―高喚起（例．興奮，驚き）の双極性次元で，行動の生起可能性に対応している。感情の自己報告には，こうした二つの次元が反映されているといえるだろう。

　こうした自己報告による感情測定は確かに簡便であり，幅広く用いられているが，使用にあたっては注意すべき点も多い。最も深刻な問題の一つは，参加者の意識である。情動の言語報告を行うことで，参加者は自分の感情状態が研究の対象となっていることに気が付いてしまうかもしれない。その結果，要求特性により参加者の反応が歪められてしまう可能性がある。また，自らの感情状態が意識されることによって，感情状態そのものや，対象への態度や行動が修正されてしまうことも知られている。たとえば，シュワルツとクロアー（Schwarz & Clore, 1983）は，晴れの日には雨の日に比べてポジティブ気分と生活満足度が高く報告される傾向があるが，実験者が予め天気について触れていた場合には，気分や生活満足度の差が消失することを示している（第2章参照）。このことから，気分を生じさせた原因を自覚してしまうと，感情状態の自己報告が修正され，さらには，感情が態度に与える影響も消えてしまう可能性が示唆される（第6章参照）。感情測定への意識の問題が懸念される場合には，質問紙に無関連な項目を混ぜて感情測定項目の重要性を曖昧にすることが必要

であろう。また，他の変数が測定されるまで感情状態の測定を遅延することで，参加者の意識を当該の感情報告から遠ざけることも有用と考えられる。

第二に，感情語の解釈には個人差が存在する可能性がある。たとえば，「疲れた」は，一般的に，ネガティブで低い覚醒状態を示すが，眠気（低い覚醒状態を強調）を伝えるためにも，苛立ちや不幸（ネガティブ状態を強調）を伝えるためにも，疲労（ネガティブ状態と低い覚醒状態の両方を強調）を伝えるためにも用いられる。よって，「感情経験についての自己報告の違いが，実際の感情の違いを反映しているのか，それとも感情語の理解の違いを反映しているのか」を区別できないことがある。

最後に，自己報告の歪みの問題も指摘されている。第4章のモデルに見られるように，主観的感情経験と生理的反応がシステムとして異なる経路から生じているとすれば，身体で感じている感情と主観的感情経験には，ずれや不一致がある可能性もある。したがって，回答者は「自分が今どのような感情を抱いているか」を正確には把握できないかもしれない。特に，抑圧型と呼ばれるパーソナリティを持つ者は，特性的に，自分の感情を正確に認知できない。同様に，アレキシサイミアと呼ばれる感情障害傾向を持つ者は，感情を言語化できないことが指摘されている。こうした場合には，自己報告で感情を測定するのは難しいと考えられる（たとえばPennebaker, 1997）。さらに，仮に自らの感情を正確に認知していたとしても，ネガティブな感情状態においては，実際の感情とは異なる感情を報告するように動機づけられることがある。たとえば，つらい出来事を経験し，悲しみを感じていても，周囲を考慮して明るく振舞ったり，悲しみとは異なった気持ちを口にしたりするかもしれない。

以上のように，自己報告は確かに便利な方法ではあるが，研究に使用する際には，様々な限界がある。対処が困難な場合には，自己報告以外の測定方法を組み合わせて用いる必要が出てくるだろう。

5．行動・認知指標による感情の測定

前節で見てきたように，自己報告で測定される感情は，「当事者が感じてい

る感情」を常に正確に反映しているとは限らない。しかし，そのような場合であっても，表情や視線，姿勢のような非意識的な行動には，感情の影響が表れていることもある。たとえば，感情状態は，闘争・逃走反応や姿勢の変化，接近・回避行動，脅威表出反応といった基本的な生存行為を引き起こしたり，ストレスによる能率低下や感情依存行為のような無自覚な行動調整を伴ったりする。このような行動を測定することで，自己報告より客観的に感情を測定することができるだけでなく，当事者の自覚を伴わない感情を測定することも可能になる。

　ブラッドレーとランゲ（Bradley & Lang, 2000）によると，感情研究において頻繁に用いられている感情の行動指標の一つとして，表情筋の運動（たとえば，Ekman & Friesen, 1986）がある。皺眉筋の収縮（主として眉毛を下げる行為）は，苦痛の指標となる表情行為であり，頬骨筋の収縮（主として笑顔と関連する運動行為）は，ポジティブ感情の指標となることが知られている。たとえば，嫌悪刺激に対する険しい表情は，皺眉筋と頬骨筋の協働によって成立しており，ここからネガティブ感情を推測することができる。

　表情筋運動以外では，嫌悪刺激に対する驚愕眼瞬反応や，困惑時における凝視，赤面（たとえば，Asendorpf, 1990）なども感情の行動指標として用いられている。驚愕反応は，恐怖喚起刺激に対する原始的な無条件反射であり，人間においては，瞬きが最も信頼性の高い驚愕反応である。瞬きは，下瞼に電極を取り付けることで，強度を測定することができる。驚愕眼瞬反応は比較的弱い刺激で導出可能であり，他の課題にもほとんど干渉せず，また，再現性が高く，参加者を選ばずに実施することができる。また，驚愕プローブを視覚刺激，聴覚刺激，触覚刺激と換えても（たとえば，Bradley et al., 1990; Hawk & Cook, III., 1997）同様の驚愕効果が生じることがわかっている。驚愕眼瞬反応は，反射的な恐怖感情の検討においては非常に効果的な生理指標であるといえる。

　また，強い情動を感じていると，動作の速度が変化する。これを利用した精神運動の遅延も，感情の行動指標として頻繁に使用されている。クラーク（Clark, 1983）は，文字を書く速度を指標として悲しみやストレスを測定している。ユニークな指標では，郵便物に消印を押す速度（Mayer & Bremer, 1985）も，ネガティブ感情による単純作業の能率低下を反映すると考えられて

おり，ネガティブ感情指標として用いられている。

さらに，近年では，感情が認知的課題の遂行に影響することも明らかにされている。こうした知見を踏まえ，認知課題のパフォーマンスも，自己報告に依らない感情測定の一つとして利用されている。感情状態と一致する情報や不一致な情報への選択的な注意や，ニュートラルな情報に対する感情一致方向の解釈は，その一例である（Kuykendall et al., 1988; Mayer & Bremer, 1985）。

特に，意識的に自覚するのが困難な感情状態を検出するためには，これらの具体的な行動反応の測定は非常に適した方法である。また，行動指標の測定においては，参加者に研究目的を知られたり，感情状態への意識的な注目を高めたりすることなく，感情状態を測ることができる。さらに，現在では，行動測定のための専用器具も，比較的安価に導入できるようになってきている。これらの行動測定器具を利用すれば，実験中の参加者の自覚に関する問題の多くを解消することができる。もちろん，自己報告やその他の行動・生理指標を同時に測定することも可能である。

6. 生理学的指標による感情の測定

行動・認知指標と同様，感情状態の生理学的な随伴反応の測定には，自己報告測定の欠点を回避できるという利点がある。しかし，それ以上に，生理指標の測定は感情状態の主観的経験や行動反応の背後にあるメカニズムの検証を可能にし，さらには，感情の心理学的知見を，医学や神経生理学などの隣接領域の知見と結ぶ重要な役割を果たしている。測定される生理指標の種類は多岐に渡るが，以降では，デュランドとバーロウ（Durand & Barlow, 2005）を参考に，頻繁に用いられる感情生理指標のそれぞれの特徴について簡潔に解説を行う。

[1] **心拍による感情の測定**

ヴェイレンスを伴う刺激は心拍速度の変化を生じさせる。たとえばヴェイレンスを伴う画像刺激の視聴中には，一般に，初期減速，加速，二次減速の3フェイズの心拍パターンが観察されることが知られている。そしてネガティブな刺

激は心拍の初期減速量，ポジティブな刺激はその後のフェイズにおける心拍の加速量に影響している。こうした心拍速度の変化を感情指標として利用するのである。

ただし，ヴェイレンスと心拍の共変関係は比較的小さく，感情状態の指標としては，心拍は他の生理指標ほど明確な指標ではない。なぜなら，心拍は，姿勢，呼吸器異常，身体的個人差（たとえば，体重や健康）など感情状態以外の様々な状態の影響を敏感に反映して変化し，感情と心拍との共変関係を検出しにくくしてしまうからである。よって，ヴェイレンスが心拍に及ぼす影響を検出するためには，刺激処理文脈の厳密な統制と，定位的な課題を用いる必要がある。

[2] 皮膚電位反応による感情の測定

皮膚電位反応とは，精神的動揺や感情反応によって皮膚に生じる，一過性の電位変動，及び電気抵抗の変化である。皮膚電位反応は交感神経系の神経支配下にあり，ヴェイレンスに関わらず，喚起度が高まると，線形的に上昇する特徴を持つ。これを利用した皮膚電位の測定は，信頼性の高い感情喚起度指標とされている。

なお，皮膚電位反応には性差があり，男性の方が一般に女性よりも皮膚電位反応が高いことが知られている。この理由は明確ではないが，女性の方が男性よりも表情表出が顕著であることから，男性は表情表出を抑制しており，その結果，女性より喚起度が高い可能性がある。すなわち，男性における皮膚電位反応には，表情の抑制による喚起が加算的に反映されているのかもしれない。

[3] 脳波（Electroencephalogram）による感情の測定

脳波（EEG）は，中枢神経系活動の直接の測度であり，頭皮上に装着した電極によって，脳の電気活動を検出して測定する。こうして測定される脳波のうち，α（アルファ）波は，覚醒時のリラックス状態と関連し，ストレス低減法の効果の指標とされている。一方，δ（デルタ）波は，睡眠時のリラックス状態（入眠1～2時間後）と関連している。また，感情喚起を伴う画像呈示中の脳波を測定すると，感情喚起的な刺激に対しては，ヴェイレンスに関わらず，特定の事象関連電位と低速波活動の持続が観察される（Crites & Cacioppo,

1996; Palomba et al., 1997）。

　一般に，ポジティブでもネガティブでも，感情喚起的な画像刺激は，刺激呈示後 400ms ～ 700ms 付近の事象関連電位を生じさせ，刺激が消されるまで，低速波活動を持続させる。これらの事象関連電位と喚起度の自己報告の相関は一般に高く，事象関連電位は，感情喚起的な刺激に対する注意を反映しているとも考えられている。

[4] 神経画像法による感情の測定

　神経画像法は，感情処理に伴う脳内の神経活動を測定するための比較的新しい技術である。代表的な測定方法には，陽電子放出断層撮影（PET）や，機能的磁気共鳴画像法（fMRI）などがある。これらの画像法を用いることで，特定の心的処理に伴う脳の活動を捉えることができる。

　PET（positron emission tomography）：PET は，陽電子（ポジトロン）を放出する放射性同位元素を利用することで，脳の機能を画像化することができる。具体的には，まず，放射性同位元素によって，水，酸素，ブドウ糖，神経伝達物質などにマーカーをつけ，新たな化合物を合成する。こうして合成された化合物は，1 時間から 1 時間半だけ微量の放射線を発する。PET では放射線を追跡することで，「これらの化合物が脳のどこに分布しているのか」を調べるのである。たとえば，脳の特定の部位の神経が活動すると，当該部位に酸素やグルコースが大量に送り込まれる。したがって，酸素やグルコースに放射性同位元素によってマーカーをつけ，事前に参加者に投与しておけば，「脳のどの部位の神経が活動しているのか」を把握することができる。

　PET では標識する物質を変えることで，局所脳血流，酸素代謝，糖代謝，神経伝達物質受容体など，様々な生体機能を画像イメージで捉えることができる。こうした詳細な情報は，他のイメージング法では測定困難なものである（須原，2005）。その一方で，PET の測定の際には，参加者に放射性同位元素を投与することが必要である。そのため，放射線被爆の問題があり，同じ参加者を何度も測定することはできない（仁木，2004）。

　fMRI（functional magnetic resonance imaging）：血液中のヘモグロビンには，酸素と結合している酸化ヘモグロビンと，酸素が離れた還元ヘモグロビン

が存在する。そして、酸化ヘモグロビンは磁性を持たないのに対して、還元ヘモグロビンは磁性を持つことが指摘されている。fMRIではこうしたヘモグロビンの属性を利用して、神経代謝を測定することができる。具体的には、特定の脳領域の神経細胞が活動すると、当該領域の酸素消費量が増大し、酸化ヘモグロビン濃度が減少する。しかしその一方で、流入する血流量も急増する。その結果、神経が活動した脳部位には、消費量を上回る酸化ヘモグロビンが供給され、酸化ヘモグロビン濃度が急増することになる。こうした急激な酸化ヘモグロビンの増加に伴い、脳内の水素原子核から放出される電磁波が変化する。fMRIではこの電磁波を測定することで、神経代謝や脳血流量の変化を把握することができるのである（仁木, 2004）。

fMRIの利点としては、放射性同位元素による被爆の問題がなく、参加者への負担が小さいことが挙げられる。また、fMRIを利用すると、瞬間的な刺激に対する脳活動も測定することができる（event related fMRI）。ただし、fMRIは空間解像度が高いが、時間解像度は低い。それに対して、脳波は空間解像度が低いが、時間解像度は高いことが知られている。したがって、必要に応じて、これらの手法を組み合わせて使うことが有用であろう。

このように、脳画像法による感情測定は、測定器具の性能の向上に伴って、非常に有望な手法となってきている。しかし、脳内の近似現象がどこで起こっているかに関する証拠は、あくまでも相関的な証拠である。よって、因果関係の推測には慎重になる必要がある（Sarter et al., 1996）。

7. おわりに──指標選定の重要性

このように、感情は、言語指標、行動指標、そして生理指標といったさまざまな方法で測定されている。これらの指標による測定の結果は常に一致するわけではなく、一般に強く相関することもない。たとえば、恐怖刺激に対する自己報告と、回避行動（刺激距離）、自律系喚起（心拍や皮膚電位反応の変化）の共変量は、各変数の10%～15%しか説明しない（たとえば、Lang, 1968; Mandler et al., 1961）。よって、これら3つの出力はそれぞれ異なる処理での感

情を反映しており，互いに独立した指標であると考えられる。

大切なのは，「個々の測定法が感情のどの側面を測定しようとしているのか」を理解することと，自分が研究対象とする感情の側面を明確に定めることである。それによって，測定方法の選定条件も明確化され，「複数の指標を組み合わせたり，新たな指標を開発したりする必要があるかどうか」もおのずと見えてくるであろう。

引用・参考文献

Andreasen, N.C., Flaum, M., Swayze, V., O'Leary, D.S., Alliger, R., Cohen, G., Ehrhardt, J. & Yuh, W.T.C., (1993). Intelligence and brain structure in normal individuals. *American Journal of Psychiatry*, **150**, 130-134.

Asendorpf, J. (1990). The expression of shyness and embarrassment. In W.R. Crozier (Ed.), *Shyness and embarrassment: Perspectives from social psychology* . Cambridge, England: Cambridge University Press. pp. 87-118.

Beck, A. T., Ward, C. H., Mendelson, M., Mock, J., & Erbaugh, J. (1961). An inventory for measuring depression. *Archives of General Psychiatry*, **4**, 561-571.

Blaney, P. H. (1986). Affect and memory: A review. *Psychological Bulletin*, **99**, 229-246.

Boden, J. M., & Baumeister, R. F. (1997). Repressive coping: Distraction using pleasant thoughts and memories. *Journal of Personality and Social Psychology*, **73**, 45-62.

Bradley, M.M., Cuthbert, B.N., & Lang, P.J. (1990). Startle reflex modification: Emotion or Attention? *Psychophysiology*, **27**, 513-522.

Bradley, M. M., & Lang, P. J. (2000). Measuring Emotion: Behavior, Feeling, and Physiology. Lane, R. D. & Nadel, L. (Eds.) *Cognitive Neuroscience of Emotion*. New York: Oxford University Press.

Bradley, B., Mogg, K., Galbraith, M., & Perrett, A. (1993). Negative recall bias and neuroticism: State vs trait effects. *Behavioral Research & Therapy*, **31**, 125-127.

Clark, D.M. (1983). On the induction of depressed mood in the laboratory: Evaluation and comparison of the Velten and musical procedures. *Advanced Behavior Research and Therapy*, **5**, 27-49.

Clark, L. A., & Watson, D. (1991). Tripartite model of anxiety and depression: Psychometric evidence and taxonomic implications. *Journal of Abnormal Psychology*, **100**, 316-336.

Crites, S.L., Jr., & Cacioppo, J.T. (1996). Electrocortical differentiation of evaluative and. nonevaluative categorizations. *Psychological Science*, **7**, 318-321.

Durand, V. M., & Barlow, D.H. (2005). Clinical assessment, diagnosis, and research methods. *Essentials of abnormal psychology*. Wadsworth Pub Co.

Ehrlichman, H., & Halpern, J. N. (1988). Affect and memory: Effects of pleasant and unpleasant odors on retrieval of happy and unhappy memories. *Journal of Personality and Social Psychology*, **55**, 769-779.

Ekman, P., & Friesen, W.V. (1986). A new pan cultural facial expression of emotion. *Motivation and Emotion*, **10**(2), 159-168.

Fiedler, K. (2001). Affective influences on social information processing. In J. P. Forgas (Ed.), *Handbook of affect and social cognition*. Mahwah: Lawrence Erlbaum.

Forgas, J. P., & Ciarrochi, J. V. (2002). On managing moods: Evidence for the role of homeostatic cognitive strategies in affect regulation. *Personality and Social Psychology Bulletin*, **28**, 336-345.

Gerrards-Hesse, A., Spies, K., & Hesse, F. W. (1994). Experimental inductions of emotional states and their effectiveness: A review. *British Journal of Psychology*, **85**, 55-78.

Gross, J. J., & Levenson, R. W. (1995). Emotion elicitation using films. *Cognition & Emotion*, **9**, 87-108.

南風原朝和・市川伸一 (2001). 実験の論理と方法 南風原朝和・下山晴彦・市川伸一 (編) 心理学研究法入門―調査・実験から実践まで― 東京大学出版会

林 潔 (1988). Beckの認知療法を基にした学生の抑うつについての処理学生相談研究. **9**, 97-107

Hawk, L.W., & Cook, E.W., III. (1997). Affective modulation of tactile startle. *Psychophysiology*, **34**, 23-31.

Isen, A., Daubman, K. A., & Nowicki, G. P. (1987). Positive affect facilitates creative problem solving. *Journal of Personality and Social Psychology*, **52**, 1122-1131.

Josephson, B. R., Singer, J. A., & Salovey, P. (1996). Mood regulation and memory: Repairing sad moods with happy memories. *Cognition and Emotion*, **10**, 437-444.

Katon, W., & Roy-Byrne, P. R. (1991). Mixed anxiety and depression. *Journal of Abnormal Psychology*, **100**, 337-345.

北村英哉 (2002). ムード状態が情報処理方略に及ぼす影響―ムードの誤帰属と有名さの誤帰属の2課題を用いた自動的処理と統制的処理の検討― 実験社会心理学研究, **41**, 84-97.

Kuykendall, D., Keating, J. P., & Wagaman, J. (1988). Assessing affective states: A new methodology for some old problems. *Cognitive Therapy and Research*, **12**, 279-294.

Lang, P. J. (1968). Fear reduction and fear behavior: problems in treating a construct. In J.M. Schlien (Ed.), *Research in psychotherapy*, **3**, Washington: American Psychological Association.

Lang, P. J. (1988). What are the data of emotion? In V. Hamilton, G.H. Bower, & N. Frijda,. (Eds.), *Cognitive perspectives on emotion and motivation*. Boston: Martinus Nijhoff.

Levine, L. J. (1996). The anatomy of disappointment: A naturalistic test of appraisal models of sadness, anger, and hope. *Cognition and Emotion*, **10**, 337-359.

Mandler, G., Mandler, J.M., Kremen, I., & Sholiton, R.D. (1961). The response to threat: Relations among verbal and physiological indices. *Psychological Monographs*, **75**, No. 9 (Whole No. 513).

Mayer, J.D., & Bremer, D. (1985). Assessing mood with affect-sensitive tasks. *Journal of Personality Assessment*, **49**, 95-99.

McFarland, C., & Buehler, R. (1997). Negative affective states and the motivated retrieval of positive life events: The role of affect acknowledgment. *Journal of Personality and Social Psychology*, **73**, 200-214.

仁木和久 (2004). fMRI 計測でヒト知能をみる　電子情報通信学会, **87**, 207-214.

Osgood, C.E., Suci, G.J., & Tannenbaum, P.H. (1957). *The Measurement of Meaning*. University of Illinois Press.

Palomba, D., Angrilli, A., & Mini, A. (1997). Visual evoked potentials, heart rate responses and memory to emotional pictorial stimuli. *International Journal Psychophysiology*, **27**, 55-67.

Parrott, W. G., & Hertel, P. (1999). Research methods in cognition and emotion. In T. Dalgleish & M. J. Power (Eds.), *Handbook of cognition and emotion*.Chichester: Wiley.

Parrott, W. G., & Sabini, J. (1990). Mood and memory under natural conditions: Evidence for mood incongruent recall. *Journal of Personality and Social Psychology*, **59**, 321-336.

Pennebaker, J. W. (1997). Opening up: The healing power of expressing emotions. New York: Morrow.

（余語真夫（監訳）（2000）．オープニングアップ―秘密の告白と心身の健康―　北大路書房）

Rottenberg, J., Ray, R. D., & Gross, J. J. (in press). Emotion elicitation using films. In J. A. Coan & J. B. Allen (Eds.), *The handbook of emotion elicitation and assessment*.New York: Oxford University Press.

Rusting, C. L. (1998). Personality, mood, and cognitive processing of emotional information: Three conceptual frameworks. *Psychological Bulletin*, **124**, 165-196.

Rusting, C. L. (1999). Interactive effects of personality and mood on emotion-congruent memory and judgment. *Journal of Personality and Social Psychology*, **77**, 1073-1086.

Rusting, C. L., & DeHart, T. (2000). Retrieving positive memories to regulate negative mood: Consequences for mood-congruent memory. *Journal of Personality and Social Psychology*, **78**, 737-752.

Sakaki, M. (2004). Effects of self-complexity on mood-incongruent recall. *Japanese Psychological Research*, **46**, 127-134.

榊　美知子 (2006). 自己知識の構造が気分不一致効果に及ぼす影響．心理学研究, **77**, 217-226

坂野雄二・福井知美・熊野宏昭・堀江はるみ・川原健資・山本晴義・野村　忍・末松弘行 (1994). 新しい気分調査票の開発とその信頼性・妥当性の検討　心身医学, **34**, 629-636.

Sarter, M., Berntson, G.G., & Cacioppo, J.T. (1996). Brain imaging and cognitive neuroscience: towards strong inference in attributing function to structure. *American Psychologist*, **51**, 13- 21.

Schwarz, N., & Clore, G. L. (1983). Mood, misattribution, and judgments of well-being: Informative and directive functions of affective states. *Journal of Personality and Social Psychology*, **45**, 513-523.

清水秀美・今栄国晴 (1981). STATE-TRAIT ANXIETY INVENTORY の日本語版（大学生用）

の作成　教育心理学研究, **29**, 62-67

Spielberger, C. D., Gorsuch, R. L., & Lushene, R. E. (1970). *Manual for the State-Trait Anxiety Inventory*. Palo Alto, CA: Consulting Psychologists Press.

須原哲也 (2005). 情報の分子イメージング　生理学若手サマースクール 2005　情報・感情の生理学的理解, 19-33.

高野陽太郎 (2000). 因果関係を推定する―無作為配分と統計的検定―　佐伯胖・松原望（編）実践としての統計学　東京大学出版会

高野陽太郎・岡　隆 (2004).　心理学研究法―心を見つめる科学のまなざし―　有斐閣

谷口高士 (1991a). 認知における気分一致効果と気分状態依存効果　心理学評論, **34**, 319-344.

谷口高士 (1991b).言語課題遂行時の聴取音楽による気分一致効果について　心理学研究, **62**, 88-95.

寺崎正治・岸本陽一・古賀愛人 (1992)　多面的感情尺度の作成　心理学研究, **62**, 629-636.

Velten, E. Jr. (1968). A laboratory task for induction of mood states. *Behavioral Research and Therapy*, **6**, 473-482.

パート2

感情の個人内過程

4
感情と脳

1. はじめに

　徹底的行動主義者のスキナー（Skinner, 1938）は，著書 "*The Behavior of Organisms*" で，心理学は生理学と独立に理論を構築すべきだと主張した。心理学が行動の予測と制御を正確に行える限り，生理学的な知見を取り入れる必要性はないと考えたのである。この考えは当時から万人に受け入れられていたわけではない。たとえばヘッブ（Hebb, 1955）は，動機づけや情動の心理学に生理学的な考えを積極的に取り入れることの重要性を主張している。そして近年，感情の心理学には脳科学の知見が多数取り入れられるようになった。スキナーの言明は，現在に至って消え去ってしまったかのように見える。

　しかし，部分的であるにしろ，スキナーと同じ思いを抱いている心理学者も多いのではないだろうか。後の章で見るように，心理学は感情に関して（脳科学の知見とは独立に）数多くの理論やモデルを提出してきた。いずれも限界こそあるものの，感情をめぐる心の働きをある程度うまく説明しているように思われる。その上で，感情と脳との関係をあえて知る必要があるのだろうか。これは素朴ではあるが，非常にまっとうな疑問に思われる。たとえば「恐怖」の感情を感じているときに，脳のある部位が活動していることが分かったとしよう。このことは，感情における心の働きを解明するのに寄与するのだろうか。

　本章ではこの問いを大切にしたい。この「なぜ脳を知ることが大切なのか」という問いに対する筆者なりの見解を，最後の4節で述べることにしたい。その前に，まず2節と3節で感情と脳との関係についてこれまでの研究を概観す

ることとしよう。具体的には、2節で古典的な理論を紹介し、3節で近年の研究の展開を検討する。

2. 古典的な理論

[1] ジェームズ-ランゲ説とキャノンの反論

　感情の生理学的基盤について古典的な理論の一つであり、現在でもなおその影響力が強いのがジェームズ(James, W.)の説である。ジェームズ(1884)は「情動とは何か」というタイトルの論文の中で、感情の生起するプロセスについて、ユニークな仮説を提唱した。森の中で熊に遭遇して逃げ出すという状況を考えてみよう。このとき、私たちは通常、「恐怖を感じるから逃げる」のだと考える。つまり感情が身体反応よりも先にあると考える。しかし、ジェームズはこうした直感は間違っていると考えた。具体的には、先に「逃げる」という身体反応があり、その身体反応を感知してはじめて人は恐怖を感じると主張したのである。すなわち、「逃げるから恐怖を感じる」のだという主張である。この仮説は、同時期に同じような主張をしたランゲ(Lange, C.)の名前とあわせてジェームズ-ランゲ説と呼ばれる。この仮説をもう少し生理的なメカニズムの観点から言い換えると、刺激に対する末梢神経系の反応（心臓の動悸や筋肉の緊張といった身体反応）が、大脳皮質にフィードバックされて感情が生じるということになる（図4.1A）。したがって、末梢起源説とも呼ばれる。

　ジェームズ-ランゲ説の大きな前提は、各感情に固有の末梢反応パターンがあると考えている点である。このように考えないと、ある身体反応が起こったときに、それを「怒り」と感じるのか「恐怖」と感じるのかが弁別できないようになってしまうからである。キャノン(Cannon, 1914)は、ジェームズ-ランゲ説のこの前提に疑問を投げかけた。キャノン(1929)は、激しい情動が生じているときの身体反応(戦いか逃走かの反応)を研究し、緊急反応(emergency reaction)という概念を提唱した。緊急反応では、副腎髄質からアドレナリンが放出され、自律神経系が活性化する。その結果、心拍数が増大したり手のひらの発汗が促進されたりする。ここでキャノンが主張したのは、こうした緊急

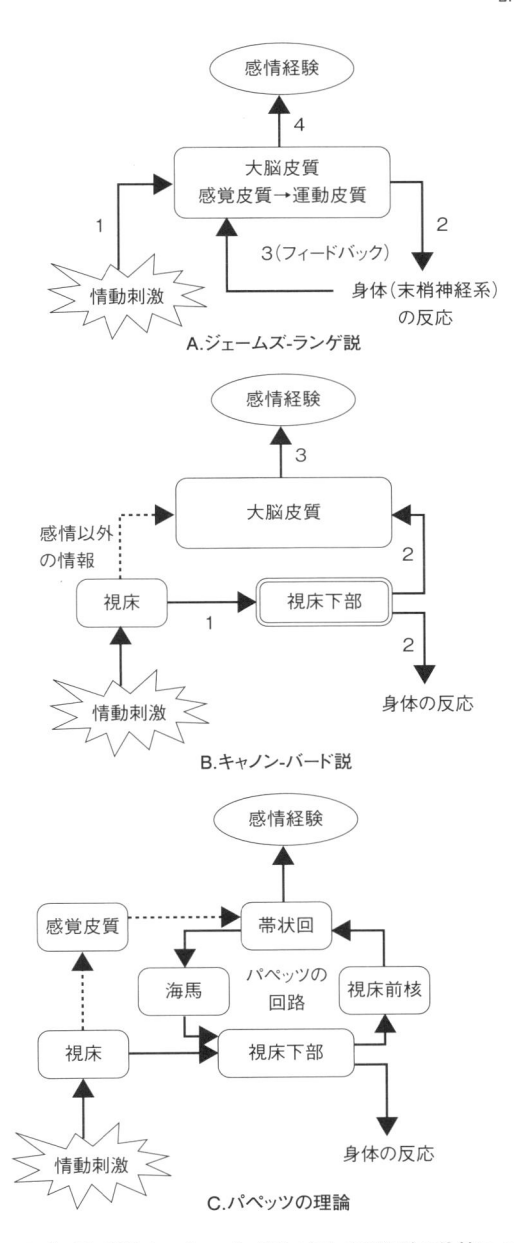

図4.1 ジェームズ-ランゲ説, キャノン-バード説, パペッツの理論の比較 (LeDoux, 1996を改編)

反応のもとでの身体反応は画一的であり，異なる感情を区別できるようなものではないということである．すなわち，身体反応だけで異なる情動を弁別するのは不可能だとし，ジェームズ-ランゲ説へ異論を唱えた．

キャノンの反論に対し，近年ではジェームズ-ランゲ説を支持する知見も出ている（たとえば，Strack et al., 1988）．しかし現在のところ，身体からのフィードバックは特定の情動の生起に何らかの寄与はしているが，必要条件でも十分条件でもないという考えが強い（Davidson et al., 2000）．

[2] キャノン-バード説とパペッツの回路

キャノンはバード（Bard, P.）とともに情動の神経メカニズムに関する理論を提出した（キャノン-バード説）．いくつかの脳の破壊実験の結果から，彼らは視床下部（hypothalamus）が情動の中枢だと考えた（図4.1B）．視床下部は脳幹の上方に位置しており，自律神経系の制御をしている．キャノン-バード説では，刺激の感情的な情報が視床を通って視床下部に伝わると，その情報はさらに自律神経系と大脳皮質へ伝わると考える．そして，自律神経系の反応は身体の反応を生み出し，大脳皮質へ伝わった情報は感情の経験を生むとする．つまり，身体反応と感情経験に因果関係はなく，両者が並行して生じると考えている．

キャノン-バード説がジェームズ-ランゲ説と決定的に違うのは，感情経験が身体からのフィードバックを必要としない，純粋な脳内過程だと考えている点である．図4.1Bから明らかなように，身体反応がなくても，感情経験は生じる．そのため，彼らの説は中枢起源説とも呼ばれる．

こうしたキャノン-バード説を受け，さらに感情の神経学的理論を発展させたのがパペッツ（Papez, 1937）である．パペッツはキャノン-バード説と同じく，視床下部を通して身体反応と感情経験が並行して生じると考えたが，感情経験のための解剖学的回路をより精緻にモデル化した（図4.1）．具体的には，情動刺激の情報は視床下部の乳頭体から視床前核を通り帯状回へと伝わり，情動経験が生じるとした．さらに，帯状回の情報は海馬（hippocampus）を通って視床下部へ戻り，情動の回路を形成する．これをパペッツの回路と呼ぶ．

パペッツの唱えた解剖学的な回路は仮説であったが，現在ではその多くが正

しいことが実証されている。しかし，パペッツの回路は情動ではなく，記憶に関与しているようである。特に，時間・空間的な情報を伴うエピソード記憶に関係が深いことが指摘されている（Aggleton & Brown, 1999）。

[3] マクリーンの三位一体説

　マクリーン（MacLean, 1952）は，パペッツの理論をさらに発展させ（パペッツの回路を名づけたのもマクリーンである），情動を司る脳部位として，辺縁系（limbic system）という概念を提唱した。辺縁系には，パペッツの回路に加えて，扁桃体（amygdala），眼窩前頭皮質（orbitofrontal cortex），その他一部の大脳基底核などが含まれている。一方，辺縁系より進化的により新しい新皮質は，高次の思考をつかさどるとした。さらにマクリーンは自説を発展させ，脳の三位一体説（triune theory）を提唱した（MacLean, 1973）。三位一体説において，脳は進化的な段階に応じて爬虫類脳（脳幹や小脳），旧哺乳類脳（辺縁系），新哺乳類脳（新皮質）の三つに分けられる。この三つの脳は階層性を持ちながらそれぞれ固有の機能を有しているとされる。ここでも，情動を司るのは辺縁系（旧哺乳類脳）であり，新皮質（新哺乳類脳）は高次の思考に関係する。

　マクリーンの理論は，脳と感情の研究に大きなインパクトを与え，脳の「情動の座」を解明しようとする研究は爆発的に増大した。ただし，彼の提唱した辺縁系という概念は，かならずしも情動に関わっているわけではないことが明らかになり，近年では批判を浴びている（LeDoux, 1996）。たとえば海馬は記憶に関与することが指摘されている（Eichenbaum & Cohen, 2001; Squire, 1992）。だが，彼の理論は現在の研究にも大きな示唆を与えるものである。辺縁系という概念は脳と感情を捉える枠組みとしてある程度有効であるし，進化的な視点を持ち込んだ点も大きく評価できる点である。

3．近年の展開

　マクリーンの理論が後続の研究を活性化したことや，さまざまな測定装置が

進歩したことにより，近年は感情と脳についてより詳細なことが明らかになっている。以下ではその中でも，扁桃体，眼窩前頭皮質，側性化（lateralization）の三つを取り上げ，これまでの知見について議論する。なお，特に最近では，この他に前部帯状皮質（anterior cingulated cortex）が感情の主観的経験をはじめ，さまざまな感情の作用に関与する部位として注目を集めている（たとえば，Lane et al., 1998）。また，神経伝達物質に基づいた感情の理論も存在する（たとえば，Gray 1987）。しかし本節では紙幅の都合上，これらは議論しない。

[1] 扁桃体

扁桃体は側頭葉前方の腹内側部に位置するアーモンド形の核群である（図4.2）。クリューヴァーとビューシー（Klüver & Bucy, 1939）は，扁桃体を切除したサルが，それまで怖がり離れていたヘビを口に入れようとするなど，感情

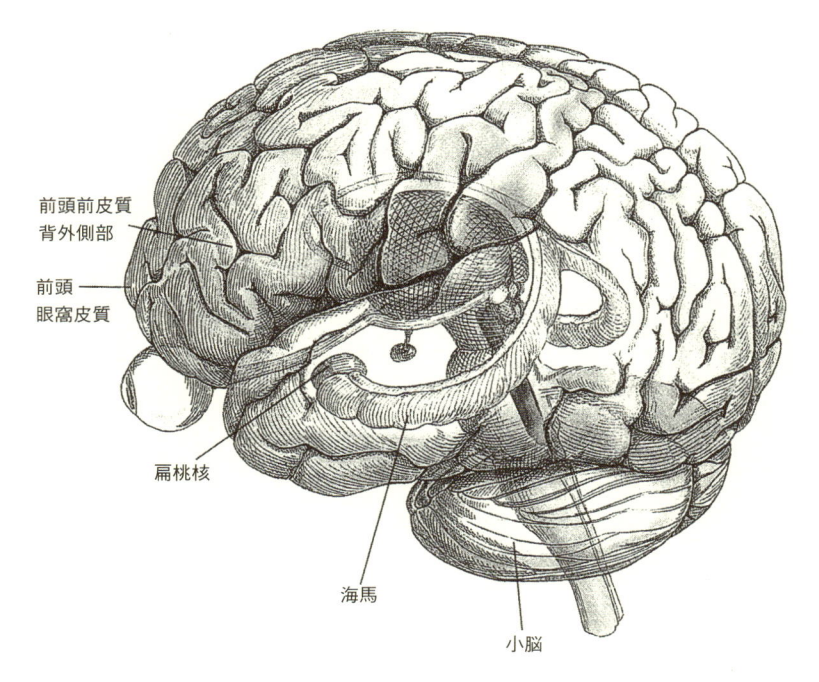

図4.2 扁桃体（扁桃核）の位置（Bloom et al., 2001に基づく）
扁桃体は海馬と隣接した位置にある。

的な反応性を失ってしまうことを報告している（クリューバー‐ビューシー症候群）。このように，昔より扁桃体と感情の関与は示唆されてきたが，近年では情動的な記憶に扁桃体が関与することが示されている[1]。

1) 恐怖条件づけ　扁桃体と情動的な記憶との関係に関して，特に有名なのがルドゥー（1996）による恐怖条件づけ（fear conditioning）の研究である。恐怖条件づけとは，ベルの音といった中性刺激を電気ショックといった嫌悪的な刺激と対呈示することによって，中性刺激がネガティブなヴェイレンスを獲得するようになることを指す。その結果，たとえばこの手続きを実施した動物に中性刺激を単独で呈示すると，すくみ行動を起こすようになる。中性刺激が嫌悪的な刺激と結びついているという記憶が形成されたと考えることができる。

ルドゥーは，扁桃体を破壊したラットには恐怖条件づけが形成されないことを報告し，扁桃体を中心に据えた恐怖条件づけのモデルを提唱している（図4.3）。情動刺激は扁桃体によって評価され，すくみや血圧・ホルモンの変化を

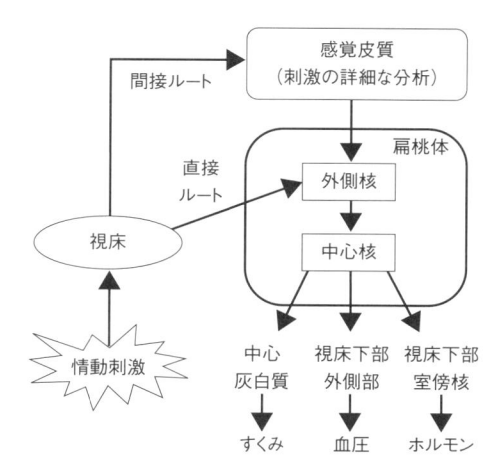

図4.3　ルドゥーの恐怖条件づけのモデル（LeDoux, 2002を改編）
情動刺激とは嫌悪刺激や条件づけられた中性刺激のことを意味する。

---

[1] その他，恐怖の表情の認識（Adolphs et al., 1994）をはじめとして社会的な情動に関わっていると言われている（e.g., Emery & Amaral, 2000）。

起こすと考えている。また，中性刺激と嫌悪的な刺激が対呈示されたとき，扁桃体で長期増強（long-term potentiation; LTP）が生じ，恐怖条件づけが獲得されるとしている（Rogan, 1997）。このモデルで特徴的なのは，情動刺激が視床を通って扁桃体へ到達するルートが二つあることである（図4.3）。一つは視床から直接扁桃体へ到るルートであり，もう一つは感覚皮質を媒介するルートである。直接のルートにより，脅威的な刺激に対して，より素早く反応することができる。しかし，感覚皮質を媒介していないため，刺激を詳細に分析し同定することができない（「ヘビみたいな木の枝」もヘビだと思ってとっさに反応してしまう）。一方，間接的なルートは迅速さでは劣るが，刺激をきちんと同定し正確な処理が可能になる。この二つの処理が並列に働くことで，私たちは適応的に感情刺激に対処できるのである（ただし反論として Rolls, 2005）。

このように，扁桃体が恐怖条件づけに関わっていることは確実な知見だと言えるが，いくつか留意すべき点もある。一つは，扁桃体が関与するのは潜在的な学習であり，刺激間の関係に関する言語的な知識（宣言的知識）の獲得は損なわれないという点である。言語的な知識の獲得には海馬が関与している。ベシャラら（Bechara et al., 1995）は，扁桃体を損傷した患者に対して，中性的刺激と大きな音を対呈示した。その結果，統制群ではその中性刺激を単独呈示したときに皮膚電気反応が見られたが（すなわち恐怖条件づけが獲得された），扁桃体損傷患者には見られなかった。しかし，言語報告では，扁桃体損傷患者も視覚刺激と大きな音との関係に気づいていた（図4.4）。一方，海馬損傷患者では恐怖条件づけは見られたが，言語報告には著しい障害がみられた。

二つは，扁桃体を損傷して獲得できなくなるのは条件づけであり，嫌悪刺激そのものに対する反応は失わない点である。実際，上記のベシャラらの研究では，扁桃体損傷患者でも，大きな音に対する皮膚電気反応は統制群と変わらなかった。扁桃体損傷患者は，恐怖反応そのものをなくしてしまうわけではない。三つは，扁桃体が関与するのは嫌悪刺激の学習だけではない点である。報酬に関する学習にも関与することが指摘されている（Baxter & Murray, 2002）。すなわち，扁桃体は外界の刺激と感情的情報（ポジティブかネガティブかに関わらず）とを結びつけるのに大きな役割を果たしていると思われる。

 2）エピソード記憶　　扁桃体が関わるのは条件づけのような潜在的な記憶

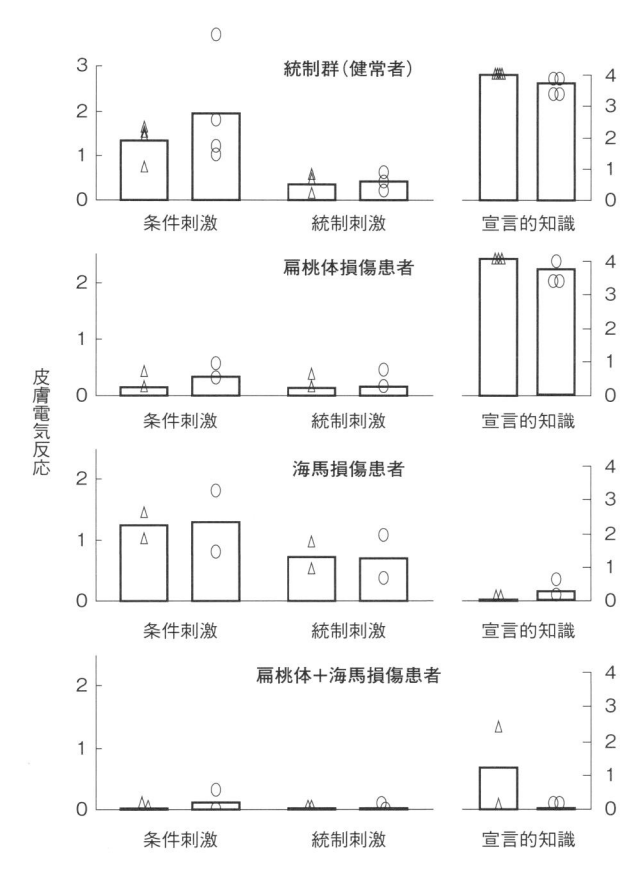

図4.4 統制群，扁桃体損傷患者，海馬損傷患者，そして扁桃体と海馬の両方を損傷した患者（扁桃体＋海馬損傷患者）における皮膚電気反応
(Bechara et al., 1995より)

条件刺激とは，大きな音と対呈示した中性刺激のこと。統制刺激は対呈示をしていない刺激。宣言的知識とは，中性刺激と大きな音との関係に気づいていたかどうかに関する言語的な報告。それぞれ左側のバーは中性刺激が視覚的刺激だった場合，右側のバーは中性刺激が聴覚的刺激だった場合。扁桃体損傷患者は，刺激と大きな音との関係に気づいているにも関わらず，その刺激が呈示されたときに皮膚電気反応を生じない。

だけではない。顕在的なエピソード記憶にも関与することが指摘されている。感情的なエピソードが記銘されやすいことは昔より指摘されていたが，この記

銘に扁桃体が関与することがわかってきた。

危急反応（先述）に代表されるように，人はストレスを感じる場面においてアドレナリンなどのホルモンを分泌し，身体を緊急事態に備えさせる。マッガウ（McGaugh, 2004）は，こうしたホルモンは，身体を緊急事態に備えさせるだけでなく，扁桃体を媒介して海馬や尾状核に影響を与え，記憶を促進すると考えている（図4.5）。ストレス事態での記憶を高めることで，同じような事態が再び起こったときに対処しやすくするのである。

このモデルは動物実験をもとに提唱されたものであるが，人間を対象にした研究でも扁桃体の関与は支持されている。キャヒルら（Cahill et al., 1996）は，実験参加者にネガティブな映像と中性的な映像を呈示し，そのときの扁桃体の活性化を計測した。その結果，扁桃体の活性化と，3週間後のネガティブな映像の再生成績との間に，強い正の相関が見られた。しかし，中性的な映像ではその関係は見られなかった（図4.6）。このような研究に加えて，扁桃体損傷患者では，感情的なエピソードの記憶促進効果を示さないことも報告されている

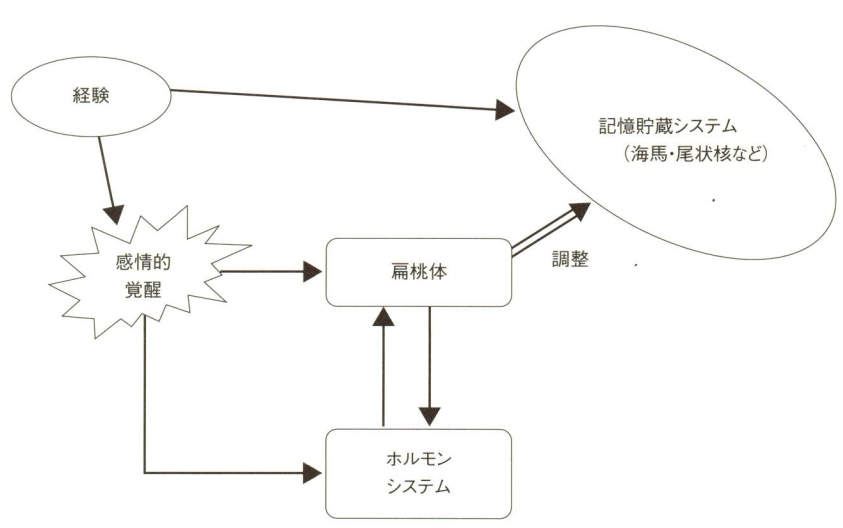

図4.5　キャヒルとマッガウによる情動的なエピソード記憶促進のプロセス
（Cahill & McGaugh, 1998を改編）
経験は記憶システムに直接貯蔵される一方，経験の感情成分は扁桃体を媒介して記憶の固定を促進する。

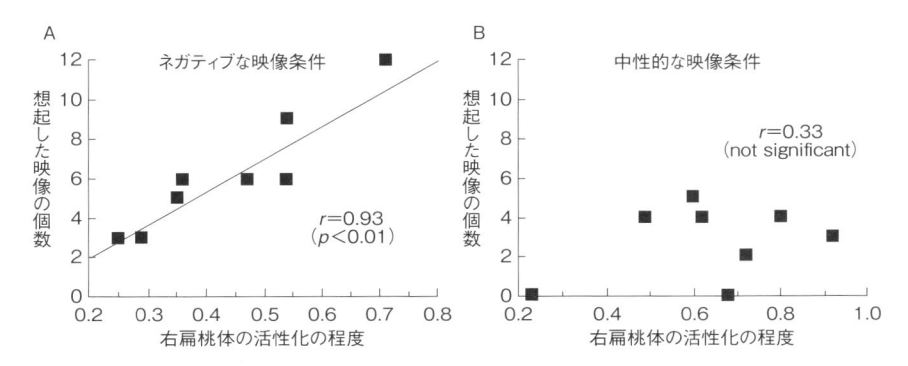

図4.6 映像を見たときの扁桃体の活性化の程度と、3週間後に想起できた映像の個数との関係
(Cahill et al., 1996の結果より。ただしこの図はCahill & McGaugh, 1998より)
ネガティブな映像に限り、扁桃体の活性化の程度と記憶成績に正の相関関係が見られる。

(Cahill et al., 1995)。

　ここにもいくつかの留意点がある。一つは、扁桃体はそれ自体にエピソード記憶を貯蔵するのではなく、あくまでも海馬といった記憶に関する脳部位を調整（modulate）しかしていないという点である。二つは、マッガウたちは、エピソードの符号化段階ではなく、貯蔵時における記憶の固定（consolidation）段階に扁桃体が関与すると考えている点である。ただしこの点が確実に検証されたわけではない(Hamann, 2001)。三つは、感情は記憶を促進するだけでなく、記憶を妨害することもあるということである (Christianson, 1992)。ストレンジら（Strange et al., 2003）は巧妙な実験を用いて、記憶の促進と妨害の両方に扁桃体が関わることを示した。こうした研究のように、記憶の促進と抑制の両者を統合的に理解できるような研究が必要だと思われる。

[2] 眼窩前頭皮質

　眼窩前頭皮質は眼窩部（眼球が入っている窪み）の上方にある前頭前野の一部である（図4.7）。1848年、フィニアス・ゲージ（Phineas Gage）が工事中の事故で眼窩前頭皮質の一部である前頭前野腹内側部（ventromedial prefrontal cortex; 図4.7）を損傷した。幸い命は取り留め、知能も正常であったが、勤勉な性格が一転して社会性に欠けた行動が顕著になったという。こうした事例から、眼窩前頭皮質は感情や社会的行動に関与すると言われるが、そ

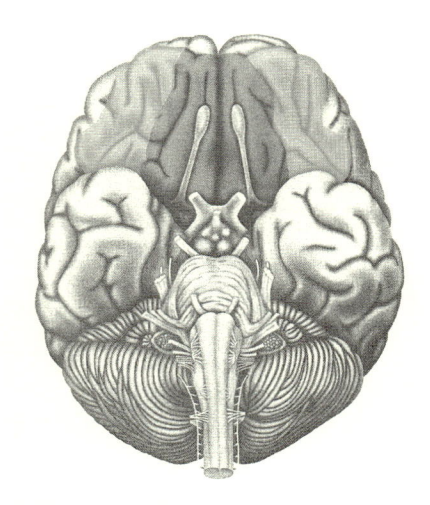

図4.7 眼窩前頭皮質と前頭前野腹内側部(Gazzaniga et al., 2002より)
人の脳を真下(腹側)から見た図である。上が前方である。中央上方の色が濃い部分が前頭前野腹の側部。その周りの色がやや薄い部分が眼窩前頭皮質。

の機能はまだ十分にわかっていない（Gazzaniga et al. 2002）。ここでは近年有力な仮説として，ロールズ（Rolls, E. T.）とダマシオ（Damasio, A. R.）の説を取り上げる。

1）刺激のヴェイレンスの更新 眼窩前頭皮質は多数の感覚皮質から入力を受けている。ロールズ（2005）は，このような事実と多くの動物実験の結果から，中性刺激と報酬や罰などの感情刺激との迅速な連合に眼窩前頭皮質が関わると主張している。この主張を特に支えるのが逆転学習（reversal learning）の研究である。これらの研究では，まず，ある中性刺激Aが報酬に，別の中性刺激Bが罰（もしくは無報酬）に関連することを学習させる。そして，この学習の成立後，報酬と罰の随伴性を逆転させる。すなわち，刺激Aに対する反応が罰を，刺激Bに対する反応が報酬を生起させるようにする。このとき，刺激Aが罰に，刺激Bが報酬に関連することを学習し直す（刺激と報酬—罰との関係を更新する）ことを逆転学習と呼ぶ。

眼窩前頭皮質はこの逆転学習に関与することが示されている。眼窩前頭皮質

を破壊したサルは逆転学習が阻害される（Dias et al., 1996）。またこの部位には，報酬と連合した刺激にのみ反応するニューロンが存在し，逆転学習のときには素早く反応すべき対象を切り替える（Rolls et al., 1996; 図 4.8）。人間を対象にしたイメージング研究でも，眼窩前頭皮質の逆転学習への関与が認められている（O'Doherty et al., 2001）。こうした研究から推察されるように，眼窩前頭皮質は，ある刺激と報酬や罰との関係を素早く学習（更新）することに関わると考えられる。刺激と報酬や罰との関係を学習するという点では，ロールズが考える眼窩前頭皮質の働きは，扁桃体に似ている。しかし，眼窩前頭皮質は「迅速に」その更新をする点に特徴がある（ただし Baxter & Murray, 2002）。

　ある刺激が報酬や罰と結びついているかを評価することは，あらゆる感情の基礎になるものである（Rolls, 2005）。たとえば，喜びは報酬の獲得，不安は罰の予期から生じると考えられる。そのような意味で，眼窩前頭皮質は感情の生起メカニズムの基盤になっていると言えるだろう。また，社会的な場面では，状況に応じてどのような行動が適切なのかを素早く学習することが求められる。したがって，眼窩前頭皮質は社会的行動の基盤であるとも言える。フィ

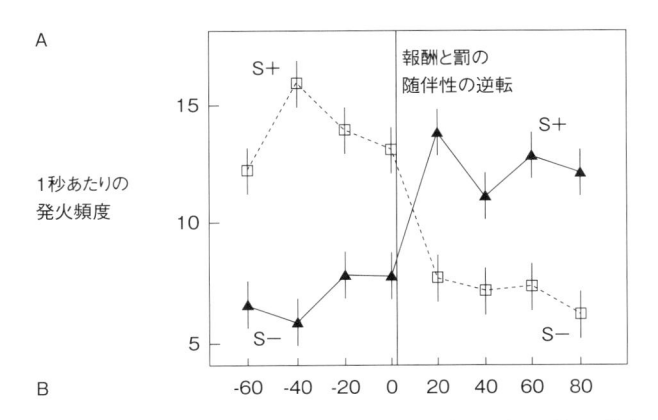

図4.8　サルのある眼窩前頭皮質ニューロンが逆転学習のときに見せる発火頻度（視覚的弁別課題）（Rolls et al., 1996より）
□は最初に報酬が，途中から（横軸が0のときから）罰が与えられる刺激への発火頻度。▲は最初に罰が，途中から報酬が与えられる刺激への発火頻度。報酬はジュースであり，罰は塩水である。S+は報酬が与えられている刺激であることを意味する。このニューロンは，報酬と罰の随伴性が入れ替わるとすぐに発火する対象を切り替えていることが分かる。

ニアス・ゲージの反社会的行動も，眼窩前頭皮質のこのような機能から解釈可能である。

2) ソマティック・マーカー仮説　ダマシオ（1994）が提唱するソマティック・マーカー仮説（somatic marker hypothesis）では，感情が私たちの意思決定をガイドすると考える。ここでいう感情とは，主として身体的な状態，内臓感覚（gut feeling）などに関する表象（ヘビを見たときに感じる，身体が緊張して震え上がるような感覚など）である。わたしたちは日常生活の中で，さまざまな選択肢を選び，その結果に伴う感情を経験する。このとき，選択した行動と身体的な感情との関係が学習されるだろう。ダマシオの仮説では，人がある選択肢を選ぼうとするとき，（過去の経験に基づいて）自動的に身体的な感情が喚起され，それがシグナルとなって意思決定を助けるとする。たとえば，以前も失敗したことがあるような危険な選択肢を選ぼうとすると，失敗したときの不快な内臓感覚が自動的に喚起され，結果その選択肢を避けることになる。

ここで過去の経験に基づき身体状態を再活性化させるのに関わっているのが，前頭前野腹内側部であると考えられている。前頭前野腹内側部が，扁桃体を媒介して身体を活性化させ，その情報を体性感覚野が受け取ることで内臓感覚が生じる（図 4.9 左）。ただし，意思決定のときに必ず身体反応が生じるわけではない。ある程度同じ身体反応を経験すると，前頭前野腹内側部（と扁桃体）が，身体をバイパスして直接体性感覚野を活性化させることもある。すなわち，頭の中だけで感情が生じることもありうる。ダマシオは，この身体をバイパスした感情生起の機構を，あたかもループ（as-if loop）と呼んでいる（図 4.9 右）。

ソマティック・マーカー仮説を実証するために考案されたのがギャンブル課題である。この課題では，目の前にある四つのカードの組のうち一つからカードをめくるということを繰り返し，めくるごとにカードの裏に書かれた額のチップを得られる（報酬）。ただし，たまに支払いを要求するカード（罰）に遭遇することもある。どのからカードをめくるかは，そのたびごとに変えることができる。ここで，ある二つの組では毎回得られる報酬額は高いが，罰の金額も高いようになっている。一方，別の二つの組では，毎回得られる報酬額は低いが，罰の金額も低く，長期的に見ると先ほどの組より多くの金額が得ら

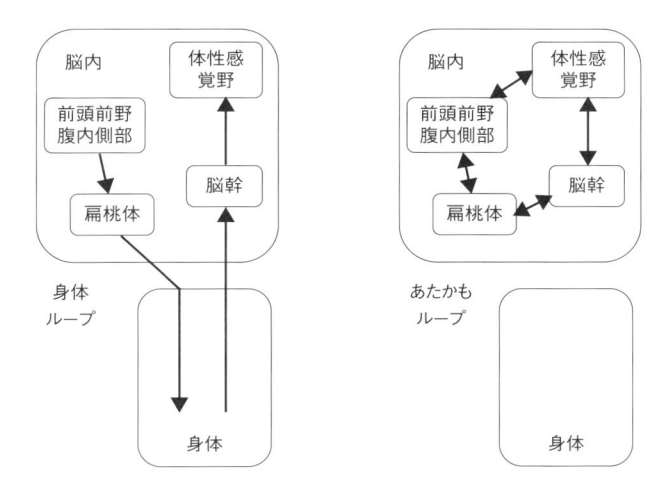

図4.9 ソマティック・マーカー仮説のメカニズム(Bechara, 2004を改編)
左が身体を媒介するケース，右が身体を媒介しないケース(あたかもループ)．

れるようになっている。このギャンブル課題において，健常者は罰の金額が高い組からカードをめくろうとすると，予期的な皮膚電気反応が生じるのに対して，前頭前野腹内側部の損傷患者はそのような皮膚電気反応が生じないことが明らかになっている（Bechara et al., 1996）。これは意思決定の直前に前頭前野腹内側部が，「この組をめくるのは危険だ」という身体的なシグナルを生じさせている証拠である。実際，健常者は最終的に長期的な利益の大きい組のカードをめくるようになったが，前頭前野腹内側部の損傷患者は損失が大きい組のカードをめくり続けていた[2]。

3）統合に向けて 先述のように眼窩前頭皮質は機能を特定するのが難しい。しかし，ロールズとダマシオの説に限れば，「ある刺激とそれに伴う感情（報酬や罰）との関係を素早く更新していく」という点で共通すると思われる[3]。実際，逆転学習にはこの能力が必要であるし，ギャンブル課題も「大きな罰に

---

[2] なお，前頭前野腹内側部の損傷患者も，罰のカードをめくったときは皮膚電気反応が生じた。従って，前頭前野腹内側部の損傷患者が欠如しているのはあくまでも意思決定の直前に生じる予期的な反応であり，罰に対する反応そのものが欠如しているわけではない。

[3] ただし，眼窩前頭皮質に刺激と感情そのものが連合して表象されているのかという点については，両者の見解に相違があると思われる。

遭遇したときに，カードの組と報酬－罰との関係を更新する」という要素を含んでいる（Clark et al., 2004）。逆転学習とギャンブル課題が似た能力を測定していることは実証的にも示されている（Fellows & Farah, 2005）。したがって，この視点から，両者の説を統合することも可能のように思われる。

　ただしここで問題になるのがダマシオの主張する身体的な状態の関与である。眼窩前頭皮質に喚起された刺激－感情連合が意思決定をガイドするとして，そのときわざわざ身体的な状態を媒介させるのは非効率的だとも考えられる（Rolls, 2005）。意思決定は眼窩前頭皮質が直接制御しており，身体的な反応はあくまでその副産物に過ぎないと考えることもできよう。先ほどのベシャラらの研究（1996）では，カードをめくる直前に皮膚電気反応が見られることと，その組のカードをめくらないようにすることとの間に関連が見られたが，これはあくまで相関関係である。「身体反応（皮膚電気反応）が意思決定に影響を与えた」という因果関係に関しては分からないのである。実際，ギャンブル課題で皮膚電気反応が本当に「危険なカードの組」の信号になっているかについては反論もある（Tomb et al., 2002）。現在も議論は続いており（Bechara et al., 2005; Maia & McClelland, 2004），眼窩前頭皮質の機能を明らかにするためにも，この点をはっきりさせる必要があるだろう。

[3] 側 性 化

　脳の右半球と左半球で機能差があることを側性化と呼ぶ。感情との関係では，古くより右脳が感情的な表情の理解や表出に関わることが指摘されてきた。これが感情コミュニケーション仮説である。たとえばレイとブライデン（Ley & Bryden, 1979）は，左脳（右視野）より右脳（左視野）に呈示したときの方が，表情認識の成績が高いことを示している。

　近年では，ダビッドソン（Davidson, 1998）が，右前頭葉がネガティブ感情に，左前頭葉がポジティブ感情に関与するというヴェイレンス仮説を提唱している。たとえば，トマーケンら（Tomarken et al., 1990）は，安静時の脳波を測定し，その左右半球差の個人差と，映像を見たときの感情経験との関連を検討した。その結果，安静時に右前頭葉の活性化が強い人はネガティブ感情を，左前頭葉の活性化が強い人はポジティブ感情をより強く感じていた。また，トマーケン

らの別の研究では，左右半球の活性化の個人差と普段の感情の感じやすさにも関係があることが明らかになっている（Tomarken et al., 1992；図4.10）。

　ヴェイレンスに関わらず右脳が感情に関わるとする感情コミュニケーション仮説と，ヴェイレンスが側性化すると考えるヴェイレンス仮説は，矛盾するように見える。しかし，感情コミュニケーション仮説が感情の理解や表出に着目しているのに対し，ヴェイレンス仮説は基本的に感情経験とその個人差（これを感情スタイル（affective style）と呼ぶ）における側性化を考えており，相反するものではない（Demaree et al., 2005）。この二つの仮説は，お互いを補完しながら，感情プロセスの側性化を強く主張している。

　しかし，感情の側性化には支持しない知見も多い（Demaree et al., 2005）。また，側性化の背後にある具体的な神経メカニズムもまだ不明確である。進化的に考えても，感情プロセスが側性化することの適応的な意義を見出すことは難しい（Kolb & Taylor, 2000）。今後，側性化の研究は，ただ側性化を主張するのではなく，こうした「どのようにして」（How）と「なぜ」（Why）の問いを考えることが大切になってくるだろう。

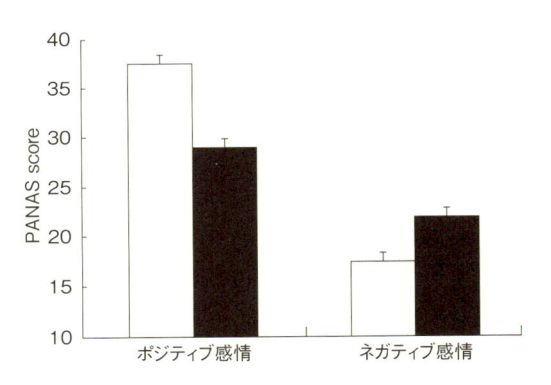

図4.10　左前頭葉の活性化が安定して高い群（白いバー；n=14）と右前頭葉の活性化が安定して高い群（黒いバー；n=13）における，普段の感情の感じやすさの違い
　　　（Tomarken et al., 1992の結果より。ただしこの図は Davidson, 2004より）
　ＰＡＮＡＳは普段の場面における感情状態を測定する尺度（PANAS-GEN; Watson et al., 1988）である。

4. なぜ脳なのか

さて，ここまで研究を概観してきて，「なぜ脳なのか」の問いへの答えは浮かび上がってきただろうか。この最後の節では，筆者なりの見解を示してみたい。

[1] "感情"概念に対する洞察を与える

"感情"とは何だろうか。これは自明のようで答えることが難しい。"喜び"や"悲しみ"といった少数の基本情動（basic emotions）が感情の根源であるとする考えもあれば（Ekman, 1990），感情は基本的に社会的な学習の産物であり，すべての人間に共通の感情カテゴリは存在しないという主張もある（社会構成主義；Averill, 1980）。ここで"脳"という観点は，こうした問題を解決こそしないものの，洞察を深めるための手がかりとなる。

本稿ではこれまで感情に関して，扁桃体などが関与していることを見てきた。これは，どのような人間にも例外なく当てはまると考えられている。たとえば恐怖を感じたとき，扁桃体が活性化するのは，すべての人間にあてはまる事実であると考えて，まず間違いないだろう。それどころか，サルやラットといった他の種にもあてはまるともみなされている。このように脳科学の視点に立って考えると，感情を社会的な学習という観点だけで説明することには無理があることに気づかされる。確かに感情には社会的な学習という側面はあるが，それだけでは説明できない，すべての人間に共通の進化的に獲得された基盤があるのである（Öhman et al., 1998）。

一方で，脳の知見によって，感情の区分をさらに進めると，いわゆる"感情"すべてに共通する神経基盤がないことにも気づく（LeDoux, 1996）。すなわち，"喜び"や"悲しみ"から"恥じらい"といったものすべてに関与する脳領域は現在のところ発見されていない。たとえば，上に書いたように扁桃体が恐怖感情に関係することは確実だが，すべての感情に関わっているわけではない。つまり，私たちはこうした下位感情を当たり前のように"感情"というカテゴリにまとめているが，これらを感情として一括りにできる根拠は何もな

いのである．加えて，感情はよく"認知"や"動機"とも区分されるが，そこにも脳基盤の違いが明確にある（感情固有の基盤がある）わけではない（ただしPanksepp, J., 2003）．したがって，仮に基本情動という考えが正しく，こうした情動がすべての文化に共通して存在するとしても，それらをまとめて"感情"と一括りにすることにはもう少し慎重になる必要がある（Russell, 2003）．

このように，脳という観点は，社会構成主義や基本情動の考え方に一定の示唆を加えてくれる．だがそれだけではない．さらに脳科学は，これまでになかった感情の区分の仕方をも示唆してくれる．たとえば本稿では，同じ感情でも扁桃体が関わる場合もあれば眼窩前頭皮質が関わる場合もあることを示してきた．このことは，同じ感情にも質的に異なるタイプのものがある可能性を喚起してくれる．実際，ドーラン（Dolan, 2002）は，扁桃体は急激で自動的な情動反応に，眼窩前頭皮質や前部帯状皮質は長期的なフィーリング（feeling）に関与するとして，両者を区別することの重要性を主張している．これは心理学で長らくなされてきた情動（emotion）と気分（mood）との区別に類似しているが，やや異なるものであり，脳だからこそ分かる新たな感情の区分のあり方を提示している．

［2］理論やモデルの妥当性の基盤を与える

心理学では何らかのモデルや理論を立て，そこから予測を導く．そして，予測と実際の行動データがフィット（適合）すれば，そのモデルや理論は妥当だと考える．しかし，それだけでそのモデルや理論は妥当だと言えるのだろうか．

たとえば，感情の状態を質問紙で測定し，因子分析をすると，「喚起」と「ヴェイレンス」という2次元が得られる（Russell, 1980）．ここから「感情は喚起とヴェイレンスからなる2次元の構造をなしている」と考えることもできよう．しかし，質問紙の分析結果は人の認識（素朴概念）を反映しているに過ぎない（Nisbett & Wilson, 1977）．人の認識における感情の構造モデルとしては妥当かもしれないが，心の働きの理解を深めるには不十分に思われる．

このとき，神経学的な視点でモデルの妥当性を考えることも大切だろう．バック（Buck, 1999）は神経学的な基盤を考えながら，喚起やヴェイレンスが感情の構造として本質的であることを指摘している．村山（2004）もヴェイレンス

を捉える包括的な枠組みを提唱した上で，神経学的な基盤を議論している。このように，行動的なデータに，神経学的な裏付けを踏まえた，重層的なモデルこそが，心の働きにより迫ることができると思われる（Ito & Cacioppo, 2001）。

　モデルが人間行動を正確に予測できるならば，脳科学による妥当化は必要ないと考える人も多い。しかし，いくら正確な予測ができても，人間と異なる論理で機能しているならば，人間のモデルとして適切とは言い難いだろう。また，同じような予測精度を持つモデルが複数あったときに，行動データとの適合だけにこだわっていては，どのモデルが妥当かを決めることが難しくなってしまう（Navarro et al., 2004）。実際，心理学のいくつかの領域では，行動データだけでどのモデルが正しいかを識別するのが難しい状況になっている[4]。このとき，モデルの神経学的妥当性という観点は重要な意味を持ってくる。

　このような理由から，近年では，ある程度確立された数理的なモデルまでも，脳科学による妥当化の動きが出ている。強化学習（Gluck & Myers, 2001; Schultz et al., 1997），潜在－顕在記憶システム（Meeter et al., 2005; Norman & O' Reilly, 2003），問題解決（Anderson et al., 2004）など，その分野は多岐に渡る。感情に関わる領域では特に近年の神経経済学（neuroeconomics; Glimcher, 2003）の進展が興味深い。感情は行動経済学の意思決定理論と深い関係にあることが指摘されている（Loewenstein & Learner, 2003）。神経経済学はこの経済学のモデルを脳科学の知見と関係づけようとする領域であり，経済学，感情研究，そして脳科学が融合したモデルの登場が期待される（たとえば，McClure et al., 2004）。

［3］新たな予測を提出する

　神経学的なメカニズムを考えることにより，心理学のモデルだけでは出てこないような新しい予測を提出することができる。アシュビーら（Ashby et al., 1999）は，ポジティブ感情に関わるドーパミンの投射ネットワークを検討し，ポジティブ感情が認知課題に与える影響を包括的に捉える理論を提唱した。この理論からは，たとえば「ポジティブ感情は匂いの知覚に関する課題に影響を

4）　たとえば記憶システムに関する論争など（e.g., Dunn, 2004）。

与える」といった，従来の枠組みでは考えられなかった新しい予測が導かれる。

また，グレイ（Gray, 2001）は，先述のヴェイレンス仮説と，左前頭葉が言語的ワーキングメモリ，右前頭葉が空間的ワーキングメモリに関係するとした考え（Smith & Jonides, 1999）を統合し，「ポジティブ感情は言語的なワーキングメモリ課題を，ネガティブ感情は空間的なワーキングメモリ課題を促進する」という新たな仮説を提出し，検証した。

神経学的な理解が常に新しい仮説を生むとは限らないが，心理学の枠に留まるより多くの着想が得られることは間違いないだろう。

[4] おわりに

マー（Marr, 1982）は，私たちに備わっているような情報処理系を理解するためには，神経機構を解明するだけでは不十分であり，解くべき問題が何であり，そしてそれはなぜなのかを考える視点こそが最も大切だと主張した。脳内メカニズムだけを考えていては，記述したことにはなっても，説明したことにはならないのである。本章では感情と脳の関係について議論したが，脳の研究だけをすれば感情における心の働きが理解できるわけではない。しかし一方で，スキナーのように生理学的な議論を捨象してしまっても，感情の理解から遠ざかってしまうだろう。この章で見てきたように，脳の研究は心理学の理論にも大きな示唆を与えるものだからである。大切なのは，「なぜ脳なのか」という問いである。この問いを忘れずに研究をすることこそが新たな境地を切り開く鍵になってくると思われる。

引用・参考文献

Adolphs, R., Tranel, D., Damasio, H., & Damasio, A. R. (1994). Impaired recognition of emotion in facial expressions following bilateral damage to the human amygdala. *Nature*, **372**, 669-672.

Aggleton, J. P., & Brown, M. W. (1999). Episodic memory, amnesia, and the hippocampal-anterior thalamic axis. *Behavioral and Brain Sciences*, **22**, 425-444.

Anderson, J. R., Bothell, D., Byrne, M. D., Douglass, S., Lebiere, C., & Qin, Y. L. (2004). An integrated theory of the mind. *Psychological Review*, **111**, 1036-1060.

Ashby, F. G., Isen, A. M., & Turken, A. U. (1999). A neuropsychological theory of positive affect and its influence on cognition. *Psychological Review*, **106**, 529-550.

Averill, J. R. (1980). A constructivist view of emotion. In R. Plutchik & H. Kellerman (Eds.), *Emotion: Theory, research and experience, Vol. 1* (pp. 305-339). New York: Academic Press.

Baxter, M. G., & Murray, E. A. (2002). The amygdala and reward. *Nature Reviews Neuroscience*, **3**, 563-573.

Bechara, A. (2004). The role of emotion in judgment and decision-making: Evidence from neurological patients with orbitofrontal damage. *Brain and Cognition*, **55**, 30-40.

Bechara, A., Damasio, H., Tranel, D., & Damasio, A. R. (2005). The Iowa Gambling Task and the somatic marker hypothesis: Some questions and answers. *Trends in Cognitive Sciences*, **9**, 159-162.

Bechara, A., Tranel, D., Damasio, H., & Damasio, A. R. (1996). Failure to respond autonomically to anticipated future outcomes following damage to prefrontal cortex. *Cerebral Cortex*, **16**, 215-225.

Bechara, A., Tranel, D., Damasio, H., Adolphs, R., Rockland, C., & Damasio, A. R. (1995). Double dissociation of conditioning and declarative knowledge relative to the amygdala and hippocampus in humans. *Science*, **269**, 1115-1118.

Bloom, F. E., Nelson, C. A., & Lazerson, A. (2001). *Brain, mind, and behavior (3rd edition)*. New York: Worth Publishing.
（中村克樹・久保田競（監訳）（2004）．脳の探検―脳から「心」と「行動」を見る― 講談社）

Buck, R. (1999). The biological affects: A typology. *Psychological Review*, **106**, 301-336.

Cahill, L., Babinsky, R., Markowitsch, H. J., & McGaugh, J. L. (1995). The amygdala and emotional memory. *Nature*, **377**, 295-296.

Cahill, L., Haier, R. J., Fallon, J., Alkirei, M. T., Tang, C., Keator, D., Wu, J., & McGaugh, J. L. (1996). Amygdala activity at encoding correlated with long-term, free recall of emotional information. *Proceedings of the National Academy of Sciences of the United States of America*, **93**, 8016-8021.

Cahill, L., & McGaugh, J. L. (1998). Mechanisms of emotional arousal and lasting declarative memory. *Trends in Neurosciences*, **21**, 294-299.

Cannon, W. B. (1914). The interrelations of emotions as suggested by recent physiological researches. *American Journal of Psychology*, **39**, 256-282.

Cannon, W. B. (1929). *Bodily changes in pain, hunger, fear and rage (2nd ed.)*. New York: Appleton-Century-Crofts.

Christianson, S. A. (1992). Emotional-stress and eyewitness memory: A critical review. *Psychological Bulletin*, **112**, 284-309.

Clark, L., Cools, R., & Robbins, T. W. (2004). The neuropsychology of ventral prefrontal cortex: Decision-making and reversal learning. *Brain and Cognition*, **55**, 41-53.

Damasio, A. R. (1994). *Descartes's error: Emotion, reason, and the human brain*. New York: Grosset/Putnam.
（田中三彦（訳）（2000）．生存する脳―心と脳と身体の神秘― 講談社）

Davidson, R. J. (1998). Affective style and affective disorders: Perspectives from affective neuroscience. *Cognition & Emotion*, **12**, 307-320.

Davidson, R. J. (2004). Well-being and affective style: Neural substrates and biobehavioral correlates. *Philosophical Transactions of the Royal Society of London B*, **359**, 1395-1411.

Davidson, R. J., Jackson, D. C., & Kalin, N. H. (2000). Emotion, plasticity, context, and regulation: Perspectives from affective neuroscience. *Psychological Bulletin*, **126**, 890-909.

Demaree, H. A., Everhart, D. E., Youngstrom, E. A., & Harrison, D. W. (2005). Brain lateralization of emotional processing: Historical roots and a future incorporating "dominance". *Behavioral and Cognitive Neuroscience Reviews*, 4, 3-20.

Dias, R., Robbins, T. W., & Roberts, A. C. (1996). Dissociation in prefrontal cortex of affective and attentional shifts. *Nature*, **380**, 69-72.

Dolan, R. J. (2002). Emotion, cognition, and behavior. *Science*, **298**, 1191-1194.

Dunn, J. C. (2004). Remember-know: A matter of confidence. *Psychological Review*, **111**, 524-542.

Eichenbaum, H., & Cohen, N. J. (2001). *From conditioning to conscious recollection: Memory systems of the brain*. New York: Oxford University Press.

Ekman, P. (1992). Are there basic emotions? *Psychological Review*, **99**, 550-553.

Emery, N. J., & Amaral, D. G. (2000). The role of the amygdala in primate social cognition. In R. D. Lane & L. Nadel (Eds.), *Cognitive neuroscience of emotion*. New York: Oxford University Press. pp. 156-191.

Fellows, L. K., & Farah, M. J. (2005). Different underlying impairments in decision-making following ventromedial and dorsolateral frontal lobe damage in humans. *Cerebral Cortex*, **15**, 58-63.

Gazzaniga, M. S., Ivry, R. B., & Mangun, G. R. (2002). *Cognitive neuroscience: The biology of the mind (2nd edition)*. New York:WW Norton.

Glimcher, P. (2003). *Decisions, uncertainty, and the brain: The science of neuroeconomics*. Cambridge, MA: MIT Press.

Gluck, M. A., & Myers, C. E. (2001). *Gateway to memory: An introduction to neural network modeling of the hippocampus and learning*. Cambridge, MA: MIT Press.

Gray, J. A. (1987). *The psychology of fear and stress (2nd edition)*. Cambridge: Cambridge University Press.
（八木欽治（訳）（1991）．ストレスと脳　朝倉書店）

Gray, J. R. (2001). Emotional modulation of cognitive control: Approach-withdrawal state double-dissociate spatial from verbal two-back task performance. *Journal of Experimental Psychology: General*, **130**, 436-452.

Hamann, S. (2001). Cognitive and neural mechanisms of emotional memory. *Trends in Cognitive Sciences*, 5, 394-400.

Hebb, D.O. (1955). Drives and the C.N.S. (Conceptual Nervous System). *Psychological Review*, **62**, 243-254.

Ito, T. A., & Cacioppo, J. T. (2001)Affect and attitudes: A social neuroscience approach. In J. P. Forgas (Ed.), *The handbook of affect and social cognition*. Mahwah: Lawrence Erlbaum & Associates. pp. 50-74.

James, W. (1884). What is an emotion? *Mind*, **9**, 188-205.

Klüver, H., & Bucy, P. C. (1939). Preliminary analysis os functions of the temporal lobes in monkeys. *Archives of Neurology and Psychiatry*, **42**, 979-1000.

Kolb, B., & Taylor, L. (2000). Facial expression, emotion, and hemispheric organization. In R. D. Lane & L. Nadel (Eds.), *Cognitive neuroscience of emotion*. New York: Oxford University Press. pp. 62-83.

Lane, R. D., Reiman, E. M., Axelrod, B., Yun, L. S., Holmes, A., & Schwartz, G. E. (1998). Neural correlates of levels of emotional awareness: Evidence of an interaction between emotion and attention in the anterior cingulate cortex. *Journal of Cognitive Neuroscience*, **10**, 525-535.

LeDoux, J. (1996). *The emotional brain: The mysterious underpinnings of emotional life*. New York: Simon & Schuster.
　（松本　元ほか（訳）（2003）．エモーショナル・ブレイン――情動の脳科学――　東京大学出版会）

LeDoux, J. (2002). *Synaptic self: how our brains become who we are*. New York: Penguin Books.
　（谷垣暁美（訳）（2005）．シナプスが人格をつくる――脳細胞から自己の総体へ――　みすず書房）

Ley, R. G., & Bryden, M. P. (1979). Hemispheric differences in processing emotions and faces. *Brain and Language*, **7**, 127-138.

Loewenstein, G., & Learner, J. S. (2003). The role of affect in decision making. In R. J. Davidson, K. R. Scherer, & H. H. Goldsmith (Eds.), *Handbook of affective sciences*. Oxford: Oxford University Press. pp.619-642.

MacLean, P. D. (1952). Some psychiatric implications of physiological studies on frontotemporal portion of limbic system (visceral brain). *Electroencephalography and Clinical Neurophysiology*, **4**, 407-418.

MacLean, P. D. (1973). *A triune concept of the brain and behaviour*. Toronto, Ontario, Canada: University of Toronto Press.

Maia, T. V., & McClelland, J. L. (2004). A reexamination of the evidence for the somatic marker hypothesis: What participants really know in the Iowa gambling task. *Proceeding of the National Academy of Sciences of the United States of America*, **101**, 16075-16080.

Marr, D. (1982). *Vision: A computational investigation into the human representation and processing of visual information*. New York: W.H.Freeman and Company.
　（乾　敏郎・安藤広志（訳）（1987）．ビジョン――視覚の計算理論と脳内表現――　産業図書）

McClure, S. M., Laibson, D. I., Loewenstein, G., & Cohen, J. D. (2004). Separate neural systems value immediate and delayed monetary rewards. *Science*, **304**, 503-507.

McGaugh, J. L. (2004). The amygdala modulates the consolidation of memories of emotionally arousing experiences. *Annual Review of Neuroscience*, **27**, 1-28.

Meeter, M., Myers, C. E., & Gluck, M. A. (2005). Integrating incremental learning and episodic memory models of the hippocampal region. *Psychological Review*, **112**, 560-585.

村山 航 (2004). ポジティブな目標表象とネガティブな目標表象—"3次元の枠組み"の提唱— 教育心理学研究, **52**, 199-213.

Navarro, D. J., Pitt, M. A., & Myung, I. J. (2004). Assessing the distinguishability of models and the informativeness of data. *Cognitive Psychology*, **49**, 47-84.

Nisbett, R. E., & Wilson, T. D. (1977). Telling more than we can know: Verbal reports on mental processes. *Psychological Review*, **84**, 231-259.

Norman, K. A., & O'Reilly, R. C. (2003). Modeling hippocampal and neocortical contributions to recognition memory: A complementary- learning-systems approach. *Psychological Review*, **110**, 611-646.

O'Doherty, J., Kringelbach, M. L., Rolls, E. T., Hornak, J., & Andrews, C. (2001). Abstract reward and punishment representations in the human orbitofrontal cortex. *Nature Neuroscience*, **4**, 95-102.

Öhman, A., Flykt, A., & Lundqvist, D. (2000). Unconscious emotion: Evolutionary perspectives, psychophysiological data and neuropsychological mechanisms. In R. D. Lane & L. Nadel (Eds.), *Cognitive neuroscience of emotion*. (pp.296-327), New York: Oxford University Press.

Panksepp, J. (2003). At the interface of the affective, behavioral, and cognitive neurosciences: Decoding the emotional feelings of the brain. *Brain and Cognition*, **52**, 4-14.

Papez, J. (1937). A proposed mechanism of emotion. *Archives of Neurology and Psychiatry*, **38**, 725-743.

Rogan, M. T., Stäubli, U. V., & LeDoux, J. E. (1997). Fear conditioning induces associative long-term potentiation in the amygdala. *Nature*, **390**, 604-607.

Rolls, E. T. (2005). *Emotion explained*. Oxford: Oxford University Press.

Rolls, E. T., Critchley, H. D., Mason, R., & Wakeman, E. A. (1996). Orbitofrontal cortex neurons: Role in olfactory and visual association learning. *Journal of Neurophysiology*, **75**, 1970-1981.

Russell, J. A. (1980). A circumplex model of affect. *Journal of Personality and Social Psychology*, **39**, 1161-1178.

Russell, J. A. (2003). Core affect and the psychological construction of emotion. *Psychological Review*, **110**, 145-172.

Schultz, W., Dayan, P., & Montague, R. R. (1997). A neural substrate of prediction and reward. *Science*, **275**, 1593-1599.

Skinner, B. F. (1938). *The behavior of organisms*. New York: Appleton-Century.

Smith, E. E., & Jonides, J. (1999). Storage and executive processes in the frontal lobes.

Science, **283**, 1657-1661.

Squire, L. R. (1992). Memory and the hippocampus: A synthesis from findings with rats, monkeys, and humans. *Psychological Review*, **99**, 195-231.

Strack, F., Martin, L. L., & Stepper, S. (1988). Inhibiting and facilitating conditions of the human smile: A nonobtrusive test of the facial feedback hypothesis. *Journal of Personality and Social Psychology*, **54**, 768-777.

Strange, B. A., Hurlemann, R., & Dolan, R. J. (2003). An emotion-induced retrograde amnesia in humans is amygdala- and beta-adrenergic-dependent. *Proceedings of the National Academy of Sciences of the United States of America*, **100**, 13626-13631.

Tomarken, A. J., Davidson, R. J., & Henriques, J. B. (1990). Resting frontal brain asymmetry predicts affective responses to films. *Journal of Personality and Social Psychology*, **59**, 791-801.

Tomarken, A. J., Davidson, R. J., Wheeler, R. E., & Doss, R. C. (1992). Individual differences in anterior brain asymmetry and fundamental dimensions of emotion. *Journal of Personality and Social Psychology*, **62**, 676-687.

Watson, D., Clark, L. A., & Tellegen, A. (1988). Development and validation of brief measures of Positive and Negative Affect: The PANAS scales. *Journal of Personality and Social Psychology*, **54**, 1063-1070.

5 感情と記憶

　人は誕生直後からさまざまな出来事を経験し，こうした出来事を通して膨大な知識を獲得する。このような知識や情報の総体を「記憶」という。もし人が一切記憶を持っていなかったら，どうなるだろうか。記憶がなければ，事物を見ても，その名前も，意味も，用途もわからないだろう。文字も読めず，「3分前に自分が何をしていたのか」も覚えられないだろう。さらには，自分の名前も分からず，「自分は何者なのか」も理解できなくなってしまうのではないだろうか。このように，人のあらゆる活動は記憶に支えられていると考えられる。

　ただし，記憶は目で見たり，手に取ったりすることはできない。直接観察できない記憶を理解するために，心理学ではしばしばアナロジーが利用されてきた。代表的なものとして，コンピュータのアナロジーが挙げられる。コンピュータは，内部に記憶装置を持っている。記憶装置には番地の付いたセルがたくさん並んでおり，各セルに情報が保持されている。コンピュータは，こうした番地を利用して必要な情報を復元し，処理や計算を行っているのである。人の記憶は，このようなコンピュータの記憶装置と類似したものと言えるだろう。

　しかし，人とコンピュータにはさまざまな相違点もあり，コンピュータの記憶装置と人の記憶を完全に同一視することはできない。たとえば，コンピュータはどんな出来事に直面しても，感情を喚起されることはない。それに対して，人は嬉しさ，悲しみ，憂鬱，不安など，さまざまな感情を経験する。そして脳の中で感情を司る扁桃体という部位は，海馬（記憶を司る脳部位）に近接しており，扁桃体と海馬の間には相互作用が存在することが指摘されている（Dolan, 2002）。このことから，感情と記憶は密接に関連していると考えられる。こう

した感情の影響を含めて記憶を検討することで，コンピュータでは捉えられない人の記憶の独自性も明らかにすることができるのではないだろうか。本章では，感情が記憶に及ぼす影響について見ていくこととしよう。

1. 感情が記銘・保持に及ぼす影響

人の記憶には，記銘・保持・想起という三つの処理が関与している。記銘とは外界の情報を獲得し覚えること，保持とは獲得した情報を蓄えておくこと，想起とは貯蔵された記憶を思い出すことを指す。感情と記憶に関する研究では，これら三つの処理のそれぞれに関して感情の影響が検討されてきた。

[1] 感情が記銘に及ぼす影響

2002年9月11日にニューヨークの世界貿易センタービルで起こったテロのことを覚えている人も多いだろう。なかには，飛行機がビルにぶつかる様を映像のように鮮明に思い出せる人もいるのではないだろうか。このように，強い感情を引き起こした出来事は，あたかも閃光（フラッシュバルブ）で焼き付けられたかのように，鮮明で詳細に思い出すことができる。こうした鮮明な記憶のことをフラッシュバルブ記憶（flashbulb memory）という。フラッシュバルブ記憶のメカニズムに関してはさまざまな説が提案されているが（たとえば, Neisser, 1982），その一つとして感情が記銘に及ぼす促進効果が考えられる。すなわち，感情的な事象（例. 銃・暴力）は非感情的な事象よりも記銘が促進され，鮮明な記憶が形成されると考えられている（たとえば, Heuer & Reisberg, 1990）。

それでは，感情はどのようなメカニズムで記銘を促進するのだろうか。第一に，注意の関与が挙げられる。「銃」や「血」など感情を伴う事象に直面すると，扁桃体がこれらの刺激を自動的に検出し（LeDoux, 1996），感情的事象に優先的に注意を向ける（たとえば, Anderson, 2005）。こうして注意が向けられた結果，感情的事象に関する記憶が促進されると考えられる（稲葉・大平, 2003）。第二に，扁桃体と海馬の関連が挙げられる。扁桃体は感情的刺激を検出するだ

けではない。感情的な事象を検出すると，扁桃体は海馬にシグナルを送り，海馬の活動が促進される（たとえば, Abe, 2002）。その結果，感情的事象の記銘が促進されると考えられる（たとえば, Cahill et al., 1996）。ただし，感情は常に記銘を促進するとは限らない。上述のように，感情的事象に直面すると，人は感情的事象のみに注意を集中させてしまい，その他の周辺的な事象（例．銃を持つ人の服，銃を持つ人の車のナンバー）には注意を向けにくくなる。その結果，感情的事象の記銘は促進されるが，周辺的な事象の記銘は損なわれることが示されている（たとえば, Berntsen, 2002; Christianson & Engelberg, 1999）。

[2] 感情が保持に及ぼす影響

　感情が保持に及ぼす影響に関しては，幼児期虐待などのトラウマ記憶に関する研究で検討がなされてきた。トラウマとは，人の持つ対処メカニズムを凌駕するほどのネガティブな出来事で，回避困難な出来事を指す。一般に，特定の出来事を経験すると，当該出来事に関する言語的な記憶と感覚運動的記憶が形成され，両者が相互に関連づけられて保持されると考えられる（Conway & Pleydell-Pearce, 2000）。このうち，言語的記憶は意識的な想起を可能にする。他方，感覚運動的記憶は状況を鮮明に想起するのを可能にすると考えられる（Christianson & Engelberg, 1999）。そしてこれらの二つの知識が関連づけられて保持されることで，人は過去の経験を鮮明に，意識的に想起することができるのである。

　それに対して，トラウマの想起には強い苦痛が伴う。こうした苦痛を避けるため，トラウマに関する記憶の場合には，言語的記憶を抑制し意識的なアクセスを回避しようとすることが指摘されている（van der Kolk & Fisler, 1995）。ただし，こうした抑制プロセスに否定的な見解もあり，トラウマ記憶の保持メカニズムに関しては未だ結論は得られていない（レビューとして Ochsner & Schacter, 2003）。

[3] 現実場面との関わり

　本節では，感情が記銘と保持に及ぼす影響に関する研究を紹介した。これら

の研究は，いずれも現実の問題と深く関わりあっている。たとえば，保持に関する研究は，心的外傷後ストレス障害に対する治療や介入，虐待被害者の証言の信憑性に示唆を与えることができる。また，銃の発砲事件が起こると，犯人の車のナンバー，犯人の背格好など，さまざまな点に関して警察官は目撃者に質問すると考えられる。しかし，感情と記銘の研究によれば，銃の発砲事件に直面すると，人は自動的に銃に注意を向けてしまい，周辺的な情報はほとんど記銘できないと考えられる。したがって，周辺的情報に関する目撃証言の信憑性に関しては，慎重に吟味する必要があると言えるだろう（ただしHeuer & Reisberg, 1990）。このように，感情と記憶の研究は人の記憶システムに関する理解を促進するだけでなく，現実の問題とも密接に関連しており，社会的要請が高いトピックだと言える。それでは，感情は記憶の想起にどのような影響を与えているのだろうか。本章では，以下，感情と記憶の想起に焦点をあてることにする。

2. 感情が記憶の想起に及ぼす影響

[1] 気分一致効果

人は日常生活の中で，しばしばストレスフルな出来事に直面し，抑うつ，悲嘆，不安などのネガティブ感情を体験する。このようなネガティブ感情時には，ネガティブな経験ばかりを想起し，それによって一層強いネガティブ感情を感じることも多いだろう。こうした日常経験を裏付けるように，これまでの研究では，「感情が生起している時には感情と一致する記憶を想起しやすい」という気分一致効果（mood-congruent recall）が指摘されてきた（Ehrlichman & Halpern, 1988, レビューとしてBlaney, 1986; Bower & Forgas, 2000; 伊藤, 2000; 谷口, 1991）。さらに，想起したネガティブ経験によってネガティブ感情が喚起されることも指摘されている（Erber & Erber, 1994）。これらのことから，ネガティブ感情時にはネガティブ記憶の想起が促進され，その結果，一層強いネガティブ感情が喚起されるという悪循環の存在が示唆されるだろう。

それでは，どうすればこうした悪循環を回避できるのだろうか。最も単純な

方法として,「気分一致効果を生起させない」ことが考えられる。ネガティブ感情を経験している時に気分一致効果が生起しなければ,悪循環に陥ることもなく,ネガティブ感情を効果的に制御できると考えられる。そこで,以下,気分一致効果の生起メカニズムを概観し,気分一致効果の生起を阻止できるのかを考察してみよう。

[2] 感情ネットワークモデル

気分一致効果は,感情ネットワークモデル(図5.1)によって説明されてきた(第2章参照;Bower, 1981)。感情ネットワークモデルは,意味記憶に関する活性化拡散モデル(Collins & Loftus, 1975)を発展させたモデルである。意味記憶の活性化拡散モデルでは,「パン」「バター」などの概念はそれぞれノードによって表現され,概念間の関連はノードとノードのリンクによって表現される。そして,(1)ある概念が呈示されると当該概念を示すノードの活性化が高まること,(2)リンクを通じて他のノードにも活性化が拡散すること,(3)活性化が高まると当該概念の処理や検索が容易になることが仮定されている。たとえば,「パン」と「バター」は意味的に関連しているため,両者の間にはリンクが存在すると考えられる。その結果,「パン」が活性化すると「バター」にも活性化が拡散し,「バター」の処理が促進されると考えられている。

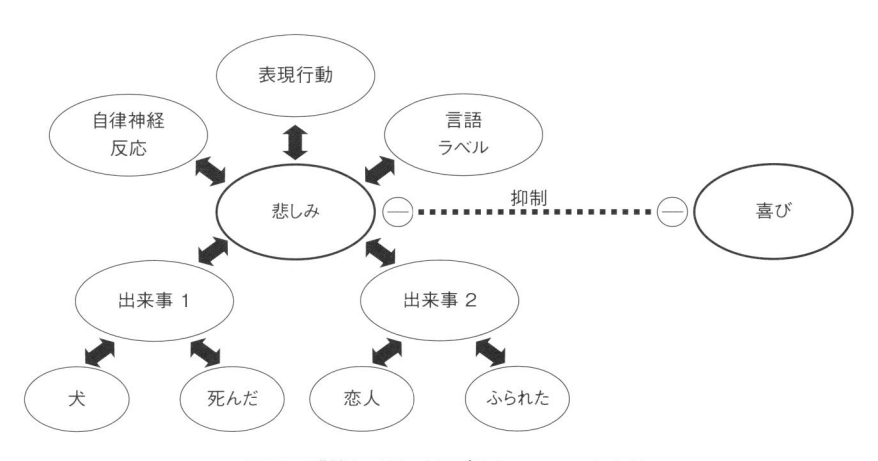

図5.1 感情ネットワークモデル(Bower, 1981を改変)

感情ネットワークモデル（Bower, 1981）では，こうした活性化拡散モデルに，「怒り」「喜び」「悲しみ」などの感情ノードを導入した。そして，個々の感情ノードは，当該感情に伴う自律神経反応，表現行動，言語ラベル，当該感情を伴う出来事とリンクしていることが仮定されている。こうした感情ネットワークモデルに基づくと，「大学に合格した」という出来事は「喜び」ノードと，「飼っていた犬が死んでしまった」という出来事は「悲しみ」ノードとリンクしていると考えられる。なお，ポジティブ感情とネガティブ感情の間には，抑制的なリンクが想定されている。したがって，ポジティブ感情とネガティブ感情を同時に経験することは想定されていない。それに対して，「怒り」と「悲しみ」のように同じヴェイレンスを持つ感情の間には，抑制的なリンクが想定されていない。その結果，「怒り」と「悲しみ」の混ざったような複雑な感情状態を経験することが想定されている。

　それでは，感情ネットワークモデルでは，気分一致効果をどのように説明しているのだろうか。以下，悲しみを例に考えてみよう。悲しい感情が喚起されると，「悲しみ」ノードの活性化が高まる。さらに，悲しかった出来事にも活性化が拡散し，こうした記憶の想起が促進されると考えられる。一方，「喜び」などのポジティブ感情ノードは「悲しみ」ノードと抑制的な関係にある。そのため，悲しみを感じているときには，ポジティブ経験の活性化が抑制されると考えられる。その結果，悲しみを感じているときには，感情と一致する記憶ばかりが選択的に想起されると考えられる。

　このように，感情ネットワークモデルでは，気分一致効果を「知識表象における活性化拡散」という原理によって説明している。こうした活性化拡散は，当人の意図とは関係なく，自動的に生起することが指摘されている（Collins & Loftus, 1975）。このことから，気分一致効果は無意図的で自動的な現象であり，ネガティブ感情時に人は自動的に気分一致効果に陥ってしまうと考えられる（Berkowitz & Troccoli, 1990; Dodgson & Wood, 1998）。したがって，気分一致効果が感情制御に悪影響を与えるとしても，気分一致効果の生起自体を止めるのは困難だと言えるだろう。

[3] 気分不一致効果

　気分一致効果の生起を阻止することができないとすると，気分一致効果の悪影響を防ぐことができないと思われるかもしれない。しかし，日常経験を思い返すと，ネガティブ感情時に，誰もが気分一致効果による悪循環に陥っているとは限らない。ネガティブ感情時にも普段以上にポジティブ経験を想起し，それによって気分を緩和できる人もいるのではないだろうか。実際，これまでの研究でも，「ネガティブ感情時に中性感情時よりポジティブ記憶の想起が促進される」という気分不一致効果（mood-incongruent recall）の存在が指摘されてきた（Parrott & Sabini, 1990）。さらに，ネガティブ感情時にポジティブ記憶を想起すると，ネガティブ感情が緩和することも示され（Josephson et al., 1996），気分不一致効果は感情制御を促進することが指摘されている。したがって，ネガティブ感情時にも気分不一致効果を利用できれば，それによって効果的に感情制御を行うことができると考えられる。

3. 気分一致効果と気分不一致効果を弁別する要因

[1] 気分緩和動機の重要性

　それでは，どうすれば気分一致効果を回避し，気分不一致効果を利用できるのだろうか。この点に関しては，気分緩和動機の重要性が指摘されてきた。

　気分緩和動機とは，自らの感情を緩和しようとする動機を指す。これまでの研究では，気分緩和動機は主に二つの状況で生起することが指摘されてきた。第一に，ネガティブ感情時が挙げられる。人はネガティブ感情を回避し，ポジティブ感情を好む傾向を持っている。そのため，ポジティブ感情時に比べて，ネガティブ感情時には，気分緩和動機が生起しやすいと考えられる（Taylor, 1991）。第二に，重要な課題が控えている状況が挙げられる。感情はそのヴェイレンスに関わらず，それ自体が認知的資源を必要とするものである（Boden & Baumeister, 1997）。すなわち，ポジティブ感情であっても，ネガティブ感情であっても，感情を経験しているだけで，他の課題の遂行が妨害されてしまうと考えられる。そこで，重要な課題が控えている場合には，課題に対処するた

めに，感情を緩和しようとする動機が生じると考えられる。

　従来の研究では，こうした気分緩和動機が気分一致効果と気分不一致効果を弁別するための重要な要因になっているとみなされてきた。そして，「気分緩和動機が高い状況では気分不一致効果が，気分緩和動機が低い状況では気分一致効果が生じる」ことが明らかにされている。たとえば，アーバーとアーバー（1994）は授業の開始前に感情を誘導する条件と，授業の終了直前に感情を誘導する条件の2条件を設けた。授業の開始前に感情を誘導されると，感情が授業の理解の妨げになるため，気分緩和動機が生起しやすいと考えられる。それに対して，授業の終了直前に感情を誘導されても，気分緩和動機が生起しにくいと考えられる。これら2条件を比較したところ，授業の終了後に感情を誘導された条件では，気分一致効果が生じていたのに対して，授業の開始前に感情を誘導された条件では，気分不一致効果が生起していた。

　気分緩和動機の重要性は，パーソナリティを利用した研究でも指摘されている。第一に，自尊心に関する研究が挙げられる。これまでの研究では，自尊心が高い人ほど気分緩和動機が高いことが明らかにされている（Heimpel et al., 2002）。スミスとペティ（Smith & Petty, 1995）は，こうした自尊心が気分一致効果・気分不一致効果に及ぼす影響を検討した。その結果，自尊心が高い人はネガティブ感情時に気分不一致効果を示すのに対して，自尊心が低い人はネガティブ感情時に気分一致効果を示すことを明らかにしている。第二に，抑うつに関する研究が挙げられる。ジョセフソンら（1996）は，抑うつ傾向が高い人は，ネガティブ感情を緩和しようとする動機が低く，ネガティブ感情時にネガティブ記憶を選択的に想起しやすいことを示した（気分一致効果）。それに対して，抑うつ傾向が低い人は，気分緩和動機が高いため，ネガティブ感情時にポジティブ記憶を積極的に想起することが示されている（気分不一致効果）。

[2] 処理の自動性

　動機の重要性は，自動性に関する研究でも裏付けられている。先に論じたように，気分一致効果は極めて自動的に生起する現象である。それに対して，気分不一致効果は何らかの動機に基づき意識的に生起することが指摘されている。この点を示した研究として，以下二つの研究を紹介する。これらはいずれ

も記憶に関する研究ではないものの，気分一致効果と気分不一致効果の自動性の違いを明確に示している。

第一に，刺激の閾下呈示・閾上呈示を利用した研究が挙げられる。一般に，刺激が閾下呈示された場合には，刺激の存在を意識することができないので，自動的な反応が生起すると考えられる。一方，刺激が閾上で呈示された場合には，刺激を意識することができるため，動機に基づく意識的反応が生起すると考えられる。こうした二つの状況を比較したところ，刺激が閾下呈示されると気分一致効果が見られるのに対して，刺激が閾上呈示されると気分不一致効果が見られることが示されている（Mogg et al., 1993）。

反応時間を利用した研究でも，同様の指摘がなされている。一般に，自動的な処理は意識の関与なしに生起するため，すばやく短時間で行われると考えられる。一方，意識的な処理は自動的な処理に比べるとゆっくりと生起すると考えられる。サナら（Sanna et al., 1999）は，こうした反応時間の特性を利用して，気分一致効果と気分不一致効果の自動性を検討した。その結果，気分一致の情報を処理させた場合には反応時間が短いのに対して，気分不一致の情報を処理させた場合には反応時間が長いことが示されている。こうした結果からも，気分一致効果は自動的に生起するのに対して，気分不一致効果は動機を充足するために意識的に生じるものと考えられるだろう（詳細は6章参照）。

4. 気分緩和動機を越えて

[1] 気分緩和動機の限界

以上のように，従来の研究では，気分一致効果と気分不一致効果を弁別するための要因として，気分緩和動機が関心を集めてきた（たとえば，Erber & Erber, 2001; Forgas, 1995; Forgas & Ciarrochi, 2002）。こうした研究に基づくと，「気分緩和動機が高い場合には気分不一致効果が生起し，気分緩和動機が低い場合には気分一致効果が生起する」と考えられる。したがって，ネガティブ感情時でも気分緩和動機を高めることによって，気分一致効果の悪循環を回避し，気分不一致効果を利用できると考えられるだろう。

たしかに，ネガティブ感情時に気分緩和動機が生起しなければ，「ポジティブ記憶の想起」という処理も始発されず，気分不一致効果は生じないだろう。したがって，気分緩和動機は気分不一致効果の始発点を提供するものと考えられる。しかし，気分緩和動機の有無だけで「気分一致効果が生起するのか，気分不一致効果が生起するのか」が決まっている訳ではあるまい。どんなに強く「ネガティブ感情を緩和しよう」と願っても，気分一致効果による悪循環から逃れられない人もいるのではないだろうか。このことから気分一致効果と気分不一致効果には動機以外の要因も関与していると考えられる。

[2] 自己知識表象と気分一致効果・気分不一致効果

気分一致効果と気分不一致効果を弁別するための要因として，近年，注目を集めているのが自己知識表象（self-knowledge）の特性である。人は自己に関して，過去経験（例．2年前，大学入試で失敗した）や自己に関する抽象的な事実（例．私は優しい人だ）など，膨大な知識を持っている。こうした自己知識は複数の自己側面（self-aspect）に分かれて保持されていると考えられている（Linville, 1985, 1987）。側面とは「学生としての自分」「夫としての自分」など，自己の直面する状況に対応しており，各側面には該当する自己知識が保持されている。さらに，これらの側面は常に活性化している訳ではなく，状況ごとに対応する側面のみが活性化すると考えられている（Markus & Wurf, 1987）。

こうした自己知識の多面性に基づくと，自己知識の中でも，状況に対応する側面（状況関連側面）は活性化されており，感情とも関連付けられやすいのに対して，状況と無関連な側面（状況無関連側面）はそもそも活性化していないため，感情との関連づけも生じにくいと考えられる。たとえば，試験に失敗してネガティブ感情を喚起された場合には，「勉強に関する自己側面」は感情とも関連づけられやすいと考えられる。一方，「友人関係に関する自己側面」は，「試験の失敗」という状況との関連も弱いため，感情の影響を受けにくいのではないだろうか。このように，自己知識のすべての側面が同じように感情の影響を受けるわけではなく，状況関連側面のみが感情の影響を受けやすいと考えられる。

以上より，気分一致効果と気分不一致効果は「状況関連側面から記憶を想起するか，状況無関連側面から記憶を想起するか」によって規定されていると考

えられる。具体的には，状況関連側面は感情の影響を受けているため，気分一致記憶の活性化が高まっており，気分不一致記憶は抑制されていると考えられる。そのため，どんなに強い気分緩和動機を持っていても，状況関連側面から気分不一致記憶を想起するのは難しく，気分一致効果が生起しやすいと予想される。それに対して，状況無関連側面は感情の影響を受けにくく，気分緩和動機も機能しやすいと考えられる。その結果，状況無関連側面から記憶を想起する場合には，気分不一致効果が見られやすいと予想される（図5.2）。

榊（Sakaki, in press）は，大学生を対象にしてこの点を検討した。まず参加者の感情状態を誘導するため，学力テストを実施した。このとき，ニュートラル条件では，小学校低学年レベルの非常に容易なテストを実施した。従来の研究で，極端に容易なテストを行った場合には，ほとんど感情状態が変化しないことが示されている（Sakaki, 2004）。テストに対する感情反応を避けるため，ニュートラル条件ではこうした難易度の低いテストを行った。一方，ネガティ

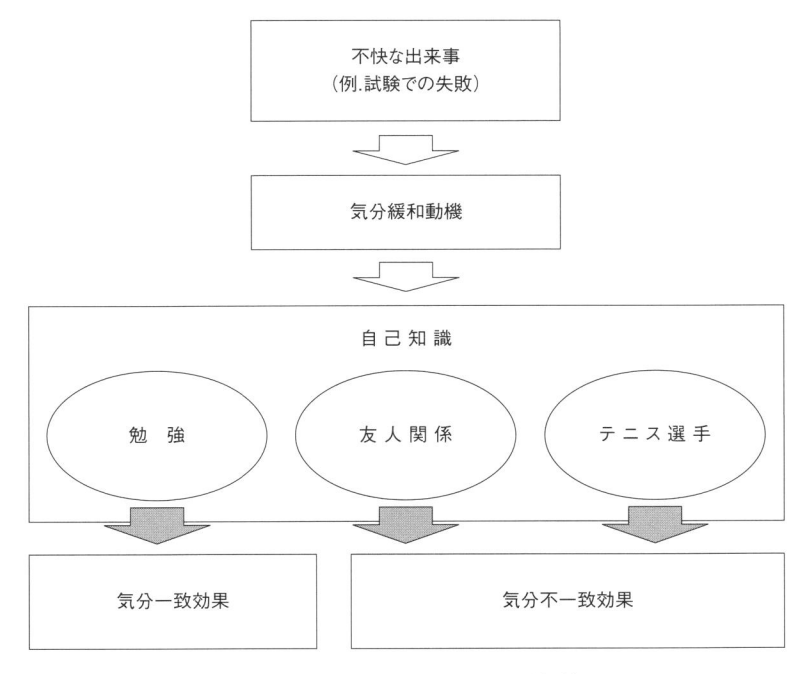

図5.2 自己知識表象が気分一致効果・気分不一致効果に及ぼす影響(sakaki, in pressより改変)

ブ条件では,テストの失敗を体験させ,ネガティブ感情を喚起させた。具体的には,極端に難しいテストを実施し,テスト終了後に悪い成績を返した。

次に,手がかり語に関連する過去の経験を4分間想起させた。このとき,半数の参加者には「勉強」という手がかり語を呈示し,テストでの失敗と関連する「勉強に関する自己側面」から記憶を想起させた(状況関連側面条件)。一方,残りの半数の参加者には,「友人」という手がかり語を呈示し,テストでの失敗との関連が弱い「友人関係に関する自己側面」から記憶を想起させた(状況無関連側面条件)。

その結果,状況関連側面から記憶を想起した場合には,ニュートラル感情時より,ネガティブ感情時の方がたくさんのネガティブ記憶を想起することが示された。すなわち,気分一致効果が認められた。それに対して,状況無関連側面から記憶を想起した場合には,ニュートラル感情時より,ネガティブ感情時の方がネガティブ記憶の想起量が少なく,気分不一致効果が確認された(図5.3)。このことから,「状況関連側面から記憶を想起するか,状況無関連側面から記憶を想起するか」によって,気分一致効果と気分不一致効果が規定されていると言えるだろう。

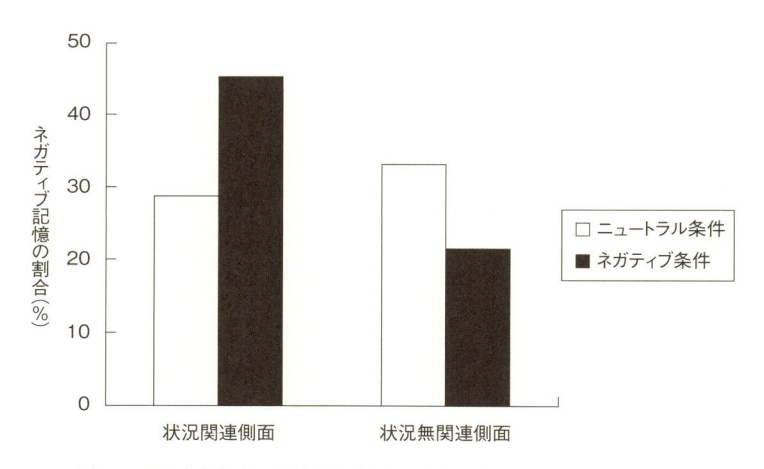

図5.3 記憶を想起する自己側面が気分一致効果・気分不一致効果に及ぼす影響(Sakaki, in pressより改変)
縦軸は,想起された記憶のうち,ネガティブ記憶の占める割合を表している。

[3] 自己知識の構造の個人差と気分不一致効果

　上述の研究では，状況関連側面では気分一致効果が生起しやすく，状況無関連側面では気分不一致効果が生起しやすいことが示された。ただし，各個人の自己知識には，二つの個人差が想定できる（Linville, 1985, 1987）。

　第一に，自己知識の側面の数が挙げられる。具体的には，自己知識が少数の側面で構成されている人もいれば，多くの側面で構成されている人もいるだろう。そして，自己知識が少数の側面で構成されている場合には，状況関連側面が自己知識の中で大きな割合を占めてしまうと考えられる。その結果，状況無関連側面の占める割合が少なくなり，気分不一致記憶を検索するのも難しいと予想される。一方，自己知識が多くの分化した側面で構成されている場合には，状況関連側面は多数の側面の中の一つに過ぎない。状況無関連側面が数多く存在するため，気分不一致効果も生起しやすいと考えられる。

　第二に，側面間の分化度にも個人差が想定できる。具体的には，自己知識の側面が互いに明確に分化されている人もいれば，側面が互いに未分化な人もいるのではないだろうか。そして，自己知識の側面が未分化な場合には，状況関連側面が感情の影響を受けると，状況無関連側面にまで感情の影響が広がってしまうと考えられる。その結果，状況無関連側面にアクセスしても気分不一致記憶を検索するのは困難になると予想される。一方，自己知識の側面が明確に分化されている場合には，状況関連側面が感情の影響を受けても，こうした感情の影響は他の側面に波及しにくいと考えられる。そのため，状況無関連側面を利用することで気分不一致記憶も比較的容易に想起できると予想される。

　以上より，自己知識の構造の個人差が気分不一致効果に影響を与えていると考えられる。そして，自己知識が多くの分化した側面で構成されている場合には気分不一致効果が生起しやすいのに対して，自己知識が少数の未分化な側面で構成されている場合には気分不一致効果が生起しにくいと考えられるだろう。

　この点について，榊（2004）は自己複雑性（self-complexity）を利用して検討を行った。自己複雑性とは，自己知識の構造の個人差を表す概念である。自己複雑性が高い人ほど，自己知識が多くの分化した側面で構成されているとみなされる。一方，自己複雑性が低い人は自己知識が少数の未分化な側面で構成

されていると考えられている（Linville, 1985, 1987）。こうした自己複雑性と気分不一致効果の関連を検討したところ，自己複雑性が高い人は，ニュートラル感情時よりネガティブ感情時の方がポジティブな記憶を想起しているのに対して，自己複雑性が低い人は，ニュートラル感情時より，ネガティブ感情時の方がネガティブな記憶を想起していることが示された（図5.4）。このことから，自己複雑性が高い人ほど，気分不一致効果を利用できると言えるだろう。

[4] 気分不一致効果を感情制御に利用するために

従来の研究では，気分緩和動機が気分不一致効果を促進するとみなされてきた。しかし，気分緩和動機だけで気分不一致効果が可能になる訳ではない。上述の研究から，以下の二つの点も重要だと考えられる。第一に，状況無関連側面に注意を向けることが挙げられる。感情を経験している際に，状況関連側面から記憶を想起しようとしても，気分一致記憶ばかりが想起されてしまう。状況無関連な自己側面に注意を向けることで，気分不一致効果が生起しやすくなり，感情制御も促進されると言えるだろう。

第二に，自己複雑性を高めることが挙げられる。自己知識が少数の側面で構

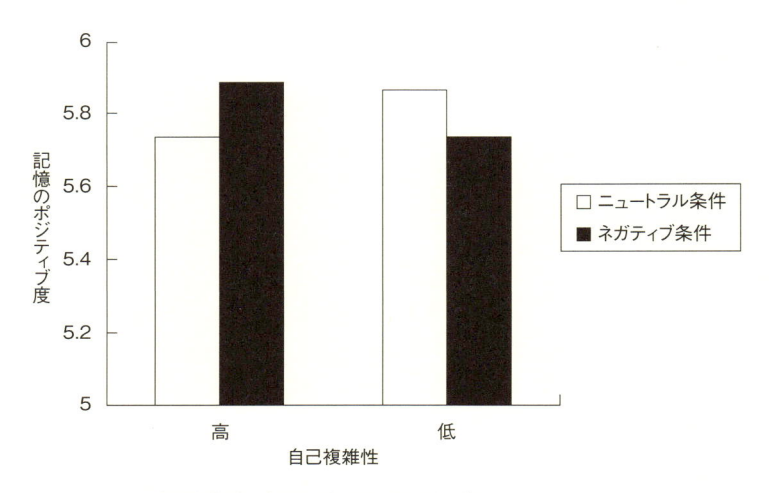

図5.4 自己複雑性が気分一致効果に及ぼす影響(Sakaki, 2004より改変)
縦軸は，想起された記憶のヴェイレンス評定値(7件法)を表している。
値が高いほどポジティブな記憶が想起されたことを意味する。

成されている場合には，状況無関連側面にアクセスするのは難しいと考えられる。また，側面が未分化な場合には，状況無関連側面にも感情の影響が波及してしまう恐れがある。したがって，気分不一致効果を感情制御に利用するためには，自己複雑性を高めることも必要だと言える。具体的には，(1) 自己のあり方を多様化させ自己側面の数を増やすこと，(2) 側面ごとに自己のあり方を大きく変えることで側面間の分化度を高めることが重要だと考えられる。

5. 今後の課題・展望

　感情は主観的なもので，客観的に捉えるのが難しい。こうした主観性ゆえに，長い間，記憶研究では，感情は誤差要因として排除されてきた。しかし，人は日常生活の中で様々な感情状態を経験しており，感情を一切排除した生活は想像しがたい。したがって，感情の影響を含めた上で記憶を検討することこそが，人の記憶のメカニズムや性質を理解することにつながると考えられる。しかし，これまでの感情と記憶の研究は，感情と記憶の相互作用の全体像を明らかにするには至っていない。その原因として，以下の三点が考えられる。
　第一に，感情の扱い方の問題が挙げられる。人の感情には，怒り・恐れ・喜び・安心などさまざまなものが含まれている。従来の研究では，これらの感情がいずれも活性化拡散や気分緩和動機といった共通のメカニズムを介して，記憶の想起に影響を与えると考えられてきた。しかし，人の感情は一枚岩のものではない。第1章で述べたように，感情はヴェイレンスと喚起という2次元で捉えられるものである（図5.5; Russell & Carroll, 1999）。ヴェイレンスとは，感情のポジティブ−ネガティブの区別を表す次元である。一方，喚起とは感情に伴う身体的・認知的覚醒を表す次元である。そして近年の神経科学的研究では，ヴェイレンスと喚起には異なる脳部位が関与しており（Anderson et al., 2003; Anderson & Sobel, 2003），それぞれが異なるメカニズムで記憶に影響を与えていることが明らかにされている（Kensinger & Corkin, 2004）。さらに，ポジティブ感情が記憶に及ぼす影響は，ネガティブ感情のそれとは異なる可能性も指摘されている（Ashby et al., 1999）。したがって，さまざまな感情をひとまとめに

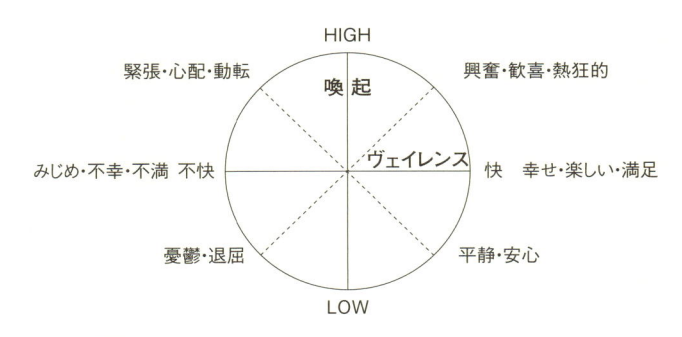

図5.5 感情の2次元モデル(Russell & Carroll, 1999を改変)

して記憶への影響を検討している限り，感情と記憶の関連の全体像の解明には至らないと考えられる。今後の研究では，感情に関してより精緻な考察を行い，記憶への影響を検討する必要があるだろう。

　第二に，感情固有のプロセスの解明が挙げられる。近年の神経科学的研究では，意味記憶のような非感情的記憶には海馬や側頭葉皮質が関与しているのに対して，感情的記憶には扁桃体が関与していることが示され，両者は異なるメカニズムに担われていることが指摘されている（Cahill et al., 1996）。それに対して，感情と記憶の心理学研究では，主に感情ネットワークモデル（Bower, 1981）に基づいて研究が進められてきた。上述のように，感情ネットワークモデルは意味記憶の活性化拡散モデルを発展させたもので，意味記憶と感情的記憶を同じ原理で扱おうとするものである。したがって，感情ネットワークモデルのみに依存していると，感情的記憶の固有性を見落としてしまう恐れがある。今後の研究では，扁桃体の特性や機能を手がかりにして，感情的記憶固有のプロセスを解明する必要があるだろう。

　さらに，これまでの感情と記憶の研究では，「感情が記憶にどのような影響を与えるのか」という観点で研究が進められてきた。しかし，感情と記憶の関連は，「感情から記憶へ」という一方向の矢印のみで捉えられるものではない。「記憶から感情へ」という逆の影響関係も存在すると考えられる。たとえば，人の感情には恐怖，喜び，怒りなどの基本的な感情だけでなく，誇らしさ，恥ずかしさ，嫉妬といった高次の社会的な感情も経験する。前者は基本感情（basic emotion) と呼ばれ，通文化的で，生得的なものと考えられている（Ekman, 1999）。それに対して，高次の社会的な感情は生得的なものではなく，学習により後天的に獲得されるものと考えられている（Buck, 1999）。感情の個体発達のプロセスや自閉症のような感情疾患を理解するためにも，こうした社会的感情の獲得過程を検討することが必要であろう。

引用・参考文献

Abe, K. (2001). Modulation of hippocampal long-term potentiation by the amygdala: A synaptic mechanism linking emotion and memory. *Japanese Journal of Pharmacology*, **86**, 18-22.

Anderson, A. (2005). Affective influences on the attentional dynamics supporting awareness. *Journal of Experimental Psychology: General*, **134**, 258-281.

Anderson, A. K., Christoff, K., Stappen, I., Panitz, D., Ghahremani, D. G., Glover, G. et al. (2003). Dissociated neural representastions of intensity and valence in human olfaction. *Nature Neuroscience*, **6**, 196-202.

Anderson, A. K., & Sobel, N. (2003). Dissociating intensity from valence as sensory inputs to emotion. *Neuron*, **39**, 581-583.

Ashby, F. G., Isen, A. M., & Turken, A. U. (1999). A neuropsychological theory of positive affect and its influence on cognition. *Psychological Review*, **106**, 529-550.

Berkowitz, L., & Troccoli, B. T. (1990). Feelings, direction of attention, and expressed evaluations of others. *Cognition and Emotion*, **4**, 305-325.

Berntsen, D. (2002). Tunnel memories for autobiographical events: Central details are remembered more frequently from shocking than from happy experiences. *Memory and Cognition*, **30**, 1010-1020.

Blaney, P. H. (1986). Affect and memory: A review. *Psychological Bulletin*, **99**, 229-246.

Boden, J. M., & Baumeister, R. F. (1997). Repressive coping: Distraction using pleasant thoughts and memories. *Journal of Personality and Social Psychology*, **73**, 45-62.

Bower, G. H. (1981). Mood and memory. *American Psychologist*, **36**, 129-148.

Bower, G. H., & Forgas, J. P. (2001). Mood and social memory. In J. P. Forgas (Ed.), *Handbook of affect and social cognition*. Mahwah: Lawrence. pp. 95-120.

Buck, R. (1999). The biological affects: A typology. *Psychological Review*, **106**, 301-336.

Cahill, L., Haier, R. J., Fallon, J., Alkire, M. T., Tang, C., Keator, D. et al. (1996). Amygdala activity at encoding correlated with long term, free recall of emotional information. *Proceedings of the National Academy of Sciences*, **23**, 8016-8021.

Christianson, S., & Engelberg, E. (1999). Organization of emotional memories. In T. Dalgleish & M. J. Power (Eds.), *Handbook of Cognition and Emotion*, Chichester, Wiley. pp. 211-228.

Collins, A. M., & Loftus, E. F. (1975). A spreading activation theory of semantic processing.

Psychological Review, **55**, 769-779.
Conway, M. A., & Pleydell-Pearce, C. W. (2000). The construction of autobiographical memories in the self-memory system. *Psychological Review*, **107**, 261-288.
Dodgson, P. G., & Wood, J. V. (1998). Self-esteem and the cognitive accessibility of strengths and weaknesses after failure. *Journal of Personality and Social Psychology*, **75**, 178-197.
Dolan, R. J. (2002). Emotion, cognition, and behavior. *Science*, **298**, 1191-1194.
Ehrlichman, H., & Halpern, J. N. (1988). Affect and memory: Effects of pleasant and unpleasant odors on retrieval of happy and unhappy memories. *Journal of Personality and Social Psychology*, **55**, 769-779.
Ekman, P. (1999). Basic emotions. In T. Dalgleish & M. J. Power (Eds.), *Handbook of cognition and emotion*. Chichester: Wiley. pp. 45-60.
Erber, M. W., & Erber, R. (2001). The role of motivated social cognition in the regulation of affective states. In J. P. Forgas (Ed.), *Handbook of affect and social cognition*.Mahwah: Lawrence.
Erber, R., & Erber, M. W. (1994). Beyond mood and social judgment: Mood incongruent recall and mood regulation. *European Journal of Social Psychology*, **24**, 79-88.
Forgas, J. P., (1995). Mood and judgment: The affect infusion model (AIM). *Psychological Bulletin*, **117**, 39-66.
Forgas, J. P., & Ciarrochi, J. V. (2002). On managing moods: Evidence for the role of homeostatic cognitive strategies in affect regulation. *Personality and Social Psychology Bulletin*, **28**, 336-345.
Heimpel, S. A., Wood, J. V., Marshall, M. A., & Brown, J. D. (2002). Do people with low self-esteem really want to feel better? Self-esteem differences in motivation to repair negative moods. *Journal of Personality and Social Psychology*, **82**, 128-147.
Heuer, F., & Reisberg, D. (1990). Vivid memories of emotional events: the acuracy of remembered minutiae. *Memory and Cognition*, **18**, 496-506.
稲葉　緑・大平英樹（2003）．情動的刺激に対する選択的注意が高不安者の再認記憶に及ぼす影響　心理学研究．**74**, 320-326.
伊藤美加（2000）．気分一致効果を巡る諸問題―気分状態と感情特性―　心理学評論．**43**, 368-386.
Josephson, B. R., Singer, J. A., & Salovey, P. (1996). Mood regulation and memory: Repairing sad moods with happy memories. *Cognition & Emotion*, **10**, 437-444.
Kensinger, E. A., & Corkin, S. (2004). Two routs to emotional memory: Distinct neural processes for valence and arousal. *Proceedings of the National Academy of Science*, **101**, 3310-3315.
LeDoux, J. E. (1996). *The emotional brain: The mysterious underpinnings of emotional life*. New York: Simon & Schuster.
　　　（松本　元ほか（訳）（2003）．エモーショナル・ブレイン―情動の脳科学―　東京大学出版会）
Linville, P. W. (1985). Self-complexity and affective extremity: Don't put all of your eggs in

one cognitive basket. *Social Cognition*, **3**, 94-120.

Linville, P. W. (1987). Self-complexity as cognitive buffer against stress-related illness and depression. *Journal of Personality and Social Psychology*, **52**, 663-376.

Markus, H., & Wurf, E. (1987). The dynamic self-concept: A social psychological perspective. *Annual Review of Psychology*, **38**, 299-337.

Neisser, U. (1982). Flashbulb memories. In U. Neisser (Ed.), *Memory observed: Remembering in natural contexts*. E. H. Freeman.
（富田達彦（訳） 観察された記憶 上・下 誠信書房）

Ochsner, K. N., & Schacter, D. L. (2003). Remembering emotional events: A social cognitive neuroscience approach. In R. J. Davidson, K. R. Scherer, & H. H. Goldsmith (Eds.), *Handbook of affective science*, Oxford, New York.

Parrott, W. G., & Sabini, J. (1990). Mood and memory under natural conditions: Evidence for mood incongruent recall. *Journal of Personality and Social Psychology*, **59**, 321-336.

Russell, J. A., & Carroll, J. M. (1999). On the bipolarity of positive and negative affect. *Psychological Bulletin*, **125**, 3-30.

Rusting, C. L. (1998). Personality, mood, and cognitive processing of emotional information: Three conceptual frameworks. *Psychological Bulletin*, **124**, 165-196.

Rusting, C. L., & DeHart, T. (2000). Retrieving positive memories to regulate negative mood: Consequences for mood-congruent memory. *Journal of Personality and Social Psychology*, **78**, 737-752.

Sakaki, M. (2004). Effects of self-complexity on mood-incongruent recall. *Japanese Psychological Research*, **46**, 127-134.

Sakaki, M. (in press). Mood and recall of autobiographical memory: The effect of focus of self-knowledge. *Journal of Personality*.

Sanna, L. J., Turley-Ames, K. J., & Meier, S. (1999). Mood, self-esteem, and simulated alternatives: Thought-provoking affective influences on counterfactual direction. *Journal of Personality and Social Psychology*, **76**, 543-558.

Smith, S. M., & Petty, R. E. (1995). Personality moderators of mood congruency effects on cognition: The role of self-esteem and negative mood regulation. *Journal of Personality and Social Psychology*, **68**, 1092-1107.

谷口高士（1991）． 認知における気分一致効果と気分状態依存効果 心理学評論, **34**, 319-344.

Taylor, S. E. (1991). Asymmetrical effects of positive and negative events: The mobilization-minimization hypothesis. *Psychological Bulletin*, **110**, 67-85.

van der Kolk, B. A., & Fisler, R. (1995). Dissociation and the fragmentary nature of traumatic memories: Overview and exploratory study. *Journal of Traumatic Stress*, **8**, 505-525.

6
感情と自動的過程

　認知や行動は感情状態からさまざまな影響を受けている（Bless & Forgas, 2000）。しかし，人は感情を主体的に選んだり，計算して生じさせたりしているわけではない。むしろ，感情とは「自然に生じる」ものである。しかし，それでは感情はどのように生じるのだろうか，また，人は自らの感情をどの程度把握できているだろうかといった疑問が生じる。

　本章では，感情の自動的な側面に焦点をあて，自動的過程と感情との関わりについて解説する。まず，感情の生起において自動的過程が果たす役割について論じる。続いて，目標に基づいて適切な行動を促進する感情の行動先導機能について論じる。最後に，自動的過程と対を成す統制的過程が感情に果たす役割についてまとめる。

1. 感情の自動的過程

[1] 感情生成における非意識的な過程

　過去10年間において，感情が情報処理に及ぼす影響については，目覚しい研究の進展が見られ，感情の影響を説明する理論が次々に提唱されてきた（詳細は第2章）。

　中でも，シュワルツら（Schwarz, 1990; Schwarz & Bohner, 1996; Schwarz & Clore, 1996）による感情情報説（affect as information）は，気分の機能的側面を強調した説であり，感情研究に大きな流れを作った。この理論の基本前提は，感情状態は，環境が安全かどうか，危険はないか，その良し悪しを伝えるシグ

ナルとして働くというものである。ポジティブ気分は，環境に危険がないことを伝えるシグナルとして機能し，認知的努力の必要がないヒューリスティックな処理方略を促進する (Bless et al., 1990; Bodenhausen et al., 1994)。対照的に，ネガティブ気分は，環境内に問題が存在することのシグナルとなり，その問題に対応可能な，分析的で，慎重な情報処理スタイルを促進するのだという（詳細は第2章参照）。このような，感情がシグナルとして機能する過程には，少なくとも二つの段階が想定されている。すなわち，現行の環境の状態が適切かつ効率的にモニタリングされる段階と，その情報に基づいて情報処理方略を選択する段階である。

しかし，実際には，われわれはこのような環境のモニタリングを行っていることを自覚していない。また，このような過程を通じて形成された感情を，自らの行動を適切に導くための情報として利用していることも，やはりわれわれは自覚していない（同様の議論は Wilson & Brekke, 1994）。

このように，感情の生起，影響，機能を理解するためには，当事者に意識される統制的過程だけではなく，意識されない自動的過程の働きを考慮していく必要がある（たとえば，北村，2002, 2003）。

[2] 自動的過程とは何か？

近年の心理学研究の流れの一つに，判断や行動の自動的な生起や遂行に焦点を当てた研究が挙げられる。これらの研究では，人は意識的で合理的な判断に基づいて行動するという旧来の人間観と反して，人は基礎処理だけでなく，高次な社会的情報処理をも，無意識的な過程を通じて行うという新しい人間観が前面に打ち出されている。これまでの研究において，注意や符号化（たとえば，Shiffrin & Schneider, 1977)，記憶の使用（たとえば，Schacter, 1987）といった比較的低次の心的過程だけでなく，説得と態度変容 (Chaiken, 1980)，社会的知覚と判断（たとえば，Bargh & Chartrand, 1999)，原因帰属（たとえば，Gilbert, 1989）など，多くの社会的判断が当人に意識されずに生じることが示されてきた。

このような，無意図的・無意識的に生じる自動的過程の影響の検討は，対人印象形成，ステレオタイプ研究などに次々に応用され，社会行動研究における

「オートマティシティ革命」と呼ばれるまでに大きなインパクトを与えている（Bargh, 1997; Bargh & Chartrand, 1999; 池上，2001）。

自動的過程とは，自覚なしに生じ（無自覚性），生じさせようする意図なしに生じ（非意図性），心的資源や努力をほとんど必要とせず（努力不要性），また，その発動や影響のコントロールが困難（統制不可能性）であるという特徴を持つ過程を指す（Bargh, 1990；詳細は，池上；2001，森・木村，2004 参照）。

自動的過程の四つの特徴をすべて満たす反応は少ないが，これらの特徴を一つも持たないという反応もまた少ない。よって，異なる種類の自動的過程は，これらの基準を異なる程度に満たすと考えるのが良い。自動的過程とは逆に，当人に自覚され，意図され，努力を要し，コントロールされる反応は，一般に統制的過程の所産と考えられている。

このような自動的過程の働きは，効率のよい社会生活を可能にする。統制的過程によって意識的に行為や判断を行うと，心的資源が消費され，すぐに能率が低下するが（Baumeister et al., 1998; Muraven et al., 1998），幸いなことに，人は多くの行動や思考を自動的に行うことで資源の消費を抑えることができる。たとえば，運転やピアノ演奏が反復学習によって自動化されるように（Newell & Rosenbloom, 1981; Smith & Lerner, 1986），複雑な社会行為である思考や情報処理の様式も自動化され，ほとんど資源を必要としなくなる（同様の議論は，Shiffrin & Schneider, 1977）。

このような処理の自動化の特徴は，感情の成立においても重要な意味を持つ。人は刺激がポジティブかネガティブかという原始的な評価の判断を自動的に行う過程を生得的に備えているが（Duckworth et al., 2002），それに加えて，人は日常的に自らの置かれた複雑な社会環境を絶え間なくモニタリングしており，それゆえ，当人は自覚せずとも複雑な環境を自動的に評価する能力を発達させているのだ。

このように，感情の性質や機能を理解するためには，自動的過程と統制的過程の二つの心的作用の働きを考えていく必要がある。次節では，感情の生起に自動的な過程が果たす役割を示す研究知見について概観していく。

2. 自動評価と感情の生起

　自動的過程の研究が浸透する以前は，意識的選択と熟慮が，対象の良し悪しを評価する際に重要な役割を果たすと暗黙の内に想定されてきた。たとえば，態度形成や評価過程を扱う多くの理論では，人は対象のポジティブな特徴とネガティブな特徴の重みづけを見積もり，合理的な分析の結果に基づいて，どのように感じるかを決定すると暗に想定されてきた（たとえば，Ajzen & Fishbein, 1980）。

　しかし，現在では多くの研究が，評価的情報の活性化は，即座に，意図や自覚すらなしに生じていることを示している。たとえば，バージら（1992）は，評価的判断の自動的側面を，感情プライミングと呼ばれる方法で検討している。感情プライミングでは，刺激語を呈示（プライミング）した直後に，短い時間間隔で提示されるターゲット語に対する反応時間が測定される。プライミングされた刺激語とターゲット語のヴェイレンスが一致している（たとえば，ポジティブとポジティブ）場合には反応が促進され，不一致である（たとえば，ポジティブとネガティブ）場合には反応が阻害される。

　彼らの研究をはじめとし，多くの研究が，刺激がポジティブかネガティブかという次元での評価は，その対象が複雑な刺激（たとえば，単語，顔，写真，香り）であっても，接触から 250ms 以内に完了することを示している（たとえば，Bargh et al., 1996; Fazio et al., 1986; Glaser & Banaji, 1999）。このような短い時間間隔では，意識的で意図的な思考を要する統制的な評価的判断を行うことは不可能である。よって，これらの研究は，評価的判断が自動的に生じていることを示している。

　また，ガードナーら（Gardner et al., 2002）は，意識の有無に関わらず，評価的処理は同様の過程を経ていることを示す，事象関連電位（ERP）による証拠を報告している。非意識的な評価目標の活性化によって，自動評価を行っている間，参加者は意識的な評価時に見られるのと同様の（評価反応に特化して活性化する）脳波帯に反応を示していた。この結果は，人は意識的な評価と同様の評価を，自動的に行っていることを示す証拠の一つと考えられよう。

もちろん，意識的，熟慮的な判断を通じて感情や気分が形成される場合もある。しかし，それよりも早く，対象の知覚に際して最初に活性化されるのは，刺激をポジティブかネガティブかという次元で自動的に判断する評価なのである。

このような自動評価は，われわれの行動や判断にどのように関わっているのだろうか？ 以降では，チャートランド（2003）を参考にし，自動評価が，判断，行動，気分に及ぼす影響を見ていく。

［1］ 自動評価が判断に及ぼす影響

自動的に行われる刺激評価は，知覚者の後続の判断に影響を及ぼす。ファーガソンとバージ（Ferguson & Bargh, 2003）は，ポジティブにもネガティブにも完成可能な語幹完成課題（たとえば，GREE_．GREEN もしくは GREED に完成可能）を用いてこれを検討している。閾下で先行提示された語がポジティブであった場合は，それに適合する方向に（たとえば，GREEN「緑」）に，提示された語がネガティブであった場合は，それに適合する方向に（たとえば，GREED「欲深い」）に，回答の増加が見られた。すなわち，われわれはヴェイレンスのある単語を呈示されると，それが自覚されない閾下での呈示であっても評価しており，後続の刺激の判断に影響することを示している。

他にも，同音異義語（MEAN,「意味」もしくは「意地悪」）の解釈においても，先行するプライムの評価と適合する方向に反応が歪められることが示されており（Ferguson & Bargh, 2003, 実験2），ヴェイレンスが一致する方の概念が記憶内で活性化されることを示唆している。同様に，曖昧な社会的行動文（「モリーは絶対に意見を曲げない」に対する「頑固（stubborn）」もしくは「信念の強い（persistent）」）の解釈は，対象人物の第一印象（たとえば，性別，ステレオタイプ，髪型，服装の評価）と一貫した方向に歪むことも報告されている（Bargh, 1997）。

［2］ 自動評価が行動に及ぼす影響

評価はその対象への行動傾向（接近・回避）と関連している。たとえば，ポジティブな対象に対してはレバーを手前に引き寄せ（接近的な反応），ネガティ

ブな対象に対してはレバーを奥に押しやる（回避的な反応）ように求めると，逆にポジティブな対象に回避反応，ネガティブな対象に接近反応を求めた場合よりも素早く反応できることが示されている（Solarz, 1960）。チェンとバージ（Chen & Bargh, 1990）は，このような評価と行動の関係は自動的であることを示している。

彼女らは，コンピューター画面上にポジティブな単語やネガティブな単語を連続で呈示し，半数の参加者には単語が呈示されたら即座にレバーを引き寄せることで反応するように求め，半数の参加者にはレバーを押しやることで反応するように求めた。このような，刺激の評価や反応の示唆する行動傾向が意識されることのない実験手続きにおいても，ポジティブ単語は自動的に接近傾向を，ネガティブ単語は回避傾向を活性化させることが示された。すなわち，ポジティブ（またはネガティブ）な単語はポジティブ（またはネガティブ）な自動評価を生じさせ，自動的に引き寄せる反応を促進（または阻害）し，押しやる反応を阻害（または促進）していた。

これらの結果から，人は環境内の刺激を自動的に評価しており，そのような自動評価は対応した基礎的な行動の準備性（接近・回避傾向）を自動的に高めるものと考えられる。

[3] 連続的な自動評価の影響

怒り，悲しみといった情動は，比較的対象の原因が明確である一時的な強い感情であり，単一の刺激の評価から喚起されることが多い。対して，気分（ムード）は，比較的持続的で，認知の背景にあるような弱い感情状態であり，環境に対する全体的な，比較的遅い拡散的な反応と考えられている（第1章参照）。複数の環境刺激に比較的長時間接触した場合には，個々の対象のヴェイレンスの連続的な活性化によって，現在の状況の全体的な安全性を反映した感情反応が生じると考えられる。

チャートランドら（2006）の研究では，自動評価は特定の刺激への直接的な反応を促進するだけではなく，同じヴェイレンスの刺激の繰り返し評価は，気分状態に影響し，後の情報処理に影響することが示されている。参加者は，一連の刺激を続けざまに呈示される。すると，その大部分がポジティブな刺激で

あった場合には，知らず知らずのうちに気分がポジティブに向上していた。逆に，大部分がネガティブであった場合には，気分がネガティブに悪化していた。このように，人は環境内の複数の対象の絶え間ないモニタリングと評価を通じて，状況が危険か安全かを伝える気分を生じさせている。このようにして人は，意識的思考なしに，環境に対して迅速に反応することができるのだろう。

3. 自動評価の行動先導機能

　感情や思考の究極的な機能は，適応的な行動の準備性を高めること，すなわち，個体の生存に有益な行動を先導することにある（たとえば, Allport, 1937; Bruner, 1957; Glenberg, 1997; Kunda, 1987）。

　たとえば，環境刺激を自動的に評価し，接近・回避傾向を導出させる自動評価には，現在の環境に潜む脅威や利益を迅速に検出し，それに応じて適切な行動を生じさせる機能があると考えられる（たとえば, Fazio, 1989; Roskos-Ewoldsen & Fazio, 1992）。つまり，自動評価は，対象を即座に査定することを通じて，それに適した自己制御を可能にする行動先導機能を持つ。

　本節では，自動的に生じる感情の評価がどのようにして個体の目標に即した行動を先導するのかを段階ごとに解説していく。自動評価は目標や信念にもとづいた情報の入力を優先的に行い，それに適した判断や行動の生起をうながす。また，そのようにして生じた行動の結果は，新たな感情反応としてフィードバックされる。

[1] 個人の目標状態や信念を反映した柔軟な自動評価

　次の休みに旅行に行こうと決めると，旅行会社の宣伝が目に付くようになるといったことがある。このように，何かを達成したいという目標ができると，それに関連する情報は顕現的になる。目標状態は目標と一致する知識を促進させるのである（Aarts, 2001; Moskowitz, 2002）。逆に，目標を阻害する可能性のある知識は制止される（Shah et al., 2002）。すなわち，目標状態は目標を促進する情報の検出を促進し，目標を阻害する情報の検出を阻害するような認知的準

備性を高めると考えられる（同様の議論は Gollwitzer, 1999)。

　これは感情とも密接に関係している。たとえば，目標への接近によって得られる利益に関する情報は活性化され易くなる。一方で，目標への接近を妨げるような情報は逆に制止される。このように，目標獲得時の報酬が顕現化され，障害が覆い隠されることで，知覚者は目標への接近に動機づけられる（たとえば，Oikawa, 2006)。感情反応は，目標の充足を促す対象に行為者を接近させるように調整されるのだ。

　特定の対象がどの程度望ましいかは，時と場合によって大きく変動する。知覚者の必要に応じて，対象の目標関連性は変わっていくためだ（たとえば，Brendl & Higgins, 1996; Lazarus, 1991; Shah & Higgins, 2001)。目標追求中は非常にポジティブに望ましく評価される対象も，目標が獲得されてしまうとその望ましさを失ってしまう。たとえば，コップ一杯の水は，喉がカラカラに渇いているときには魅力的であると評価されるが，一旦渇きが潤ってしまえば，その魅力は大きく減退する（Loewenstein, 1996)。対象の自動評価は，その対象の目標関連性の変化に応じて敏感に変化するのである。

　環境の自動評価には，当事者が持つ一時的な目標状態だけではなく，慢性的な個人的信念も反映されている。たとえば，及川（2005, 実験1）は，同じ達成目標が活性化されていても，個人が持つ慢性的な信念によって，その達成目標が気分に及ぼす影響が異なることを示している（図6.1)。この研究では，半数の参加者に，乱文構成課題を用いたプライミングによって課題の達成を動機づけている。乱文再構成課題とは，五つの単語のうち四つを選んで文法上適切な文章を構成することにより，その影響や操作の意図を自覚させずに概念の接近可能性を高めることができる課題である。

　達成を動機づけられた参加者は，個人的に持つ学習への信念に関わらず，統制群よりも後続課題において高い遂行を示した。しかし，達成目標の気分への影響は，個人が持つ学習への信念（Dweek & Leggett, 1988）に応じて異なっていた。能力は生得的に決定されており，変化しないという実体的知能観を持つ者においては，達成が動機づけられると，他者からの高い評価を保つことを目的とする遂行目標が生じ，ネガティブ気分が促進されていた。一方，能力は努力によって向上するといった増加的知能観を持つ者においては，達成を動機

3. 自動評価の行動先導機能 *121*

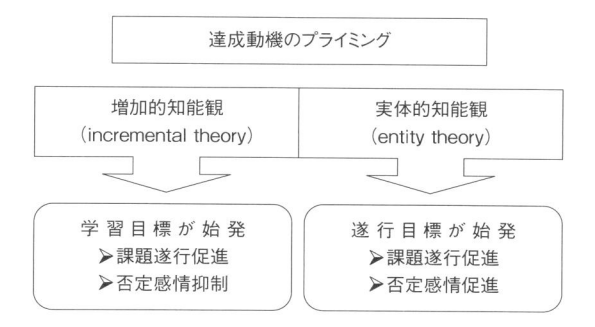

```
           ┌─────────────────┐
           │ 達成動機のプライミング │
           └─────────────────┘
              ↙          ↘
    ┌──────────────┐  ┌──────────────┐
    │  増加的知能観   │  │  実体的知能観   │
    │(incremental  │  │ (entity theory)│
    │   theory)    │  │              │
    └──────────────┘  └──────────────┘
         ↓                  ↓
  ┌──────────────┐    ┌──────────────┐
  │ 学習目標が始発  │    │ 遂行目標が始発  │
  │ ➤課題遂行促進  │    │ ➤課題遂行促進  │
  │ ➤否定感情抑制  │    │ ➤否定感情促進  │
  └──────────────┘    └──────────────┘
```

図6.1　及川(2005実験1)知能観による達成動機のプライミングの調整

づけられると，自分のスキルを伸ばそうとする学習目標が生じ，ネガティブ気分が抑制されていた。すなわち，この実験の結果は，課題達成を動機づけられた状況においては，当事者が認識していないにもかかわらず，実体的知能観の信念を持つ者には，ネガティブな気分が，増加的知能観の信念を持つ者には，相対的にポジティブな気分が生じることを示しているのである。個人の持つ信念が，達成目標のヴェイレンスを自動的に調整していたと考えられよう。

このように自動評価が極めて柔軟に目標状態にそった情報の入力をうながしたり，逆に阻害したりすることは，評価的情報フィルター機能と呼ばれ，多くの研究者の注目を集めている（たとえば，Glenberg, 1997）。

[2] 自動評価の動機づけ効果

強い感情経験は，しばしば判断や行動を自動的に動機づけることがある。たとえば，自尊心脅威といった個体にとってきわめて不快な感情状態は，その状態からの回復をさまざまな形で動機づける。

スペンサーら（Spencer et al., 1998, 実験3）は，白人参加者にポジティブあるいはネガティブな虚偽の知能テストのフィードバックを与えることで感情状態を導出した。その後，黒人あるいは白人の描画を閾下で提示し，ステレオタイプの活性化を測定した。

ステレオタイプの活性化は，高い認知負荷状況下では生じ難いことが示されている（Gilbert & Hixon, 1991; Spencer et al., 1998, 実験2）。しかし，ネガティブフィードバックによって自尊心に脅威を受けた白人参加者においては，高い

認知負荷状況下であっても，黒人の描画の閾下呈示は黒人に対するネガティブなステレオタイプを活性化させていた。すなわち，自尊心脅威によって生じたネガティブな感情状態は，自尊心の回復を動機づけ，外集団である黒人を貶めるようなステレオタイプの活性化を生じさせたのである。

このように，感情と動機づけは密接な関係にある。感情には，目標状態によって調整されるだけではなく，逆に評価や行動を動機づける性質もある。どちらの方向の現象も，当事者の自覚なしに自動的に生じることが示されている。この点についてバージは，動機づけは他の社会的構成概念（たとえば，態度，ステレオタイプ，スキーマ）と同様に，記憶内に概念化されて表象されているとする自動動機論を展開している（Bargh, 1990）。関連する環境手がかりとの接触によって自動的に活性化される，態度，ステレオタイプ，スキーマなどの心的表象と同様に，動機づけも心的表象としての属性を有していると考えられる。ある目標が特定の社会的状況において一貫して選択（i. e., 活性化）され続けると，その目標表象と状況表象は記憶内で直接的・自動的な連合を形成し，やがて，そのときどきの意識的な意図とは独立して，状況によって目標が自動的に活性化されるようになる。環境内の状況的特徴は，それに慢性的に連合した目標を自動的に誘発し，認知や行動，そして感情を先導するのである。

[3] **自動的な感情フィードバック**

感情は目標追求を支える行動の成否のシグナルとしても重要な役割を果たしている。

成功は気分を向上させ，失敗は気分を悪化させる（たとえば，Atkinson, 1958）ことが知られているが，チャートランドは，目標プライミングパラダイムを用いて，当事者が自覚すらしていない目標追求の成功や失敗も，自動的な感情のフィードバックを生じさせ，後の行動に影響を生じさせることを示した（Chartrand, 2003）。

参加者には，達成目標をプライミングするための乱文構成課題の後，時間調整のためのフィラー課題と称したパズルが与えられた。時間調整が目的であるため，参加者は意識的に努力してパズルを解く必要はなかったと考えられる。参加者の半数には極めて困難なパズル，半数には極めて容易なパズルが与えら

れていたが，すべての参加者はパズルの難易度は中級だと伝えられていた。このような実験手続きによって，失敗または成功経験が操作された。

　すると，達成プライミング群ではパズル課題の期待される難易度に応じて感情や自己評価に変化が見られた。すなわち，期待に反して困難な課題を行った群はネガティブ感情が，期待に反して容易な課題を行った群はポジティブ感情が導出されたのである（Chartrand, 2003, 実験1）。対して，達成プライミングを受けない統制群では，難易度の操作は感情に影響していなかった。

　課題はフィラー課題と伝えられていたにもかかわらず，達成プライミング群において感情や自己評価に変化が見られたことは，達成目標の自動的な活性化，遂行，そしてフィードバックといった一連の過程が自動的に生じたことを示唆している。つまり，参加者は，達成プライミングにより，認識せずとも達成目標を掲げており，それに向かって行動し，そのフィードバックを受けていたということになる。

　後の研究では，非意識的な自己制御が難航している場合の方が，意識的な自己制御が難航している場合に比べて，失敗に対する反応である自己高揚反応がむしろ強くなることや（Cheng & Chartrand, 2003），気分が導出されてもその原因について理解する機会を設けると，感情の効果が消失することも確認されている（Chartrand, 2003）。

　このように，感情は目標追求と密接に関わっている。感情は目標の始発，追求，評価の各段階において目標充足的な行動先導を促進する役割を果たす。これらの過程は，必ずしも当事者の意識的自覚を伴わずに生じているのである。

4. 感情における意識の役割―これからの感情研究に向けて

　ここまでは，感情における自動的過程の役割について論じてきた。感情が判断や行動に影響する際には，その状態が自覚され，意識的に用いられるとした従来の想定（たとえば，Ajzen & Fishbein, 1980）に反して，近年の研究は，感情が生じていることやその源泉，また，その影響についても意識的な自覚は必要ないことを示してきた。

それでは，感情における意識的評価の意義とは何だろうか？　以降では，感情の統制的過程に関する代表的な研究を概観する。これを踏まえて，今後の研究の方向性として感情における自動性と統制性の協働について考える。

［1］ 感情状態の修正

自らの気分状態を報告できていても，その源泉は特定できないことが多い。気分の源泉について尋ねられても，参加者はただそう感じているだけで，なぜそう感じているのかについては，答えに窮することも多い。たとえば，前節で論じた感情プライミング研究の参加者は，プライミングされた感情評価の影響を全く自覚していなかった（Bargh & Chartrand, 2000）。また，感情の原因や源泉が当人にとって不明である場合の方が，その感覚が後の思考や行動に影響する可能性が高まることも確認されている（Chartrand, 2003; Chartrand & Bargh, 2002; Chartrand & Jefferis, 2003）。

そればかりか，気分を生じさせた原因が当人に自覚されると，後の情報処理などへの気分の影響は消えてしまう。シュワルツとクロアーは，気分が判断や生活満足度に及ぼす影響の検討を行い，この点について強調している（Schwarz & Clore, 1983）。参加者は，晴れの日には，雨の日に比べて，よりよい気分と高い生活満足度を報告する傾向にあった。しかし，実験者があらかじめ天気について触れていた条件では，気分や生活満足度の報告の差が認められなかった。このような結果が生じる理由は，人は気分の原因を自覚すると，その影響を意識的に割引こうとするため，結果的に，気分が情報処理に及ぼす影響が消去されてしまうためであると考えられている。

このように，統制的過程は，感情が情報処理に及ぼす影響を修正する過程に関与していると考えられる。つまり，気分が情報処理に影響を及ぼすためには，その原因を自覚していないことが重要な前提となっている。

関連して及川（Oikawa, 2004）は，意識的なモニタリングが自動過程の働きに及ぼす興味深い影響を報告している。この研究において，達成プライミングを受けた参加者は，中性プライミングを受けた統制条件の参加者よりも，後続課題の成績が高まっていた。ところが，達成プライミングに加え，「自分の行いに注意するように」と教示されることで意識的なモニタリングが促された条

件では，課題成績の向上が認められなかった。すなわち，自動的に生じる動機の効果は，意識的制御よりも効率的であり，自動的に行っていたモニタリングが意識されると，かえって効率性が損なわれてしまう可能性があるのだ。

感情研究においては，自己報告によってその状態を測定することも頻繁に行われているが，自己報告を求めることによって自らの感情状態に意識を向かわせることは，感情がその後の情報処理に及ぼす影響の修正を促す可能性がある（Schwarz & Clore, 1983）。よって近年では，意識的自覚を生じさせずに感情状態を導出させる操作や，自己報告以外の感情測定方法などが盛んに考案されてきている（第3章参照）。

このように，自らの感情状態やその源泉への注目は感情状態の経験そのものや，感情状態が情報処理や行動に及ぼす影響を修正するように作用することが知られている。では，このような感情状態の効果を覆すことが，意識的な評価の主要な意義だろうか？　たしかに，環境からの影響を取り消し，バイアスを防ぐことは，重要な機能であると考えられる。

しかし，意識が果たす役割は単に自動的過程の影響を覆すだけではない。意識にはそれとは別に，特有の機能がある。その一つは，意識を必要とする感情の生成である。

[2] 自己意識感情

自己意識感情は，意識的自覚なしでは成立しない感情状態と考えられている（たとえば, Tangney & Fischer, 1995）。自己意識感情とは，エンバラスメント，恥，罪悪感，誇りなどの感情であり，これらの自己意識感情の生起には，行為のモニタリングおよび行為と個人的基準との比較を行う自己覚知が関与している。自己意識感情の経験は，特定の目標，期待，基準の侵害を当人に知らせ，さまざまな自己制御過程を始発させる。つまり，自らが社会的規範，モラルコード，個人的理想などから逸脱した時，それを特有の感情として感じるのである。このような感情の経験は，将来回避すべき行為の当事者自身の手掛かりとなる（第9章）。

また，自己意識感情の外部表出は，社会関係を修繕する重要な社会的信号機能を果たしている。恥や罪悪感の表出は，行為者が社会規範やモラルへコミッ

トしていることを周囲の者に伝える役目を持つ。違反した人物が恥ずかしさを感じているのを見れば，それは，その人物が違反に対して，十分に反省していると周囲の者は解釈するだろう。

これらの機能はどちらも，社会基準に沿って自己を制御する過程に不可欠なものであると考えられる。自動評価だけでは，このような対人文脈における複雑な規範や基準の参照は困難である。現在の社会行動をモニタリングして即座に修正できるのは，統制的過程に与えられた特有の機能の一つであろう。

[3] 長期視野の維持と新たな目標の設定

自動的過程は環境に迅速に反応し，危険があれば警告し，目標志向行動を始動させる。これはたしかに便利であるが，自動的過程の働きは，即時的視点の範囲，すなわち，現在，目の前で生じていることに限られる。自動的過程は，共変性の学習によって発達するため，時間的・空間的に大きくずれた刺激と評価を連合されることは難しい。

対して，意識には，過去を思い出し，それを詳細に分析したり，また，将来何が起こるかを予想して，それに応じた計画を立てたりすることができる。つまり，目の前にないものをシミュレートし，将来の予測や計画をする能力は，統制的過程のもうひとつの特有機能と言えるだろう。時間や空間の制約に縛られない思考が出来ることは，生存に極めて有利に働く（Wilson, 2002, 村田監訳, 2005）。

このように，自動的過程と統制的過程は，それぞれ異なる利点と限界点を持つシステムだ。基礎的な評価，理解，動機，行動システムは，意識的選択や先導なしで作動するが，意識は，目の前にあるものだけでなく，潜在しているさまざまな要因を考慮にいれて計画を立てることができる。つまり，自動的過程と統制的過程は，目標のために互いに補い合う関係にあると言えるだろう。

これらのことを踏まえ，今後の感情研究では，自動的過程と統制的過程の効果的な協働を探っていくことが重要であろう。自動的過程は意識的に行えば多大な努力を要する処理を，意識の外で効率的に行ってくれる極めて便利な機構である。しかし，これだけでは社会生活において十分ではない。自動的過程と統制的過程をより有効に活用して行くためには，いつ自動的過程が十分な役割

を果たし,いつ弊害をもたらすのか,その条件を特定していくことが必要となる。また,何が自動的過程を発展させ,どうすれば自動的過程をより効果的に変更できるのかという問題も,今後の研究によって明らかとなっていくことだろう。

引用・参考文献

Aarts, H., Dijksterhuis, A., & De Vries, P. (2001). The psychology of drinking: Being thirsty and perceptually ready. *British Journal of Psychology*, **92**, 631-642.

Ajzen, I., & Fishbein, M. (1980). *Understanding attitudes and predicting social behavior*. Englewood Cliffs, NJ: Prentice-Hall.

Allport, G. W. (1937). The functional autonomy of motives. *American Journal of Psychology*, **50**, 141-156.

Atkinson, J. W. (1958). Towards experimental analysis of human motivation in terms of motives, expectancies, and incentives. In J. W. Atkinson (Ed.), *Motives in fantasy, action, and society*. New York: Van. Nostrand. pp. 288-305.

Bargh, J. A. (1990). Auto-motives: Preconscious determinants of social interaction. In E. T. Higgins & R. M. Sorrentino (Eds.), *Handbook of Motivation and Cognition Vol. 2*, . New York: Guilford Press. pp. 93-130.

Bargh, J. A. (1997). The automaticity of everyday life. In R. S. Wyer, Jr. (Ed.), *The automaticity of everyday life. Advances in social cognition*,**10**, (pp. 1-61). Mahwah, NJ: Erlbaum.

Bargh, J. A., Chaiken, S., Govender, R., & Pratto, F. (1992). The generality of the automatic attitude activation effect. *Journal of Personality and Social Psychology*, **62**, 893-912.

Bargh, J. A., Chaiken, S., Raymond, P., & Hymes, C. (1996). The automatic evaluation effect: Unconditional automatic attitude activation with a pronunciation task. *Journal of Experimental Social Psychology*, **32**, 185-210.

Bargh, J. A., & Chartrand, T. L. (1999). The unbearable automaticity of being. *American Psychologist*, **54**, 462-479.

Bargh, J. A., & Chartrand, T. L. (2000). The mind in the middle: A practical guide to priming and automaticity research. In H. Reis & C. Judd (Eds.), *Handbook of research methods in social and personality psychology*. Cambridge University Press, New York, NY. pp. 253-285.

Baumeister, R. F., Bratslavsky, E., Muraven, M., & Tice, D. M. (1998). Ego depletion: Is the active self a limited resource? *Journal of Personality and Social Psychology*, **74**, 1252-1265.

Bless, H., & Forgas, J. P. (2000). *The message within: The role of subjective experience in social cognition and behavior*. Philadelphia: Psychology Press.

Bless, H., Bohner, G., Schwarz, N., & Strack, F. (1990). Mood and persuasion: A cognitive response analysis. *Personality and Social Psychology Bulletin*, **16**, 332-346.

Bodenhausen, G.V., Kramer, G. P., & Süsser, K. (1994). Happiness and stereotypic thinking in social judgment. *Journal of Personality and Social Psychology*, **66**, 621-632.

Brendl, C. M., & Higgins, E. T. (1996). Principles of judging valence: What makes events positive or negative. *Advances in Experimental Social Psychology*, **28**, 95-160.

Bruner, J. S., (1957). Going beyond the information given. In J. S. Bruner (ed.), *Contemporary Approaches to Cognition*. Cambridge, Mass.: Harvard University Press.

Chaiken, S. (1980). Heuristic versus systematic information processing and the use of source versus message cues in persuasion. *Journal of Personality and Social Psychology*, **39**, 752-766.

Chartrand, T.L. (2003). *Mystery moods and perplexing performance: Consequences of succeeding and failing at a nonconscious goal*. Manuscript under review.

Chartrand, T.L., & Bargh, J.A. (2002). Nonconscious motivations: Their activation, operation, and consequences. In A. Tesser, D. Stapel, & J. Wood (Eds.), *Self and motivation: Emerging psychological perspectives*. Washington, D.C.: American Psychological Association Press. pp. 13-41.

Chartrand, T.L., & Jefferis, V. (2003). Consequences of automatic goal pursuit and the case of nonconscious mimicry. In J.P. Forgas, K.D. Williams, & W. von Hippel (Eds.), *Responding to the social world: Implicit and explicit processes in social judgments and decisions*. Philadelphia: Psychological Press. pp. 290-305.

Chartrand, T. L., van Baaren, R. B., Bargh, J. A. (2006). Linking Automatic Evaluation to Mood and Information Processing Style: Consequences for Experienced Affect, Impression Formation, and Stereotyping. *Journal of Experimental Psychology: General*. **135** (1), 70-77.

Chen, M., & Bargh, J. A. (1999). Nonconscious approach and avoidance behavioral consequences of the automatic evaluation effect. *Personality and Social Psychology Bulletin*, **25**, 215-224.

Cheng, C. M., & Chartrand, T. L. (2003). Self-monitoring without awareness: Using mimicry as a nonconscious affiliation strategy. *Journal of Personality and Social Psychology*, **85**, 1170-1179.

Dweck, C. S., & Leggett, E. L. (1988). Social-cognitive approach to motivation and personality. *Psychologcal Review*, **95**, 256-273.

Duckworth, K. L., Bargh, J. A., Garcia, M., & Chaiken, S. (2002). The automatic evaluation of novel stimuli. *Psychological Science*, **13**, 513-519.

Fazio, R. H. (1989). On the power and functionality of attitudes. In A. Pratkanis, S. Breckler, & A. Greenwald (Eds.), *Attitude structure and function*. Hillsdale, NJ: Erlbaum.

Fazio, R. H., Sanbonmatsu, D. M., Powell, M. C., & Kardes, F. R. (1986). On the automatic activation of attitudes. *Journal of Personality and Social Psychology*, **50**, 229-238.

Ferguson, M.J., & Bargh, J. A. (2003). The constructive nature of automatic evaluation. In. J. Musch & K. C., Klauer (Eds.), *The psychology of evaluation*. pp. 169-188.

Gardner, W., Bargh, J. A., Shellman, A., & Bessenoff, G. (2002). *This is your brain on primes: Lateralized brain activity is the same for nonconscious and conscious evaluative processing*. Manuscript under review, Northwestern University.

Gilbert, D. T. (1989). Thinking lightly about others: Automatic components of the social inference process. In J. S. Uleman (Ed.), *Unintended thought*. New York: Guilford Press. pp. 189-211.

Gilbert, D. T., & Hixon, J. G. (1991). The trouble of thinking: Activation and application of stereotypic beliefs. *Journal of Personality and Social Psychology*, **60**, 509-517.

Glaser, J., & Banaji, M. R. (1999). When fair is foul and foul is fair: Reverse priming in automatic evaluation. *Journal of Personality and Social Psychology*, **77**, 669-687.

Glenberg, A. M. (1997). What memory is for. *Behavioral and Brain Sciences*, **20**, 1-55.

Gollwitzer, P. M. (1999). Implementation intentions: Strong effects of simple plans. *American Psychologist*, **54**, 493-503.

池上知子　2001　自動的処理・統制的処理—意識と無意識の社会心理学—　唐沢 穣・池上知子・唐沢かおり・大平英樹　社会的認知の心理学—社会を描く心のはたらき—　ナカニシヤ出版　pp.130-151.

北村英哉（2002）．ムード状態が情報処理方略に及ぼす影響—ムードの誤帰属と有名さの誤帰属の2課題を用いた自動的処理と統制的処理の検討—　実験社会心理学研究, **41**, 84-97.

北村英哉（2003）．認知と感情—理性の復権を求めて—　ナカニシヤ出版

Kunda, Z. (1987). Motivation and inference: Self-serving generation and evaluation of causal theories. *Journal of Personality and Social Psychology*, **53**, 636-647.

Lazarus, R. S. (1991). Cognition and motivation in emotion. *American Psychologist*, **46**, 352-367.

Loewenstein, G. (1996). Out of control: Visceral influences on behavior. *Organizational Behavior and Human Decision Processes*, **65**, 272-92.

森 津太子・木村 晴　2004　自動性とコントロール過程　大島 尚・北村英哉（編著）ニューセンチュリー社会心理学　3　認知の社会心理学　北樹出版　pp.43-53.

Moskowitz, G. B. (2002). Preconscious effects of temporary goals on attention. *Journal of Experimental Social Psychology*, **38**, 397-404.

Muraven, M., Tice, D. M., & Baumeister, R. F. (1998). Self-control as limited resource: Regulatory depletion patterns. *Journal of Personality and Social Psychology*, **74**, 774-789.

Newell, A., & Rosenbloom, P. S. (1981). Mechanisms of skill acquisition and the law of practice. In J. R., Anderson (Ed.), *Cognitive Skills and their Acquisition*. Hillsdale, NJ: Lawrence Erlbaum.

Oikawa, M. (2004). Moderation of automatic achievement goals by conscious monitoring. *Psychological Reports*, **95**, 975-980.

及川昌典（2005）．知能観が非意識的な目標追求に及ぼす影響　教育心理学研究　53,14-25.（Oikawa, M., (2004). Participants' theories of intelligence and pursuit of nonconscious goals. *Japanese Journal of Educational Psychology*, **53**, 14-25.）

Oikawa, M. (2006). Automatic self-regulation: The interplay of goal/temptation activation and self-control abilities on performance. Poster presented at the 7th annual congress of Society for Personality and Social Psychology. Palm Springs.

Roskos-Ewoldsen, D. R., & Fazio, R. H. (1992). On the orienting value of attitudes: Attitudeaccessibility as a determinant of an object's attraction of visual attention. *Journal of Personality and Social Psychology*, **63**, 198-211.

Schacter, D. L. (1987). Implicit memory: History and current status. *Journal of Experimental Psychology: Learning, Memory, and Cognition*, **13**, 501-518.

Schwarz, N. (1990). Feeling as information: Informational and motivational functions of affective states. In E. T. Higgins & R. M. Sorrentino (Eds.), *Handbook of motivation and cognition: Foundations of social behavior, Vol. 2*. New York: Guilford Press. pp.527-561.

Schwarz, N., & Bohner, G. (1996). Feelings and their motivational implications. In P. M. Gollwitzer & J. A. Bargh (Eds.), *The psychology of action*. New York: Guilford. pp.119-145.

Schwarz, N., & Clore, G. L. (1983). Mood, misattribution, and judgments of well-being: Informative and directive functions of affective states. *Journal of Personality and Social Psychology*, **45**, 513-523.

Schwarz, N., & Clore, G. L. (1996). Feelings and phenomenal experiences. In E. T. Higgins & A. W. Kruglanski (Eds.), Social psychology: *Handbook of basic principles*. New York, NY: Guilford Press. pp. 433-465.

Shah, J. Y., & Higgins, E. T. (2001). Regulatory concerns and appraisal efficiency: The general impact of promotion and prevention. *Journal of Personality and Social Psychology*, **80**, 693-705.

Shah, J. Y., Kruglanski, A. W., & Friedman, R. (2002). A goal systems approach to self-regulation. In M. P. Zanna, J. M. Olson, & C. Seligman (Eds.), *The Ontario Symposium on Personality and Social Psychology*. New Jersey: Erlbaum. pp.247-276.

Shiffrin, R. M., & Schneider, W. (1977). Controlled and automatic human information processing: Perceptual learning, automatic attending, and a general theory. *Psychological Review*, **84**, 127-190.

Smith, E. R., & Lerner, M. (1986). Development of automatism of social judgments. *Journal of Personality and Social Psychology*, **50**, 246-259.

Solarz, A. K. (1960). Latency of instrumental responses as a function of compatibility with the meaning of eliciting verbal signs. *Journal of Experimental Psychology*, **59**, 239-245.

Spencer, S. J., Fein, S., Wolfe, C. T., Fong, C., & Dunn, M. A. (1998). Automatic activation of stereotypes: The role of self-image threat. *Personality and Social Psychology Bulletin*, **24**, 1139-1152.

Tangney, J. P., & Fischer, K. W. (1995). *Self-conscious emotions: Shame, guilt, embarrassment, and pride*. New York: Guilford.

Wilson, T. D., & Brekke, N. (1994). Mental contamination and mental correction: Unwanted influences on judgments and evaluations. *Psychological Bulletin*, **116**, 117-142.

Wilson, T. D. (2002). *Strangers to ourselves: Discovering the adaptive unconscious.* Cambridge, MA: Harvard University Press.（村田光二（監訳）（2005）自分を知り，自分を変える―適応的無意識の心理学　新曜社）

7 感情と主観的感覚

1. はじめに

　われわれは，ポジティブ感情・ネガティブ感情といった感情以外にも，さまざまな主観的感覚を経験する。たとえば，ある人の名前を聞いたときに，よくは知らない人だけど，どこかで聞いた感じがする。あるいは，小学校の頃の出来事を思い出そうとして，なかなか思い出せないと感じたりする。このような「〜な感じ」といった内的状態は，認知的感情（cognitive feelings）とも言われ，われわれの判断にどのような影響を及ぼすのかについて，研究が積み重ねられてきた（Clore, 1992; 北村 , 2003; 工藤 , 2005）。

　主観的感覚として，熟知感（familiarity）や検索容易性（ease of retrieval）などが挙げられるが，これらはポジティブ・ネガティブといったヴェイレンスを持たないという意味で，非感情的な経験とされる（Schwarz & Clore, 1996）。また主観的感覚は，情報処理過程で生じる経験であり，情報を処理する際の流暢性に関する感覚とされる[1]（Bless & Forgas, 2000）。

　本章では，主観的感覚として，熟知感と検索容易性をとりあげ，それらが①どのように判断に影響を及ぼすのか，②どのようなときに判断に影響を及ぼすのか，を中心にこれまでの研究を概観する。

2. 熟知感が判断に及ぼす影響

熟知感が判断に及ぼす影響の有力な説明として，知覚的流暢性[2]の誤帰属説がある（Bornstein & D'Agostino, 1992; Jacoby et al., 1989）。知覚的流暢性は，その刺激を以前経験することで生じた潜在記憶によって高められ，刺激に対する熟知感を生起させる（坂元, 2001）。そして，生起した熟知感は，刺激のさまざまな客観的性質—①有名性（Jacoby et al., 1989）②好意度（Bornstein & D'Agostino, 1992）③真偽性（Arkes et al., 1991）など—に誤まって帰属（誤帰属）されることで，判断に影響を及ぼすことが示されている。

以下で示すように，近年では，さまざまな操作によって（知覚的）流暢性を操作し，熟知感が判断に及ぼすその影響が検討されている。

［1］有名性効果

ジャコビーら（Jacoby et al., 1989）は，まず参加者に無名の人物のリストであると告げた上で，呈示した名前の発音のしやすさについて回答させた。そし

---

1) 一見，思考過程とは関係のないと思われる主観的感覚も認知的感情として捉えることができる。たとえば，ジャコビーら（Jacoby et al., 1988）は，主観的なうるささの判断に関する研究を行なっている。ジャコビーらは，参加者に音楽をかけながら，学習した文章，あるいは学習していない新しい文章を呈示し，音楽の音の大きさを判断させている。結果は，実際の音の大きさは同じであったにも関わらず，新しい文章の方が処理が困難なため，音を大きいと判断していた。またダムラドフレイとラード（Damrad-Frye & Laird, 1989）は，騒音が退屈感の知覚に及ぼす影響を検討している。ダムラドフレイらは，参加者に雑誌の内容をテープで呈示した。このとき，隣の部屋からもれてくる音の大きさが3段階（大・中・なし）で操作されていた。参加者は，テープを聞いた後に，聴いている最中の退屈感などについて回答した。その結果，中程度の音のときの方が大きな音のときよりも退屈であると回答していた。これは，処理が困難で，その困難さが外的に帰属できなかったために生じたと考えられる。以上のような「うるささ」や「退屈感」といった主観的感覚も，処理の流暢性という観点から解釈することができる。

2) ウィンケルマンら（Winkielman et al., 2003）は，流暢性を，知覚的流暢性と概念的流暢性の2つに分けて概念化している。知覚的流暢性は，刺激の表面的な特徴の処理といった低次の処理で生じ，刺激の反復呈示や呈示時間，形式プライミング（form priming），図と地のコントラストによって操作される。他方で，概念的流暢性は，意味的に関連する知識構造に基づく処理といったより高次の処理で生じ，意味プライミングやなどで操作される。本章では，特に断りがない限り，流暢性は，知覚的流暢性と概念的流暢性の両方を含むこととする。

てその直後，あるいは一日後に，最初のリストに新しい名前のリストを加えて参加者に呈示し，呈示された名前が有名かどうかに回答させた。結果は，最初に呈示された無名名の方が，新しいリストで呈示された無名名よりも有名だと判断されていた。またその傾向は，直後に判断したときよりも，一日後に判断したときの方が大きかった。事前に接触した名前は，知覚的流暢性が高まることで熟知感が生じ，その熟知感が名前の有名さに誤帰属されたと考えられる。ただし，直後の結果が示すように，熟知感の源泉に気づくような場合には，熟知感の誤帰属は起こりにくく，有名性効果は生じにくいと考えられる。

ストラックとニューマン（Strack & Neumann, 2000）は，流暢性を顔面フィードバック（Stepper & Strack, 1993）によって操作し，有名性効果が見られるかを検討している。顔面フィードバックとは，参加者に特定の表情を作らせることで，感情状態を導出する方法である。参加者は，適度に有名な人物と無名な人物の写真がランダムに呈示され，呈示された人物がどの程度有名であるのかに回答した。このとき，半数の参加者は，眉をひそめた表情を作る（困難感が導出され，流暢性を低く感じる）ように教示され，残りの半数には特に教示は与えられなかった。結果は，何もしていなかった参加者は，眉をひそめた参加者に比べて，無名人物を有名であると判断していた。眉をひそめるように教示された参加者は，無名人物の名前に対する流暢性が低くなり，熟知感が生じず，有名性効果が生じなかったと解釈できる。

［2］単純接触効果

単純接触効果とは，対象に単に繰り返し接触しただけで，再認はできないにもかかわらず，好意度が増すというものである（Kunst-Wilson & Zajonc, 1980）。

ボーンステインとディアゴスティーノ（Bornstein & D'Agostino, 1992）は，刺激の呈示回数と呈示時間を操作した上で，刺激に対する好意度に回答させた。その結果，刺激の呈示回数による効果は，閾上で刺激が呈示されたときに比べて，閾下で呈示されたときの方が大きく，刺激に対する好意度は高かった。この結果は，刺激の呈示が閾上の場合の方が，知覚的流暢性の源泉に気づきやすく，知覚的流暢性の誤帰属が生じにくいためだと考えられる。この結果から，

ボーンステインとディアゴスティーノは，単純接触効果を知覚的流暢性の誤帰属によって説明している。

リーバーら（Reber et al., 1998）は，さまざまな方法（プライムとターゲットの図形のマッチ具合，図と地のコントラスト，刺激の呈示時間）で知覚的流暢性を操作し，知覚的流暢性が好意度の判断に及ぼす影響を検討している。たとえば，知覚的流暢性を図と地のコントラストで操作した（地にあたる背景の色を操作した）実験では，参加者に，コントラストが異なる図形を19回ランダムに呈示し，きれいさ（prettiness）とみにくさ（ugliness）に回答させた。その結果，処理が流暢になる高コントラストのときほど，図形をきれいだと判断していた。さらに高コントラストになるほど，図形のみにくさの評定は下がっていた[3]。

ウィンケルマンとファゼンデイロ（Winkielman & Fazendeiro, 2001）は，刺激のモダリティを操作（交差モダリティプライミング）して，流暢性が好意度の判断に及ぼす影響を検討している。ウィンケルマンらは，まず参加者に単語と非単語をそれぞれ呈示し，単語かどうかを判断させた。その後，日常的な物や動物などの絵を呈示し，絵に対する好意度に回答させた。流暢性は，単語「犬」と絵「犬」が一致しているときが最も高く，単語「鍵」と絵「錠」が関連しているときが次に高く，単語「犬」と絵「机」が関連していないときが最も低いと考えられた。結果は，流暢性が高いときほど，絵に対する好意度が高かった。

[3] 真 偽 性

繰り返し呈示され，流暢性が高まった文章は，もっともらしく感じる（Arkes et al., 1991）。マクグロンとトフィグバックス（McGlone & Tofighbakhsh, 2000）は，呈示する文章中の押韻を操作することで，流暢性が真偽性の判断

---

[3] 流暢性自体がポジティブ感情を生じさせるか（ポジティブ感情と関連しているか）どうかには，議論がある（Mandler et al., 1987; Winkielman et al., 2003）。近年でも，この点については論争が続いている。このことを検討するための実験としては，たとえば，刺激の知覚的流暢性を操作した際の表情筋電位（facial EMG）を測定する方法（Winkielman & Cacioppo, 2001）や知覚的流暢性によって誤再認が生じる（Jacoby & Dallas, 1981）ことを前提として，ポジティブ感情の導出による誤再認がみられるかどうかを検討したものがある（Garcia-Marques et al., 2004）。

に及ぼす影響を検討している。一般に，韻が踏まれているときの方が，流暢性は高いと考えられる。参加者は，あまり知られていない格言の中から，韻を踏んでいるもの（たとえば，Woes unite foes），踏んでいないもの，そしてそれらの格言を意味が同じになるように修正したもの（たとえば，Woes unite enemies）をランダムに呈示された。そして，各格言ごとに，それがどの程度人間の行動を的確に反映していると思うかに回答させた。その結果，韻を踏んでいる格言とそれを修正した格言の間でのみ差が見られ，韻を踏んでいる格言の方が的確であると回答していた。

スクルニックら（Skurnik et al., 2005）は，偽と呈示された文章がその後，呈示されたことによる知覚的流暢性の増大によって，かえって真であると判断されることがあるかどうかを検討した。参加者（若者と老人）は，まず真偽がわかるように，文章が呈示され，それを学習した。文章は，1回呈示されるものと，3回呈示されるものがあった。そして30分後，あるいは3日後に再度文章が呈示され，呈示された文章が真であるか，偽であるかに回答した。結果は，図7.1の通りであった。30分後では，若者は条件間に差が見られなかったが，老人は偽の文章を真であると誤って回答する傾向が見られ，ただしその傾向は1回呈示された文章でのみ生じていた。他方，3日後では，偽である文章を真であると回答する傾向が見られた。ただしその傾向は，1回呈示された場合には，若者，老人に関係なく見られたが，3回呈示された場合には，若者ではその傾向が見られなかったのに対して，老人では逆にその傾向が大きくなっ

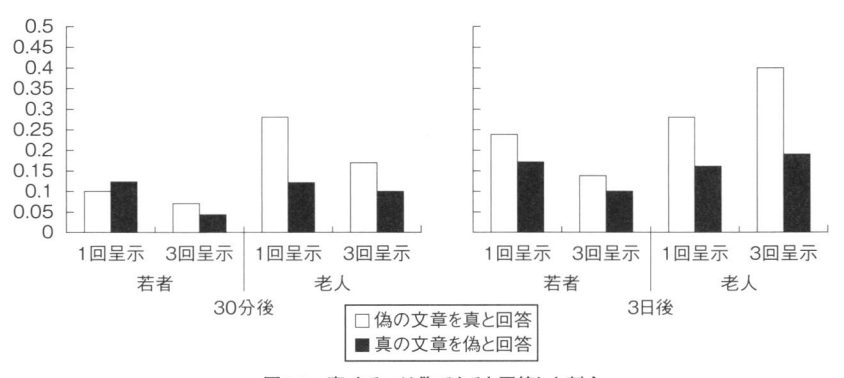

図7.1 真,あるいは偽であると回答した割合

ていた。この結果は，真偽の判断が流暢性に基づいて行われていることを示している。また老人の傾向は，加齢に伴い，顕在記憶は衰えるが，潜在記憶は衰えないという知見から解釈することができる。

[4] 熟知感が判断に影響を及ぼすとき

これまで見てきたように，熟知感は比較的低次の処理から生じ，判断に影響を及ぼす。このような熟知感に基づく判断は，どのようなときに見られるのであろうか。ヒギンズ（Higgins, 1998）は，判断をしている最中に生じる感情や思考は，判断対象に関連するという素人理論があり，そのため，そのような感情や思考は，デフォルトで判断対象に帰属されると主張している（Strack, 1992）。ヒギンズが主張するように，主観的感覚がデフォルトで判断に影響を及ぼすならば，正しい判断を行うためには，これまでみてきたような熟知感の影響は修正する必要がある。このような修正が実際に行われるかを検討した研究はほとんどない。その中で北村（2002）は，ポジティブ感情あるいはネガティブ感情を導出し，有名性効果の生起を検討している。その結果，ネガティブ感情条件の方が，ポジティブ感情条件に比べて，有名性効果が見られなかった。一般に，ネガティブ感情時には，より統制的な処理が行われると考えられているが，北村の研究は，統制的な処理が行われる場合には，判断対象とは異なる源泉から生じた熟知感の影響は修正され得ることを示している。

[5] 熟知感と情報処理

近年，熟知感は，判断に影響を及ぼす他に，そもそも思考する方略にも影響を及ぼすのではないかという検討がなされている。

その前提となっているのがミスマッチ理論である（Johnston & Hawley, 1994）。ミスマッチ理論によれば，刺激状況と記憶表象との適合によって，暗黙の熟知感が生じ，処理方略が決定する。熟知感はすでに知っていることを基盤に状況を扱いうるというシグナルとなるので，熟知感が生じた場合には非分析的処理が促され，熟知感が伴わなければ分析的処理が促される。

このような議論に基づき，熟知感が社会的判断といったより複雑な判断においても処理方略を決定するのかということが検討されている。たとえば，ガル

シアマルケスとマッキーは（Garcia-Marques & Mackie, 2000）は，熟知感が説得メッセージの精緻化に及ぼす影響を検討している。ガルシアマルケスらは，参加者に反態度的な，論拠の強い，あるいは弱いメッセージをテープで聞かせ，その後，メッセージに対する態度に回答した。このとき熟知感は，テープを聴く回数（0，1，2，4回）によって操作されていた。その結果，メッセージの論拠の強弱による差は，事前にメッセージを聴かなかった条件のみで生じ，それ以外の条件では生じていなかった。このことは，熟知感が生じていない条件でのみ分析的処理が行われ，熟知感が生じた条件では非分析的処理が行われたことを示している。

さらにスミスら（Smith et al., in press）は，熟知感がステレオタイプ化に及ぼす影響を検討している。スミスらは，参加者に，男女計30人分の顔写真を一人ずつ閾上で呈示し，顔を覚えておくように教示した。その後，一人ずつ計12人の写真（このうち6人は事前に呈示されたもの）と簡単な紹介文が示された。紹介文には，職業と職業ステレオタイプに反する記述文が書かれてあり，紹介文を読んだ後に，呈示された人物の印象に回答した。その結果，事前に呈示された人物に対する印象は，事前に呈示されていなかった人物に比べてよりステレオタイプ的に判断されていた。これは，事前に呈示されることで，その人物に対して熟知感が生じ，非分析的な処理が行なわれたことを示している。

このように，熟知感が社会的判断においても，処理方略を決定するという証拠が示されつつあるが，この議論には問題点がある。それは，先行研究の知見との矛盾である。カシオッポとペティ（Cacioppo & Petty, 1989）は，参加者に，論拠の強い，あるいは弱い反態度的メッセージを1回，あるいは3回呈示し，その後メッセージに対する態度に回答させている。結果は，メッセージを3回呈示されたときの方が，1回呈示されたときよりも，論拠の強弱による差が見られていた。すなわち，メッセージの呈示回数の増加は，メッセージの精緻化（非分析的処理）を導いていた。このことは，ガルシアマルケスら（2000）の研究知見と合致していない。

クレイプールら（Claypool et al., 2004）は，この問題をそもそもの処理に対する動機づけの違いから検討している。すなわち，メッセージに対する動機づけがそもそも高い場合には，メッセージの繰り返しにより生じる熟知感の影響

が相対的に低下する。他方でメッセージに対する動機づけがそもそも低い場合には，熟知感の影響が現れると考え，次のような実験を行った。クレイプールらは，参加者に関与度の高い，あるいは低いメッセージをテープで1回，あるいは3回呈示した。このとき，メッセージは論拠の強いものと弱いものがあった。テープを聴いた後，参加者は，メッセージに対する態度に回答した。その結果，熟知感が生じると考えられる3回聴いた条件で，メッセージの関与度が高いときには，論拠の強弱の影響が見られ，他方で関与度が低いときには，論拠の強弱の影響はみられなかった。この結果は，熟知感による処理方略の決定は，処理方略に影響を与える他の要因によって影響を受けることを示している。しかしながら，そもそもメッセージの関与度による処理に対する動機づけの差が，熟知感の生起に影響を及ぼしていた可能性もあり，今後も検討が必要である。

3. 検索容易性が判断に及ぼす影響

検索容易性とは，ある事がらを思い出す際の流暢性と定義される。何かを思い出すときには，二つの利用可能な情報がある。それは，再生された内容と検索容易性という主観的感覚である。再生された内容は，理論的に，最もアクセシブルになっている概念である。検索容易性の研究は，さまざまな判断が検索容易性に基づくことを示すことで，判断においてアクセシブルな概念だけではなく，主観的感覚の影響も考慮する必要があることを示してきた。さらに，どのようなときにアクセシブルな概念を情報として用い，どのようなとき主観的感覚を情報として用いるのかが検討されてきた。

[1] 思い出しやすさと再生された内容

検索した際の思い出しやすさが判断に影響を及ぼすことを示した有名な研究として，トゥバスキーとカーネマンの利用可能性（availability）ヒューリスティックが挙げられる（Tversky & Kahneman, 1973）。利用可能性ヒューリスティックとは，ある事がらの生起確率や頻度，事例数などを判断する際に，そ

の事例が再生しやすければ，その生起確率や頻度が高い，あるいは事例数が多いと判断するといった簡便な方略である（楠見, 2001）。たとえば，トゥバスキーらは，英単語の中で「r」の文字が最初にくる単語と3番目にくる単語では，実際は後者の方が多いにもかかわらず，（前者の方が思い出されやすいために）前者の方が多いと判断されやすいことを示した（Tversky & Kahneman, 1973）。

シュワルツら（1991）は，このような判断において，思い出しやすさが影響を及ぼしているのか，それとも再生された内容が影響を及ぼしているのか明らかではないと主張した。先ほどの英単語の例で言えば，最初が「r」から始まる単語の方が多いと判断したのは，「r」から始まる単語が思い出しやすかったためなのか，実際に判断する際に単語を書き出してみて「r」から始める単語が多かった（再生内容）ためなのか明らかでない。シュワルツらは，この点について検討するために，再生する数の操作を行った。具体的には，実験参加者に自分が積極的に（assertively）行動した事例を6個，あるいは12個再生させ，再生後に自分の積極性について判断させた。その結果，6個思い出した条件（検索容易）の方が12個思い出した条件（検索困難）に比べて，自分自身をより積極的であると判断していた。この結果は，自分の積極性を示す事例の再生が困難な場合には，自分が積極的ではないからだと推論するためだと考えられる。またこの結果は，再生内容ではなく，思い出しやすさ／思い出しにくさといった検索容易性が自己知覚に影響を及ぼすことを示している。

ステッパーとストラック（Stepper & Strack, 1993）は，顔面フィードバックによって検索容易性を操作した研究を行なっている。ステッパーらは，参加者に眉をひそめている表情（検索困難），あるいは頬を緊張させるような表情（検索容易）をとらせながら，自信を持った（self-assurance）エピソードを6個を再生させた。その結果，自己報告上で表情をきちんと作っていた参加者では，検索容易性の影響がみられ，頬を緊張させるような表情を作っていた参加者の方がより自分に自信があると回答していた。

シュワルツら（1991, 研究3）は，検索容易性が情報として利用され，判断に影響を及ぼしていることを示すために，誤帰属の操作を用いて検討を行っている。シュワルツらは，実験参加者に，音楽が自伝的記憶の再生に及ぼす影響を検討すると説明して，音楽を聴きながら積極的に行動した事例を6個，ある

いは12個再生させ，その後自分の積極性について判断させた。このとき音楽は再生を簡単に，あるいは難しくさせると説明された（誤帰属の操作）。その結果，検索容易性の影響は，検索容易性が音楽に帰属されなかった条件のみでみられ，検索容易性が音楽に帰属された条件では見られなかった。

さらにワンケら（Wänke et al., 1996）は誤帰属の操作ではなく，それとは異なる手続きを用いて，検索容易性が判断に影響を及ぼすことを示している。ワンケらは，半数の参加者に公共交通機関の利用に賛成する意見を3個，あるいは7個再生させ（検索あり条件），残りの半数にはそこで書かれた同性の文章のいずれかを読ませた（検索なし条件）。その後，公共交通機関の利用の賛否について回答させたところ，検索容易性の影響は，検索あり条件のみで見られた。検索経験のなかった検索なし条件では，検索あり条件とは逆に，再生内容（アクセシビリティ）に基づく判断がみられた（表7.1）。シュワルツらの研究では，再生された内容自体が参加者により異なっていたが，ワンケらの研究では，検索あり条件と検索なし条件で内容自体は同じであることから，検索容易性が判断に影響を及ぼしていることを明確に示していると言える。

表7.1 公共交通機関の利用に対する態度

	議論の数	議論の内容	
		賛成	反対
書き（検索あり）	3	9.2	6.9
	7	7.6	8.1
読み（検索なし）	3	7.4	8.0
	7	9.3	7.6

Note: 得点は0〜11.得点が高いほど好意的態度を示す

[2] 検索容易性と社会的判断

検索容易性が判断に及ぼす影響は，シュワルツらの再生する数を操作するというパラダイムを用いて検討されてきた。そしてこれまで，さまざまな判断—①確率判断（Rothman & Schwarz, 1998; Grayson & Schwarz, 1999）②記憶量（Winkielman et al., 1998; Winkielman & Schwarz, 2001）③評価的判断（Haddock, 2002; Wänke et al., 1996; Wänke et al., 1997）など—に影響を及ぼすことが示されてきた（レビューとして，Schwarz, 1998）。

たとえば，ウィンケルマンら（1998）は，参加者に5歳から10歳にかけての出来事を4個，あるいは12個再生させた。その後，子どもの頃のことで思い出せない部分がどの程度あるかを3段階で尋ねた。その結果，検索容易条件に比べて，検索困難条件の方が，子どもの頃のことを覚えていないと判断していた。

一般に「子どもの頃の出来事を覚えていないことは，子どもの頃が幸せではないことを意味する」という信念がある。ウィンケルマンとシュワルツ（Winkielman & Schwarz, 2001）は，このような信念によって，実験的に導出された検索の困難さ（Winkielman et al., 1998）が，子どもの頃不幸だったという判断を導くかを検討した。ウィンケルマンらは，参加者に子どもの頃の出来事を4個，あるいは12個再生させた。その後，半数の参加者には「幸せな出来事は反芻しないので，楽しい記憶は思い出しにくい（幸せ信念条件）」と伝え，残りの半数の参加者には「不幸な出来事は考えないようにするので，不幸な記憶は思い出しにくい（不幸信念条件）」と伝え（信念の操作），最後に子どもの頃の幸福度に回答させた。結果は，出来事の再生が困難なときに，幸せ信念条件の方が不幸信念条件よりも，子どものころを幸せだったと回答していた。このことは，当事者がもっている信念によって，検索容易性が解釈され，同様の検索容易性を経験しても，異なる判断が導かれることを示している（検索容易性と信念の関係については，Schwarz, 2004を参照）。

近年では，検索容易性の知見を，他のトピックにおいても，検索容易性の影響が報告されている。

1）後知恵バイアス　　後知恵とは，ある結果が起こったことを知った後に，その結果が起こる前に，それが起こる確率をどのくらいに見積もっていたかを考えることであり，後知恵バイアスはその確率が実際の確率よりも高くなる傾向のことである（Fischhoff, 1982）。この後知恵バイアスの脱バイアス化テクニックとして最も典型的なものは，起こった結果が必然的ではないこと，そうではない別の結果を考えさせることである。サンナら（Sanna et al., 2002）は，このテクニックが必ずしも脱バイアス化テクニックとならないことを示した。サンナらは，参加者にネパール戦争（イギリス，ネパール間の戦争で，イギリ

スが辛勝）を題材とした刺激を呈示した。実験条件では，刺激の最後にイギリスが勝ったことが書かれていたが，統制条件では，その点について書かれていなかった。実験条件の参加者は，刺激の呈示後に，イギリスが勝った要因を 2 個あるいは 10 個，またはネパールが勝ったかも知れない要因を 2 個あるいは 10 個記述した。最後に，両条件の参加者ともに，イギリスが勝つ確率がどの程度であったのかに回答した。その結果，統制条件に比べて，イギリスが勝った要因を 10 個記述した参加者は，イギリスが勝つ確率を低く見積もったのに対して（脱バイアス化），ネパールが勝ったかも知れない要因を 10 個記述した参加者は，イギリスが勝つ確率を高く見積もっていた。このことは，後知恵バイアスの脱バイアス化テクニックとして，別の結果を考えさせた場合でも，別の結果を考えることが難しければ，むしろ後知恵バイアスが増長することを示している（Sanna et al., 2002; Sanna & Schwarz, 2003, 2004）。

2）ステレオタイプ脅威　ステレオタイプ脅威とは，自分たちがステレオタイプに関連づけて判断されたり，自分の行動がそのステレオタイプを確証してしまうかも知れないという恐れのことである（上瀬, 2001）。ステレオタイプ脅威は，ネガティブなステレオタイプ予期が活性化し，それが課題と関連づけられることで生じ，またその結果，当該の課題成績が下がる（Steel, 1997）。ケラーとブレス（Keller & Bless, 2005）は，ステレオタイプ脅威状況における課題遂行に検索容易性が及ぼす影響を検討した。ケラーらは，男性の参加者の半数に，一般的に女性の方が男性よりも情動的知能（emotional intelligence）が高いことを呈示し（ステレオタイプ予期あり条件），残りの半数には女性の方が男性よりも情動的知能が高いという確たる証拠はないことを呈示した（ステレオタイプ予期なし条件）。その後，呈示された意見に合う個人的な経験を 2 個，あるいは 5 ～ 6 個記述させ，最後に一般的知能テストの言語能力の問題に回答させた。その結果，検索が容易であった条件では，ステレオタイプ予期あり条件の方がなし条件よりも課題の遂行成績が低く，ステレオタイプ脅威の影響がみられた。しかし検索が困難であった場合には，ステレオタイプ予期のあり条件となし条件の間に差が見られず，ステレオタイプ脅威の影響は見られなかった。この結果は，ステレオタイプ予期に一致する個人経験の検索容易性

を操作することで,ステレオタイプ脅威の結果が低減できることを示している。

このように近年の検索容易性に関する研究は,脱バイアス化テクニックという観点から研究が行われている。

[3] 検索容易性が判断に影響を及ぼすとき

検索容易性の研究は,判断をする際に,検索容易性と再生内容（アクセシブル内容）という二つの情報が利用可能であることを示している。それでは,どのようなときに検索容易性に依存した判断を行ない,どのようなときに検索内容に依存した判断を行うのであろうか。

先行研究は,この問題を2過程モデルの観点から検討している。先行研究は,個人的関与度（Grayson, C. E., & Schwarz, 1999; Rothman, A., & Schwarz, 1998）や正確さへの動機づけ（Aarts, H., & Dijksterhuis, A., 1999），感情状態（Ruder, M., & Bless, 2003）を処理の指標として,この点を検討している。

たとえば,ルダーとブレス（Ruder, & Bless, 2003）は,まず参加者に楽しい,あるいは悲しい出来事について記述させた。その後,教育制度の変更を支持する意見を2個,あるいは6個記述させ,最後にどの程度教育制度の変更を支持するかを尋ねた。その結果,ポジティブ気分時には,検索容易性の効果が見られたが,ネガティブ気分時には,再生内容（アクセシビリティ）の効果が見られていた（図7.2）。このように,多くの研究は,検索容易性の影響がヒューリスティック処理で見られやすいことを示している（Tormala et al., 2002; Wänke

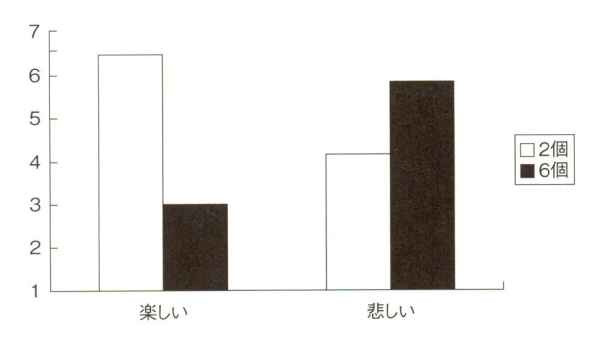

図7.2 生成した議論に対する態度
得点は,1～9,得点は高いほど好意的態度を示す。

& Bless, 2000 も参照のこと)。

4. 今後の展望

　主観的感覚に関する今後の課題として，次のような点が挙げられる。

　まず，主観的感覚に関する操作や測定をより洗練する必要がある。操作に関していえば，たとえば流暢性の操作として，顔面フィードバックが挙げられる。しかし，この顔面フィードバックは，感情の操作などにも用いられ，感情状態と流暢性の交絡が避けられない。

　また主観的感覚の測定についていえば，たとえば，これまでの検索容易性の測定は，全て自己報告のみである。そのため，操作をした際に実際に検索容易性が経験されているのか定かではない。この点を明らかにするためには，さらなる測定法の開発が必要である。その一つの試みとして，ダイクステルハウスら（Dijksterhuis et al., 1999）は，検索容易性の指標として，事例を再生するまでの反応潜時を測定している。しかし，結果は再生数を操作した検索容易性の条件間で，反応潜時に差は見られていなかった。これまでの定義では，検索容易性とは，検索をする際の流暢性のことであり，再生時の反応潜時はその客観的な指標のはずである。しかしながら，ダイクステルハウスらの研究結果は，「客観的」な検索容易性と「主観的」な検索容易性との間にズレがある可能性を示唆している。これまで主観的感覚に関する研究は，「客観的」な流暢性と「主観的」な流暢性を区別してこなかったが（Winkielman et al., 2003），あらためて「主観的」感覚を捉え直す必要性があるだろう。

　これと関連して，近年，ホワイトルシーとウィリアムズ（Whittlesea & Williams, 2001）は，「主観的」な熟知感は，情報処理における流暢性の結果生じるのではなく，情報処理を処理する際の流暢性に対する見込み（expectations）と実際の流暢性の差異によって，生じると主張している。ホワイトルシーとウィリアムズによれば，たとえば，刺激のあからさまな繰り返しなどによって流暢性の源泉を顕現的にした場合には，刺激の流暢性に対する見込みが高まり，相対的に熟知感を感じなくなるという。この議論に基づけば，「主観的」な熟知

感や「主観的」な検索容易性を検討していく上で，どのような要因が流暢性に対する見込みに影響を及ぼすのかを検討することも必要であろう。

引用・参考文献

Arkes, H. R., Boehm, L. E., & Xu, G. (1991). Determinants of judged validity. *Journal of Experimental Social Psychology*, **27**, 576-605.

Aarts, H., & Dijksterhuis, A. (1999). How often did I do it? Experienced ease of retrieval and frequency estimates of past behavior. *Acta Psychologica*, **103**, 77-89.

Bless, H., & Forgas, J. P. (2000). The message within: Toward a social psychology of subjective Experiences. In H. Bless, & J. P. Forgas (Eds.), *The message within: The role of subjective experience in social cognition and behavior*. Philadelphia: Psychology Press. pp. 372-392.

Bornstein, R. F., & D'Agostino, P. R. (1992). Stimulus recognition and the mere exposure effect. *Journal of Personality and Social Psychology*, **63**, 545-552.

Cacioppo, J. T., & Petty, R. E. (1989). Effects of message repetition on argument processing, recall and persuasion. *Basic and Applied Social Psychology*, **10**, 3-12.

Claypool, H. M., Mackie, D. M., McIntosh, A., & Udall, A. (2004). The effects of personal relevance and repetition on persuasive processing. *Social Cognition*, **22**, 310-335.

Clore, G. L. (1992). Cognitive phenomenology: Feelings and the construction of judgment. In L. L. Martin, & A. Tesser (Eds.), *The construction of social judgments*. Hillsdale, NJ: Lawrence Erlbaum Associates. pp. 133-164.

Damrad-Frye, R., & Laird, J. D. (1989). The experience of boredom: The role of the self-perception of attention. *Journal of Personality and Social Psychology*, **57**, 315-320.

Dijksterhuis, A., Macrae, C. N., & Haddock, G. (1999). When recollective experiences matter: Subjective ease of retrieval and stereotyping. *Personality and Social Psychology Bulletin*, **25**, 760-768.

Fischhoff, B. (1982). Debiasing. In D. Kahneman, P. Slovic, & A. Tversky (Eds.), *Judgment under uncertainty: Heuristic and biases*. New York: Cambridge University Press. pp. 422-444.

Garcia-Marques, T., & Mackie, D. M. (2000). The feeling of familiarity as a regulator of persuasive processing. *Social Cognition*, **19**, 9-34.

Garcia-Marques, T., & Mackie, D. M., Claypool, H. M., & Garcia-Marques, L. (2004). Positivity can cue familiarity. *Personality and Social Psychology Bulletin*, **30**, 585-593.

Grayson, C. E., & Schwarz, N. (1999). Beliefs influence information processing strategies: Declarative and experimental information in risk assessment. *Social Cogniton*, **17**, 1-18.

Haddock, G. (2002). It's easy to (dis) like Tony Blair: Accessibility experiences and the favorability of attitude judgments. *British Journal of Psychology*, **93**, 257-267.

Higgins, E. T. (1998). The aboutness principle: A pervasive influence on human inference. Social Cognition, **16**, 173-198.

Jacoby, L. L., Allan, L. G., Collins, J. C., & Larwill, L. K. (1988). Memory influences subjective experience: Noise judgment. *Journal of Experimental Psychology: Learning, Memory, and Cognition*, **14**, 240-247.

Jacoby, L. L., & Dallas, M. (1981). On the relationship between autobiographical memory and perceptual learning. *Journal of Experimental Psychology: General*, **110**, 306-340.

Jacoby, L. L., Kelly, C. M., Brown, J., & Jasechko, J. (1989). Becoming famous overnight: Limits on the ability to avoid unconscious influences of the past. *Journal of Personality and Social Psychology*, **56**, 326-338.

Johnston, B. T., & Hawley, K. J. (1994). Perceptual inhibition of expected inputs: The key that opens closed minds. *Psychonomic Bulletin and Review*, **1**, 56-72.

上瀬由美子 (2001). スティグマ 山本眞理子・外山みどり・池上知子・遠藤由美・北村英哉・宮本聡介 (編) 社会的認知ハンドブック 北大路書房 pp. 139-140.

Keller, J., & Bless, H. (2005). When negative expectancies into negative performance: The role of ease of retrieval. *Journal of Experimental Social Psychology*, **41**, 535-541.

北村英哉 (2002). ムード状態が情報処理方略に及ぼす効果——ムードの誤帰属と有名さの誤帰属の2課題を用いた自動的処理と統制的処理の検討—— 実験社会心理学研究, **41**, 84-97.

北村英哉 (2003). 認知と感情——理性の復権を求めて ナカニシヤ出版

工藤恵理子 (2005). 社会的推論 海保博之 (監修) 唐沢かおり (編) 朝倉心理学講座7 社会心理学 朝倉書店 pp. 29-50.

Kunst-Wilson, W. R., & Zajonc, R. B. (1980). Affective discrimination of stimuli that cannot be recognized. *Science*, **207**, 557-558.

楠見 孝 (2001). 利用可能性ヒューリスティック 山本眞理子・外山みどり・池上知子・遠藤由美・北村英哉・宮本聡介 (編) 社会的認知ハンドブック 北大路書房 pp. 206-207.

Mandler, G., Nakamura, Y., & Van Zandt, B. (1987). Nonspecific effects of exposure to stimuli that cannot be recognized. *Journal of Experimental Psychology: Learning, Memory, and Cognition*, **13**, 646-648.

McGlone, M., & Tofighbakhsh, J. (2000). Birds of feather flock conjointly (?): Rhyme as reason in aphorisms. Psychological Science, 11, 424-428.

坂元 桂 (2001). 知覚的流暢性 山本眞理子・外山みどり・池上知子・遠藤由美・北村英哉・宮本聡介 (編) 社会的認知ハンドブック 北大路書房 pp.273.

Rothman, A. J., & Schwarz, N. (1998). Constructing perceptions of vulnerability: personal relevance and the use of experiential information in health judgments. *Personality and Social Psychology Bulletin*, **24**, 1053-1064.

Reber, R., Winkielman, P., & Schwarz, N. (1998). Effects of perceptual fluency on affective judgment. *Psychological Science*, **9**, 45-48.

Ruder, M., & Bless, H. (2003). Mood and the reliance on the ease of retrieval heuristic. *Journal of Personality and Social Psychology*, **85**, 20-32.

Sanna, L., Schwarz, N., & Small, E. (2002). Accessibility experiences and the hindsight bias:

I knew it all along versus it could never have happened. *Memory and Cognition*, **30**, 1288-1296.

Sanna, L., & Schwarz, N. (2003). Debiasing the hindsight bias: The role of accessibility experiences and (mis) attribution. *Journal of Experimental Social Psychology*, **39**, 287-295.

Sanna, L., & Schwarz, N. (2004). Integrating temporal biases: The interplay of focal thought and accessibility experiences. *Psychological Science*, **15**, 474-481.

Schwarz, N. (1998). Accessible content and accessibility experiences: The interplay of declarative and experiential information in judgment. *Personality and Social Psychology Review*, **2**, 87-99.

Schwarz, N. (2004). Metacognitive experiences in consumer judgment and decision making. *Journal of Consumer Pscychology*, **14**, 332-348.

Schwarz, N., Bless, H., Strack, F., Klumpp, G., Rittenauer-Schatka, H., & Simons, A. (1991). Ease of retrieval as information: Another look at the availability heuristic. *Journal of Personality and Social Psychology*, **61**, 195-202.

Schwarz, N., Bless, H., Wänke, M., & Winkielman, P. (2003). Accessibility revisited. In G. V. Bodenhausen, & A. J. Lambert (Eds.), *Foundations of social cognition*. Mahwah, NJ: Lawrence Erlbaum Associates. pp. 51-95.

Schwarz, N., & Clore, G. L. (1996). Feelings and phenomenal experiences. In E. T. Higgins, & A. W. Kruglanski (Eds.), *Social Psychology: Handbook of basic principles*. New York: The Guilford Press. pp. 433-465.

Skurnik, I., Yoon, C., Park, D., & Schwarz, N. (2005). How warnings about false claims become recommendations. *Journal of Consumer Research*, **31**, 713-724.

Smith, E. R., Miller, D. A., Maitner, A. T., Crump, S. A., Garcia-Marques, T., & Mackie, D. M. (in press). Familiarity can increase stereotyping. *Journal of Experimental Social Psychology*.

Steele, C. M. (1997). A threat in the air. How stereotypes shape intellectual identity and performance. *American Psychololgist*, **52**, 613-629.

Stepper, S., & Strack, F. (1993). Proprioceptive determinants of emotional and nonemotional feelings. *Journal of Personality and Social Psychology*, **64**, 211-220.

Strack, F. (1992). The different routes to social judgments: Experimental versus informational strategies. In L. L. Martin & A. Tesser (Eds.), *The construction of social judgment*. Hillsdale, NJ: Lawrence Erlbaum Associates. pp. 249-275.

Strack, F., & Neumann, R. (2000). Furrowing the brow may undermine perceived fame: The role of facial feedback in judgments of celebrity. *Personality and Social Psychology Bulletin*, **26**, 762-768.

Tormala, Z. L., Petty, R. E., & Briñol, P. (2002). Ease of retrieval effects in persuasion: A self-validation analysis. *Personality and Social Psychology Bulletin*, **28**, 1615-1628.

Tversky, A., & Kahneman, D. (1973). Availability: A heuristic for judging frequency and probability. *Cognitive Psychology*, **5**, 207-232.

Wänke, M., Bless, H., & Biller, B. (1996). Subjective experience versus content of information in the construction of attitude judgments. *Personality and Social Psychology Bulletin*, **22**, 1105-1113.

Wänke, M., Bohner, G., & Jurkowitsch, A. (1997). There are many reasons to drive a BMW: Does imagined ease of argument generation influence attitude? *Journal of Consumer Research*, **24**, 170-177.

Whittlesea, B. W. A., & Williams, L. D. (2000). The source of feelings of familiarity: The discrepancy-attribution hypothesis. *Journal of Experimental Psychology: Learning, Memory, and Cognition*, **26**, 547-565.

Winkielman, P., & Cacioppo, J. T. (2001). Mind at ease puts a smile on the face. Psychophysiological evidence that processing faciliation elicits positive affect. *Journal of Personality and Social Psychology*, **81**, 989-1000.

Winkielman, P., & Fazendeiro, T. A. (2001). The role of conceptual fluency in preference and memory. Unpublished manuscript. (Schwarz et al., 2003 より引用)

Winkielman, P., & Schwarz, N. (2001). How pleasant was your childhood? Belief about memory shape inferences from experienced difficulty of recall. *Psychological Science*, **12**, 176-179.

Winkielman, P., Schwarz, N., & Belli, R. F. (1998). The role of fase of retrieval and attribution in memory judgments: Judging your memory as worse despite recalling more events. *Pscyhological Science*, **9**, 124-127.

Winkielman, P., Schwarz, N., Fazendeiro, T., & Reber, R. (2003). The hedonic marking of processing fluency: Implications for evaluative judgment. In J. Musch & K. C. Klauer (Eds.), *The Psychology of Evaluation: Affective Processes in Cognition and Emotion*. Mahwah, NJ: Lawrence Erlbaum Associates. pp. 189-217.

8 感情と自己

　たとえ同じ体験をしても，すべての人が，みな同じように感じるわけではない。高橋さんと田中さんという2人の女性について考えてみよう。高橋さんは楽しいことが大好きで，面白そうなことにどんどんチャレンジする。一方，田中さんは心配性で，新しいことを始めるときには，事前によく確認してから取りかかる。こんな2人が大事な仕事を任されたとき，その経験は全く異なってくるかもしれない。たとえば，高橋さんはこれをチャンスだと考え，わくわくしながら新しいプランを練るかもしれない。一方，田中さんは，これをピンチだと考え，どきどきしながら，失敗しないようにあらゆる対策をとるかもしれない。

　いったい，このような個人差はどこからくるのだろうか。脳や神経など，個人の身体からの影響もあるだろう。また，生育環境など，外界からくる影響もあるだろう。しかし，こうした内的・外的な環境を含めた経験を通じ，これを自分のなかにどう位置づけるのか，その結果，自分自身がどんな判断や選択をするのか，という「自己」の役割も，忘れてはならない要因である。

　本章では，まず，こうした個人差の背後にある自己とはどのようなものなのか，また，そうした自己が獲得されるルーツについて述べる。後半部分では，いったん形成された自己が感情経験にどのような影響を及ぼすのか，ヒギンズのセルフ・ディスクレパンシー理論，及び，制御フォーカス理論を中心に見ていくことにする。

1. 自己はどのように表されるか

　自己を表すモデルとして，これまでさまざまなものが提出されているが（Linville & Carlston, 1994; 大平, 2001 参照），最も代表的なモデルの一つが自己の連合ネットワークモデルである。このモデルでは，自己に関するさまざまな知識は，互いにネットワーク状につながっていると考える。

　たとえば，冒頭の例に挙げた心配性の田中さんは，図8.1 のように表されるかもしれない。ここで，黒い丸はノードと呼ばれ，自己に関する個々の知識を表している。また，これらをつなぐ実線はリンクと呼ばれ，各知識がどのように関連づけられているかを示している。複数の知識どうしの関連づけは，それらの知識が同時に活性化するたびに強められる。たとえば，田中さんが，社会人としての自己を意識するたびに用心深い行動を心がけ，それによって上司の信頼を得るという経験を繰り返した場合，この三つの知識は強い結びつきを持つことになる。

　このようなネットワークがいったん形成されると，一つのノードの活性化が，リンクされている他のノードを全て活性化させ，後の情報処理に影響を及ぼす

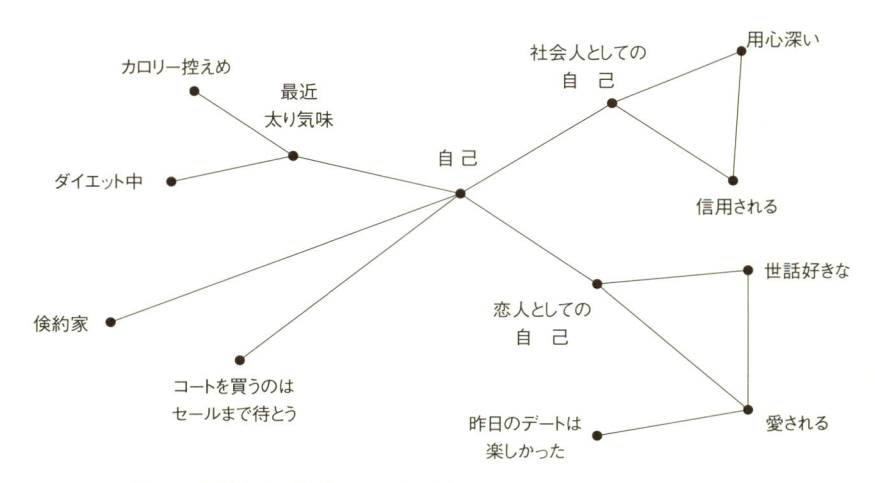

図8.1　自己知識の連合ネットワークモデル（Linville & Carlston, 1994を参考に作成）

と考えられている。たとえば，田中さんの場合，用心深い行動こそが社会人として信頼を得るために大切なものだ，と考えやすくなっており，それはリスクを避けるような判断や行動につながっていくかもしれない。

同じように，楽しいことが大好きな高橋さんの自己について考えた場合，「用心深い」のかわりに「積極的な」というノードが入れられるかもしれない。積極的に新しい可能性に挑戦する高橋さんは，その成功によってキャリア・アップしてきたとしよう。その場合，高橋さんは，積極的な行動こそが社会人として認められるために重要なものである，と考えやすくなっており，それは，リスクがあっても新たな可能性を追求するような判断や行動につながるかもしれない。

しかし，ひとくちに経験といっても，さまざまなものが存在する。すべての経験が，自己形成に等しい影響力を持つわけではないだろう。次節では，自己形成に比較的大きな影響を持つと思われる二つの要因，生理学的要因と，親の養育要因について述べていく。

2. 自己のルーツ

[1] 生理学的基盤

望ましいことに近づき，望ましくないことを避ける，このような快楽原理が人の基本的動機づけであることは，ギリシャ時代から指摘されている。20世紀の心理学でも，行動制御や動機づけにおける欲求増進・嫌悪回避という二つの異なるシステムの存在は，複数の研究者によって言及されてきた（たとえば，Carver, 1996; Diener & Emmons, 1984; Elliot, 1997; Fowles, 1994; Higgins, 1998; Lang, 1995; Watson et al., 1988）。とりわけ，グレイ（Gray, 1987）の神経心理学モデルは，これらのシステムが，それぞれ独立した神経生理学的メカニズムを持つという証拠に基づくものであった[1]。このモデルにおいて，欲求増進システムは「行動活性システム」と（Behavior Activation System：BAS），嫌悪

---

1) ただし，その証拠の多くは動物実験から得られたものである。

回避システムは「行動抑制システム」(Behavior Inhibition System：BIS) と呼ばれる。行動活性システムでは，報酬の存在，または罰の不在というシグナルへの反応が活性化する。たとえば，友達に寄り道していこうと誘われた小学生が，冒険気分にわくわくしたり，嫌いな授業が自習になってほっとしたりする場合が考えられる。一方，行動抑制システムでは，罰の存在や，報酬の不在，そして新奇性の存在というシグナルへの反応が活性化する。たとえば，寄り道したら母親に怒られるのではないかと心配したり，嫌いな授業で1回も休みがなくがっかりしたり，初めて出会う出来事に，臆病な気持ちになったりする場合が考えられるだろう。さらに，行動活性システムは希望感情や接近行動と関連しており，行動抑制システムは不安感情や回避行動と関連すると考えられている (Gray, 1990)。

グレイの研究が心理学の領域で注目された理由の一つは，彼がこの生理学的システムを，パーソナリティ特性と関連づけて論じた点にある[2]。彼の主張は次のとおりである。すなわち，行動活性システムへの感受性が高い人は，報酬関連の手がかりに反応しやすく，そのような手がかりがあった場合に肯定的感情を経験しやすい。一方，行動抑制システムへの感受性が高い人は，罰関連の手がかりに反応しやすく，そのような手がかりがあった場合に不安感情を経験しやすい。このグレイの主張は，その後，BIS/BASの概念に基づく個人差尺度の作成 (Carver & White, 1994)[3]，及び，この尺度と生理的尺度の関連を示した研究 (e.g., Sutton & Davidson, 1997)[4] によって確認されている。

ゲイブルらは，これを1歩進め，こうした生理学的な個人差が，日常の情動経験に及ぼす影響を検討した (Gable et al., 2000)。この研究では，まず，実験参加者は BIS/BAS 尺度 (Carver & White, 1994) (表 8.1 参照) の得点によって高 BIS 群，高 BAS 群に分けられた。この2群に肯定的・否定的出来事の頻

---

[2] ここで，自己ということばが比較的動的で変化しうるものと考えられるのに対し，パーソナリティということばは，比較的安定した属性を仮定するものと考えられている。

[3] BIS/BAS 尺度は，安田・佐藤 (2002)，上出・大坊 (2005) によって，その日本語版が作成されている。

[4] この研究では，この個人差が，前頭葉前部の非対称性に対応することが確認された。すなわち，行動活性システムが優勢な人ほど，左前頭葉が活性化しやすく，行動抑制システムが優勢な人ほど，右前頭葉が活性化しやすかった。

表8.1　BIS/BAS尺度の項目例

以下にさまざまな文が並んでいます。それぞれの文があなたにあてはまると思う程度について、○印をつけて答えて下さい。

1. いやなことが起こりそうな時、イライラして落ち着かない。
2. 何か欲しいものを手に入れると、興奮して活気付く。
3. 何か欲しいものがあるとき、いつも全力でそれを手に入れようとする。

（全20項目）

注) 大坊・上出 (2005) より抜粋
注) 1がBIS項目, 2, 3がBAS項目にあたる

度及び情動経験の頻度について評定させた結果，高BAS者は高BIS者よりも，肯定的出来事の生起をより多く報告し，高BIS者は高BAS者よりも否定的出来事の生起をより多く報告していた。また，平均して，高BAS者は日常的により肯定的な感情を頻繁に経験していた。つまり，生理的な個人差は，情動を含む日常経験自体に影響を及ぼしており，それがパーソナリティや自己の形成につながっていると考えられる。

ただし，この神経システムについては，明らかなメカニズムが不明であること，BIS/BAS尺度と生理学的指標との関連が微弱であることなど，いくつかの問題点が指摘されており（たとえば，Brennera et al., 2005），その適用範囲を考えるにあたっては，十分な注意が必要である。

[2] 親の養育要因と過去経験

一方，自己やパーソナリティの形成に影響するとしてしばしば注目されてきたもう一つの要因は，親の養育要因である。ヒギンズら（Higgins et al., 2001）は，「養育」「安全」という2つの異なる生存欲求が，二つの異なる養育態度に対応していること，また，それが異なる自己制御フォーカスの生成に結びついていることを指摘している。

まず，「こうなって欲しい」「こうあって欲しい」という理想をもとに子育てを行う親は，子どもがいいことをしたときに，報酬で応じるかもしれない。たとえば，お行儀よくしたときに抱きしめたり，ご褒美をあげたりすることが考えられる。逆に，子どもが理想にそわないことをしたとき，たとえば食器を放り投げてしまったときには，がっかりしたり，食事を途中でやめてしまったり

するかもしれない。こうした（理想の）増強モードでは，望みの達成こそが大切であるというメッセージが伝えられ，自己制御のフォーカスは「促進」に向けられる（Promotion focus）。つまり，このような親のもとで育った子どもは，促進フォーカスを用いた自己制御を用いやすくなり，さらに，その結果を報酬など肯定的な結果のあり・なしとして捉えやすくなる可能性がある。

　一方，「こうなって当然だ」「こうあるべきだ」という義務を念頭に子育てを行う親は，子どもが悪いことをしたときに，罰で応じるかもしれない。たとえば，日頃は言いつけを守るように教え諭し，言うことを聞かないときに叱りつけるかもしれない。こうした慎重モードでは，安全を期し，責任を持って義務を果たすことが大切だというメッセージが伝えられる。また，自己制御のフォーカスは「防止」に向けられると考えられる（Prevention Focus）。つまり，このような親のもとで育った子どもは，防止フォーカスを用いた自己制御を用いやすくなり，また，その結果を罰など否定的な結果のあり・なしとして捉えやすくなる可能性がある。

　このような養育経験を通じ，いずれかの自己制御方略で成功経験を積み重ねていった場合，その個人において特定の自己制御方略が優勢になると考えられる。たとえば，先に述べた田中さんのように，用心深い行動による成功体験が続けば，防止フォーカスが優勢になる可能性が高い。

　ヒギンズら（Higgins et al., 2001）による研究は，こうした自己制御に関する過去経験の捉え方が，現在の感情経験に影響を及ぼすことを示している。実験参加者は，二つの異なる自己制御方略について主観的成功経験をたずねる自己制御フォーカス質問紙（表8-2），及び，最近経験した動機づけの頻度を尋ねる動機づけ頻度質問紙に回答した。動機づけ頻度質問紙は，8項目の動機づけ形容詞を提示し，そのそれぞれを，この1週間で経験した頻度について，9点尺度で評定してもらうものであった。提示された形容詞は，四つの意欲―無気力関連語（意欲的な・熱心な・退屈な・無気力な），及び，四つの注意―不注意関連語（用心深い・注意深い・無用心な・不注意な）で構成されていた。

　二つの質問紙の関連を検討した結果，促進得点の高い人は，過去1週間，より頻繁に意欲的な気持ちを経験していた。一方，防止得点の高い人は，過去1週間，より頻繁に用心深い気持ちを経験していた。これは，異なる過去経験に

表8.2　制御フォーカス質問紙の項目例

　一連の質問は、あなたの人生の中で、特定の出来事がどれだけ頻繁に起こっているか、または起こったかをうかがうものです。下記の番号に丸をつけて回答してください。

　1.たいていの人に比べると、人生で望みのものを手に入れられない方である。
　2.もっと頑張ろう、とやる気をかき立てられるような仕事をしたことがある。
　3.両親が決めた規則や決まりを守った。

(全11項目)

注) Higgins (2001) より作成
注) 1, 2が促進焦点づけ項目（1は逆転項目）, 3が防止焦点づけ項目にあたる

ルーツを持つ制御フォーカスが、異なる動機づけに影響することを示す結果である。

以上、異なるパターンの自己が、生理的要因、過去経験など、内的・外的な要因の両方から形成されることについて述べた。

それでは、いったん形成された自己は、いったいどのように感情や動機付けに影響を与えるのだろうか。特定の刺激や自己制御フォーカスへの選好は、その人の次の行動、たとえば、特定の自己制御を促すことになる。

次節で紹介するセルフ・ディスクレパンシー理論では、異なる自己制御方略の成否が、異なる感情経験につながることが示される。

3. セルフ・ディスクレパンシーと不快感情

[1] セルフ・ディスクレパンシー理論

前節では、親が理想・義務のどちらを念頭において養育を行うのかが、二つの異なる自己制御フォーカスの使用に影響を及ぼすと仮定された。このような理想や義務は、親から伝えられたのと類似した形で子どものなかに内化されたり、子ども自身により、新たに作り出されたりすることもあるだろう。

セルフ・ディスクレパンシー理論（Higgins, 1987, Higgins, 1989 参照）では、人が持つ自己表象の中には、自己指針である理想自己、義務自己が含まれると考えた。理想自己とは、自分が理想として持ちたいと思う諸属性の表象、つまり、希望、望み、野心などを指す。一方、義務自己とは、自分が当然持つべきだと

思う諸属性の表象，つまり，義務，責務，責任などを指す[5]。

この理論によれば，指針となる自己と現実の自分とのあいだにズレがあると，人はそのズレの性質に応じて，異なる心理的状態や，異なる不快感情を経験する。現実自己と理想自己とのズレは，報酬などの望ましい出来事がない，という心理状態を反映し，悲しみ，落胆，不満足など，落胆関連の情動（dejection-related emotions）を生じさせやすい。一方，現実自己と義務自己とのズレは，罰などの望ましくない出来事がある，という心理状態を反映し，恐れ，心配，緊張など，動揺関連の情動（agitation-related emotions）を生じさせやすい[6]。

この理論に従えば，たとえば，店先で見て一目ぼれした洋服を買おうとするのは，報酬など望ましいものを念頭においた行動である。洋服を買うことができれば，嬉しく楽しい気持ちになるだろう。しかし，値段が高くて買うことができなかった場合，非常に残念な気持ちになるかもしれない。

一方，苦手な科目を試験前に一生懸命勉強するのは，たとえば「追試」という罰関連の望ましくないものを念頭においた行動である。追試を免れた場合，勉強しておいてよかったと安心するだろう。しかし，あえなく追試となった場合，どうしたらよいかと，すっかり動揺してしまうかもしれない。

[2] 実証研究

ここで，セルフ・ディスクレパンシー理論を検証している研究の一つ，ストローマンとヒギンズ（Strauman & Higgins, 1987）を紹介しよう。この研究では，理想自己または義務自己の一方だけに含まれる属性のプライミング[7]により，異なる望ましい最終状況が活性化され，各ズレと関連した特有の感情が生起するかどうかが検討された。さらに，各ズレに関連した情動，及び，各情動に関

---

5) 前述の自己のネットワークモデルからはイメージしづらいかもしれないが，これは別の自己モデル，すなわち，人がさまざまな自分について（たとえば，理想自己・義務自己），それぞれ抽象的な知識を蓄えているというモデルに当てはめると分かりやすい。これは自己のスキーマモデルと呼ばれ，ネットワークモデル以前より，長年心理学において重要な位置を占めていたモデルである。
6) なお，セルフ・ディスクレパンシー理論によれば，理想／現実のズレ，義務／現実のズレは，誰もが持つものとは限らない。理想／現実のズレだけを持つ人もいれば，義務／現実のズレだけを持つ人もいる。さらに，この両方のズレを持つ人もいれば，どちらのズレも持たない人もいると仮定される。
7) 先行する刺激（プライム）の処理が，その後，関連する情報処理に影響を与えることを，プライミング効果という。

わる症状についても検討が行われた。

　まず，実験の数週間前に行われた「自己に関する質問紙」（Higgins et al., 1986）によって，セルフ・ディスクレパンシー得点が測定された。この質問紙で，回答者は，回答者自身が考える現実の自分，理想の自分，あるべき自分が持つ属性を8個から10個，自発的に列挙する。たとえば，ある回答者は，現実の自分として「元気な」「のんびりや」などの属性を，理想の自分として「愛される」「親切な」などの属性を挙げるかもしれない。

　回答者はさらに，各自己について次のような評定を行う。すなわち，現実自己として挙げた属性を，実際に持っている程度（例 「まじめ」と挙げた場合，実際のまじめさの程度），理想自己として挙げた属性を，理想として持ちたい程度（例「親切な」と挙げた場合, 親切でありたいと思う程度），あるべき自己，すなわち義務自己として挙げた属性を，持つべきだと思う程度（例 「時間を守る」と挙げた場合，守るべきだと思う程度）の三つである。

　セルフ・ディスクレパンシー得点は，現実自己と理想自己，及び，現実自己と義務自己を比較し，その一致・不一致を見ることによって算出される。ここで，基本的には，不一致属性の数から，一致属性の数を引いたものがセルフ・ディスクレパンシー得点とされ，前者が理想自己とのズレ得点，後者が義務自己とのズレ得点ということになる。

　このセルフ・ディスクレパンシー得点に基づき，現実自己と理想自己のズレが優勢な人，現実自己と義務自己のズレが優勢な人が参加者として選ばれた。ここで前者は，理想とのズレが大きく，義務とのズレが小さい人を指し，後者は，義務とのズレが大きく，理想とのズレが小さい人を指している。偽の目的「他者について考えることの生理学的な効果」を検討するとされた課題において，自己属性を活性化させるために，巧妙で個性記述的なプライミングが用いられた。参加者は，プライム語が含まれた穴埋め課題を行った。たとえば，プライム語が「友好的な」であった場合，「友好的な人は（　　　　　）」という文章を提示され，かっこの中をできるだけ急いで埋めるように教示された。文章ごとに，参加者の回答時間と皮膚伝導電位[8]が測定された。また，参加者は，

8）皮膚伝導電位の高さは，手のひらや足の裏の発汗など，交感神経の緊張と結びついているとされている。

セッションの最初と最後に，落胆感情と動揺感情を報告した。

プライミング条件には次の3条件が設けられた。(1)「調和なし」プライミング。プライム語は参加者の自己指針（i.e., 理想自己または義務自己）に含まれるが，参加者の現実自己には含まれない。つまり，理想／現実のズレは存在しないため，このような理想または義務のみの提示は当該の不快感情を引き起こさないと予測される。(2)「不調和」プライミング。プライム語は参加者の自己指針と現実自己の両方に含まれ，両者のあいだにズレが存在する。したがって，指針に含まれる語はズレを活性化させ，当該の不快感情が生じると予測される。(3)「釣り合わせ」プライミング。プライム語は参加者の自己指針にも現実自己にも含まれないが，他の参加者の「不調和」プライムとして用いられた語と同じ言葉である。セルフ・ディスクレパンシー理論では，一般にズレを想起させやすい言葉であっても，本人のズレとしてとらえられていなければ，当該の不快感情を生じさせることはないと考える。したがって，この条件でも，プライム語は当該の不快感情を生じさせないと予測できる。

実験の結果，不調和プライミング条件でのみ，当該のズレが優勢な参加者は，当該の不快感情関連の症候群を経験しやすかった。すなわち，理想／現実のズレが優勢な参加者は，落胆感情の増強，標準化された皮膚伝導電位の低下，回答時間の短縮を経験しやすかった。一方，義務／現実のズレが優勢な参加者は，動揺感情の増強，標準化された皮膚伝導電位の上昇，回答時間の増加を経験しやすかった。つまり，この実験によって，特定のセルフ・ディスクレパンシーを持つ人が，そのセルフ・ディスクレパンシーを活性化させられたときに，当該の情動症候群を経験することが明らかにされたと言える。

それでは，セルフ・ディスクレパンシーがないとき，つまり，指針と現実が一致しているときには，人はどんな感情を経験するだろうか。意識される指針が理想であるか，義務であるかによって，感情経験に違いはないのだろうか。セルフ・ディスクレパンシー理論は，その名の通り，自己どうしのズレを前提とした理論であるため，この点の理論化が難しかった。次節では，2節で述べた制御フォーカスという概念を組み入れることで，理想・義務指針と情動との関連がより包括的に説明されることを示していく。

4. 制御方略と感情経験

[1] 制御フォーカス理論

　ヒギンズ (1998) の制御フォーカス理論は，セルフ・ディスクレパンシー理論やその知見に基づきつつ，さらに広範囲の事象を説明することができる。図8.2 に，二つの制御フォーカスに関わる心理学的変数が要約されている。これによれば，促進フォーカスは，①養育欲求，強い理想，獲得／非獲得状況によって生じ，②肯定的出来事の有無への感受性を強めたり，戦略的手段として「接

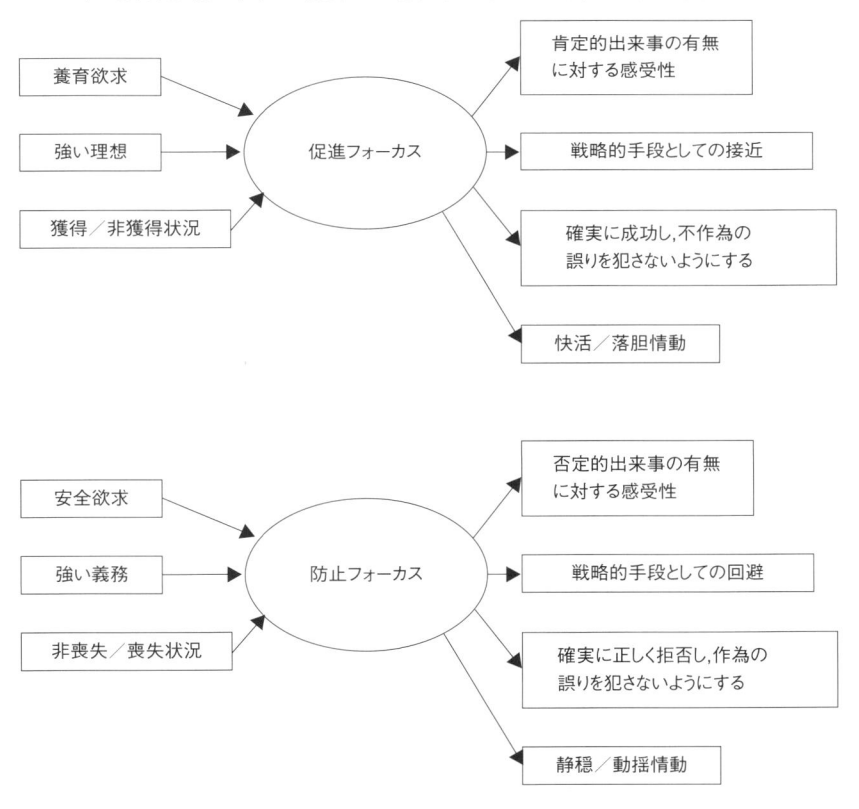

図8.2　促進フォーカスと防止フォーカスに異なる関連を持つ心理学的変数
　　（Higgins, 1998 を参考に作成）

近」「作為」「成功」を促したり,快活／落胆次元の情動を生じさせたりする。一方,防止フォーカスは,①安全欲求,強い義務,非喪失／喪失状況によって生じ,②否定的出来事の有無への感受性を強めたり,戦略的手段として「回避」「不作為」「正しい拒否」を促したり,静穏／動揺次元の情動を生じさせたりする。

　制御フォーカス理論とセルフ・ディスクレパンシー理論には,次のような相違点がある。まず,セルフ・ディスクレパンシーや不快感情という言葉は消え,かわりに「強い理想・強い義務」及び「快活／落胆情動」「静穏／動揺情動」という言葉が用いられている。ここで,理想・義務の「強さ」は,指針へのアクセスビリティ[9]と解釈できる。理想や義務へのアクセスビリティが高いほど,たとえば,その理想や義務を思いつきやすいほど,当該のフォーカスが使用されやすくなることになる。

　一方,落胆・動揺は,単一の情動としてではなく,両極性の情動次元としてとらえられている。ズレがないとき,つまり,自己制御がうまくいったときには,当該次元の快感情が経験される。たとえば,理想による制御が成功した場合,快活な情動が生じることになる。一方,ズレがあるとき,つまり,自己制御がうまくいかなかったときには当該次元の不快感情が経験される。たとえば,理想による制御が失敗した場合,落胆感情が生じることになる。

　最後に,この指針と情動経験をつなぐ調整要因[10]として,制御フォーカスが位置づけられている。つまり,理想自己や義務自己を持っていたり,セルフ・ディスクレパンシーがあったりするだけではなく,強い指針などによって当該の制御フォーカスが使用されてはじめて,当該の情動次元が経験されるということになる。

[2] 実証研究

　ヒギンズら (1997) の研究2では,強い指針,すなわち,アクセスビリティ

---

9) 長期記憶内の知識へのアクセスしやすさのこと。
10) 調整要因とは,もともと存在する2要因間の関係を強めたり弱めたりする要因Xのことを指す。一方,要因Yを介してはじめて2要因間に関連が生じる場合,これを媒介要因という。制御フォーカスは,調整要因というより,媒介要因である可能性もある。筆者の知る限り,調整要因を介さずに異なるセルフ・ディスクレパンシーが異なる(不快)感情と関連することを見出した研究は見当たらない。

の高い指針が，セルフ・ディスクレパンシーと情動経験の関連を強めるかどうかが検討された。

　まず，「自己に関する質問紙」に類似したコンピューター質問紙を用いて，セルフ・ディスクレパンシーおよび指針へのアクセスビリティが測定された。ただし，自己に関する質問紙とは異なり，この質問紙では現実自己を列挙させていない。そのかわり，理想自己・義務自己として列挙された属性を，現実にどの程度持っているかどうかを評定させた。なお，ズレ得点は，理想自己として挙げた属性を持ちたい程度と，現実に持っている程度の差得点，義務自己として挙げた属性を持つべきだと思う程度と，現実に持っている程度の差得点をもとに計算された。指針へのアクセスビリティは，基本的に，①指針を列挙する時間，②指針の程度を評定する時間，③現実自己との一致度を評定する時間，の三つを加算したものを指標とした。

　情動経験の指標としては，快活／落胆情動として「がっかりした」「落ち込んだ」「意気消沈した」「悲しい」「楽しい」「満足した」，静穏／動揺系情動として「動揺した」「イライラした」「不安な」「緊張した」「穏やかな」「くつろいだ」という項目が用いられた。そして，これらの情動を過去1週間のあいだにどのくらい頻繁に経験したか，5点尺度で回答させている。なお，分析の段階では，快活情動は落胆情動の逆転項目として扱われた。つまり，落胆情動が増加し，快活情動が低減するほど，得点が高くなることになる。

　その結果，理想指針へのアクセスビリティが高まるほど，理想とのズレと落胆経験との相関が高まった。一方，義務指針へのアクセスビリティが高まるほど，義務とのズレと動揺経験との相関が高まっていた。この結果は，指針へのアクセスビリティ，つまり，指針の強さが，ズレとは独立した効果を持つことを示したものである。制御フォーカス理論の言葉で言えば，指針の強さが制御フォーカスの使用につながり，これが当該の情動次元を活性化させたことになる。

　なお，この研究では制御フォーカスが説明変数として用いられていたが，同じヒギンズら（1997）の研究4で，制御フォーカスを直接操作し，異なる情動次元への影響を検討している。自己研究ではないため詳細は省略するが，異なる制御フォーカスの使用は，課題の成功時・失敗時ともに，異なる情動次元を活性化させていた。これは，研究2，研究4に，共通の背景があることを推測

させられる結果である。

5. 残された問題点と今後の研究展望

　以上，異なるタイプの自己が，さまざまな形で感情や動機づけに影響を及ぼすことについて概観してきた。ただし，これらの自己は，常に安定した形を保っているとは限らない。自己は，新たに経験される感情や動機づけによって，再び強化されたり，維持されたり，変化したりすると考えられる（たとえば，Linville & Carlston, 1994）。

　セルフ・ディスクレパンシー理論や，その発展形である制御フォーカス理論は，このような自己の力動的な過程を反映している。しかし，元々比較的安定した自己を前提として作られたこの理論は，自己の力動的過程を十分に説明しきれていないように思われる。本章の最後では，こうした視点をもとに，制御フォーカス理論の問題点や改善点について考察してみたい。

[1] 強い指針とは何か

　まず，各制御フォーカスを活性化させる要因の一つは，「強い指針」とされている。「強さ」の指標としては，指針へのアクセスビリティだけでなく，たとえば指針の重要性が挙げられるかもしれない。しかし実際には，同じヒギンズらの研究（1997）において，指針の重要性が促進フォーカスに関連する変数に影響するという証拠は得られなかった。

　なぜ，指針の重要性ではなく，指針へのアクセスビリティだけが，制御フォーカスを活性化させるのだろうか。強い指針とは，一体何を意味するのだろうか。これらの研究からだけでは十分な解釈はできないが，この研究で用いられた手続きからは，興味深い示唆が得られるように思われる。

　この研究では，自己指針へのアクセスビリティの指標として「現実自己が，自己指針に含まれる属性をどの程度持っているか」という評定にかかる時間が用いられた。つまり，この指標は，自己指針へのアクセスビリティの反映であると同時に，現実自己と自己指針の比較，すなわち，自己評価へのアクセスビ

リティでもあった。

　自己評価とは，自分の現状に問題があるかどうかという状況判断ともいえるが，これはもともと自己制御を誘発すると考えられてきた重要な要素である（たとえば，Duval & Wicklund, 1972; Carver & Scheier, 1991）。一方で，指針の重要性そのものは，状況判断とは独立だと考えられる。つまり，特定の制御フォーカスを誘発するためには，特定の固定的な自己（指針）というより，自己が，その状況をどう判断するかという自己×状況の相互作用が大きく影響するのかもしれない。この問題については，今後さらなる検討が必要だと考えられる。

[2] 制御フォーカスの形成——生理学的要因×経験要因の相互作用

　また，前述したように，制御フォーカス理論では，制御フォーカスの取得には特定の養育方法が影響すると考える。しかし，近年の発達心理学研究からは，子どものパーソナリティに及ぼす親の養育要因の影響は極めて小さいことが示唆されている（菅原，2003 参照）。

　親の養育態度，及び，子どもがそれをどう受け止めるかは，親や子どもの個性，また，その相互作用によっても変化する。たとえば，個人がもともと持っているBIS／BASに対する感受性が，親の養育態度の受け止め方に影響し，さらには，過去を想起するときの視点にも大きく影響することが考えられる。また，ロフタスら記憶研究者が指摘するように，人の記憶は，想像や他者の発言などによって容易に作り変えられてしまう（たとえば，Loftus et al. 1978）。過去の主観的経験の報告から測定される制御フォーカス質問紙（Higgins et al., 2001）には，こうしたさまざまな要因が絡んでおり，その人の過去の体験がどれだけ反映されているか，また，過去の経験が生理的要因とは別個の影響力をどれだけ持つのかがはっきりしない。

　しかし，この2つの自己システムに，生理学的要因が関わっているのは明らかである。この生理的要因と経験要因をなるべく分離した形で組み込むことで，より正確な状況の影響力や，生理×経験の相互作用が明らかになれば，制御フォーカス理論は，さらに包括的なものになると期待される。

[3] 他の理論との融合に向けて

ただし，既存の研究を制御フォーカス理論に組み込む際には，注意が必要である。前述したように，欲求増進・嫌悪回避という古典的・普遍的概念を取り扱った研究は数多い。しかし，これらの研究と制御フォーカス理論には，微妙な，しかし重要な枠組みの違いがある。

その違いは，表 8.3 のようにまとめられるように思う。グレイは，望ましい出来事を欲求増進システムに，望ましくない出来事を嫌悪回避システムに関連付け，その内容（i.e., 報酬系であるか，罰系であるか）を特に区別していない。この分類は，これまでの快楽原理の捉えかたとしては，一般的なものと言える。一方，ヒギンズは，望ましい・望ましくないという 2 分類が，さらに報酬系・罰系の 2 系に分かれること，また，自己制御の文脈においては，この報酬系・罰系への感受性が，それぞれ欲求増進システム・嫌悪回避システムに対応すると考えた。元々，ヒギンズはこの区分を「望ましい出来事の有無」「望ましくない出来事の有無」とまとめているが，ここではあえて，他の理論との共通性や際を明確にするため，表のような再分類を行った。

ヒギンズは，この新しい対応付けによるさまざまなメリットについて述べている（Higgins, 1998）。この中で，特に感情との関わりにおいて注目すべきなのは，新たな対応付けにより，より詳細な感情経験を予測できるようになるという点だろう。生理的基盤の項で挙げたように，グレイが用いたような既存の

表8.3　グレイ（1987）とヒギンズ（1998）の分類の違い

A　グレイの分類

	望ましい出来事	望ましくない出来事
報酬系 罰　系	野球の試合の選手に選ばれる 無事進級する	宝くじにはずれる 交通事故にあう

B　ヒギンズ（1998）の分類

	望ましい出来事		望ましくない出来事
報酬系	野球の試合の選手に選ばれる	⇔	宝くじにはずれる
罰　系	無事進級する	⇔	交通事故にあう

注）それぞれ，白い囲いが欲求増進システム，灰色の囲いが嫌悪回避システムに対応すると仮定。
注）上記には一般的な例を挙げたが，何を報酬・罰と考えるかには個人差がある。後述の議論では，あくまでも本人にとっての報酬・罰という判断が基本となってくる。

分類では，各システムを用いた結果，予測される情動はポジティヴ感情，ネガティヴ感情のいずれかに単純化されてしまう。一方，制御フォーカス理論からは，前述した二つの異なる情動次元が説明可能であり，さらには，過去経験の項に挙げたような，異なる動機付け経験の予測も可能となってくる。このような制御フォーカス理論の枠組みを適用することで，既存の研究に新たな光を当てることができると考えられる。

　制御フォーカス理論は，さまざまなレベルの個人差を統一的に説明できる可能性のある，非常に興味深い理論である。この理論が生み出されたきっかけは「コップに入った半分の水をみて，半分もある，と考える人と，半分しかない，と考える人の差はどこにあるのか」という問いであったという。前述したように，このような個人差が生み出される過程には，まだ不明な点も多い。しかし，たとえ同じ人でも，「コップに入った半分の水をみて，半分もある，と考えるときと，半分しかない，と考えるとき」の差についても考えてみることで，この問題についてより深く理解を得ることができるだろう。

引用・参考文献

Brennera, S. L., Beauchainea, T. P., & Sylversa, P. D. (2005). *Psychophysiology*, **42**, 108-115.

Carver, C. S. (1996). Emergent integration in contemporary personality psychology. *Journal of Research in Personality*, **30**, 319-334.

Carver, C. S., & Scheier, M. F. (1991). Self-regulation and the self. In Strauss, J., & Goethals, G. R. (eds.), *The self: Interdisciplinary approaches*. Springer-Verlag.

Carver, C. A., & White, T. L. (1994). Behavioral inhibition, behavioral activation, and affective responses to impending reward and punishment: The BIS/BAS scales. *Journal of Personality and Social Psychology*, **67**, 319-333.

Diener, E., & Emmons, R. A. (1984). The independence of positive and negative affect. *Journal of Personality and Social Psychology*, **47**, 1105-1117.

Duval, T. S., & Wicklund, R. A. (1972) *A theory of objective self-awareness*. Academic Press.

Elliot, A. J. (1997). Integrating the "classic" and "contemporary approaches to achievement motivation: A hierarchical model of approach and avoidance motivation. In M. Maehr & P. Pintrich (Eds.), Advances in motivation and achievement, vol.10, pp.143-179.

Fowles, D. C. (1994). A motivational theory of psychopathology. In W. D. Spaulding (Ed.), *Nebraska Symposium on Motivation: Integrative views of motivation, cognition, and emotion*. Lincoln, NE. University of Nebraska Press. pp.181-238.

Gable, S, L., Reis, H. T., & Elliot, A. J. (2000). *Journal of Personality and Social Psychology*, **78**, 1135-1149.

Gray, J. A. (1987). *The psychology of fear and stress (2nd ed)*. New York : Cambridge.

Gray, J. A. (1990). Brain systems that mediate both emotions and cognition. *Cognition and Emotion*, **4**, 269-288.

Higgins, E. T. (1987). Self-discrepancy: A theory relating self and affect. *Psychological Review*, **94**, 319-340.

Higgins, E. T. (1998). Promotion and prevention: regulatory focus as a motivational principle. In M. P. Zanna (Ed.), *Advances in Experimental Social Psychology, vol.30*, New York, Academic Press. pp.1-46.

Higgins, E. T., Friedman, R. S., Harlow, R. E., Idson, L. C., Ayduk, O. N., & Taylor, A. (2001). Achievement orientations from subjective histories of success: promotion pride versus prevention pride. *European Journal of Social Psychology*, **31**, 3-23.

Higgins, E. T., Bond, R. N., Klein, R., & Strauman, T. (1986). Self-discrepancies and emotional vulnerability: How magnitude, accessibility, and type of discrepancy influence affect. *Journal of Personality and Social Psychology*, **51**, 5-15.

Higgins, E. T., Shah, J., & Friedman, R. (1997). Emotional responses to goal attainment: strength of regulatory focus as moderator. *Journal of Personality and Social Psychology*, **72**, 515-525.

上出寛子・大坊郁夫（2005）．日本語版 BIS／BAS 尺度の作成　対人心理学研究，**5**, 49-58.

Lang, P. J. (1995). The emotion probe: Studies of motivation and attention. *American Psychologist*, **50**, 372-385.

Linville, P. W., & Carlston, D. E. (1994). Social cognition of the self. In P. G. Devine, D. L. Hamilton, & T. M. Ostrom (eds.), *Social Cognition: Impact on social psychology*, San Diego, CA: Academic Press, 143-193.

Loftus, E. F., Miller, D. G., & Burns, H. J. (1978). Semantic integration of verbal information into a visual memory. *Journal of Experimental Psychology: Human Learning and Memory*, **4**, 19-31.

Strauman, T. J., & Higgins, E. T. (1987). Automatic activation of self-discrepancies and emotional syndromes: when cognitive structures influence affect. *Journal of Personality and Social Psychology*, **53**, 1004-1014.

菅原ますみ（2003）．個性はどう育つか　大修館書店

Sutton, S. K., & Davidson, R. J. (1997). Prefrontal brain asymmetry: A biological substrate of the behavioral approach and inhibition systems. *Psychological Science*, **8**, 204-210.

安田朝子・佐藤　徳（2002）．行動抑制システム・行動接近システム尺度の作成ならびにその信頼性と妥当性の検討　心理学研究，**73**, 234-242.

Watson, D., Clark, L. A., & Tellegen, A. (1988). Development and validation of brief measures of positive and negative affect: the PANAS scales. *Journal of Personality and Social Psychology*, **54**, 1063-1070.

9 自己意識感情とその働き

　喜怒哀楽，人間の感情の種類はさまざまである。しかし，感情はわれわれ人間だけに表出されるものとは限らない。たとえば，怒りや恐れといった感情はわれわれヒトに近いとされるチンパンジーにも見られるし，他の哺乳類にも見ることができる。そのような他の動物の個体にも見られる初歩的な感情に加えて，われわれ人間は，人前で何か失敗すれば恥ずかしさという感情を経験し，他者に迷惑をかければ罪悪感を感じたりする。このような恥や罪といった感情は，喜怒哀楽のような感情に比べて，「失敗した」という否定的な評価を含む，より高次の感情といえる。恥や罪悪感のような社会生活における感情は，人間が心的過程としてさまざまな事象に対して行なう評価的な反応と言えよう。本章では，人間の感情の中でも，より高次な感情であり，自己意識と関わりが深い自己意識感情について取り上げる。

1. 自己意識感情とは

　われわれの社会生活では，他者との関係においてさまざまな感情を経験する。たとえば，情けない（恥），後ろめたい（罪悪感），くやしい（嫉妬），羨ましい（妬み），などの感情である。その他の代表的な感情といえる喜怒哀楽といった感情に対して，これらのいわば「恥罪嫉妬」は，他者との関係から生じる感情という点で，社会的（social）な感情と言えよう。このような恥（shame）や罪悪感（guilt）といった感情は，「自己意識感情（self-conscious emotion）」と呼ばれるが，怒り（anger）や恐れ（fear）のような基礎的感情（Basic emotion）

に比べて対人的影響が大きい感情であると区別され，社会的感情（Social emotion）と呼ばれることもある（Parkinson et al., 2005）。

恥，罪悪感，嫉妬，妬みなどの社会的感情は，自己と他者との関係の中で発達し，自己（self）が意識（consciousness）の焦点になり得る年齢段階になってから生じる感情であると言える。発達心理学者のルイス（Lewis, 1992）は，感情（emotion）のなかでも恥（shame），罪悪感（guilt），困惑（embarrassment），誇り（pride）といった感情は，「自己意識感情（self-conscious emotions）」であると主張している。

ルイス（1992）は，喜び，悲しみ，恐れ，嫌悪，興味，怒りなどは「一次的感情」と呼べる単純な日常の感情であるのに対し，共感や同情，恥，羨望，罪悪感，誇り，後悔などはより複雑な情動である「二次的感情」であると位置づけている。さらに，「二次的感情」は，内省を必要とした自己意識的かつ評価的感情であると指摘している（図9.1）。

ルイスら（1989）は，22カ月の幼児を対象に自己知覚の実験を行い，鏡に映っている人物が自分とわかる子どもは，赤面や照れ笑いといった「恥ずかしい」表情を示しやすいことを見出している。ルイス（1992）によれば，このような自己知覚の能力を獲得する年齢は，生後18カ月から24カ月だとされる。また，生まれて間もない頃の「ヒト」に，「恥ずかしい」と感じている様子は認められないが，自己意識が発現されるようになる頃には，他者の前で，顔を赤らめたり，視線をそむけたり，うつむいたりして，「恥ずかしい」という感情を示すような表情や身振りがみられるようになる。

また，発達心理学者の遠藤（2002）は，自己意識感情（self-conscious emotion）について，自分と他者との異同，または他者あるいは社会的基準から見た自分というものを徐々に意識するようになって自己意識感情が発生するのではないかと指摘している。つまり，自己意識感情は，まずは自分と他者との違いがわかり，社会的ルールに照らした自分の姿，さらに他者視点から自分を対象化できる能力が備わってからこそ生じる感情と言えよう。

発達心理学者のアイゼンバーグ（Eisenberg, 2000）も，恥や罪悪感，困惑や誇りなどは，自己の理解と評価が重要な位置を占めている自己意識感情であるとしている。

1. 自己意識感情とは　*171*

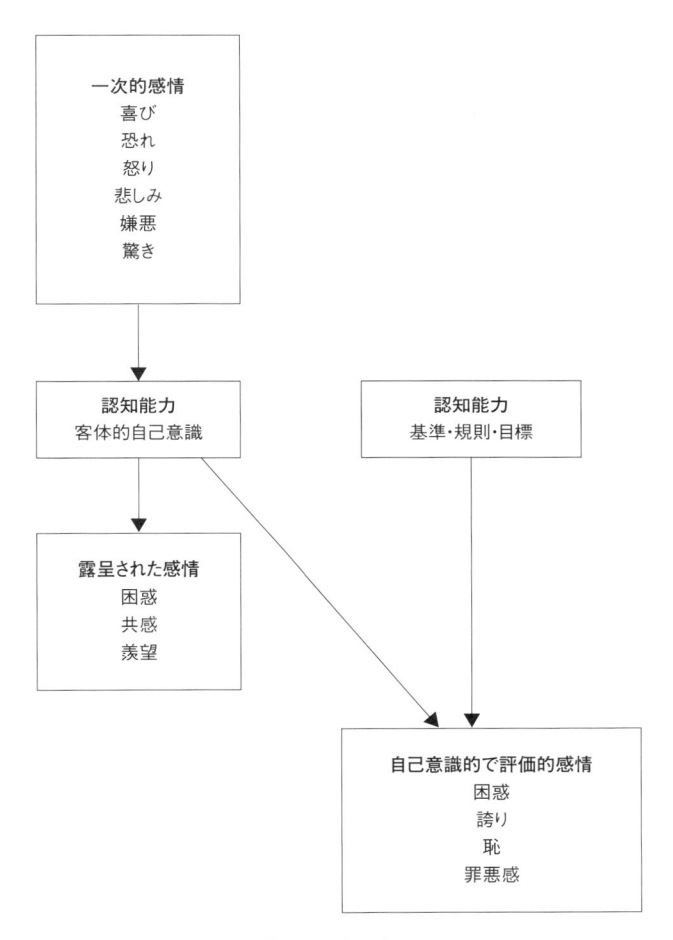

```
┌─────────────────┐
│   一次的感情      │
│     喜び         │
│     恐れ         │
│     怒り         │
│    悲しみ        │
│     嫌悪         │
│     驚き         │
└────────┬────────┘
         │
         ▼
┌─────────────────┐      ┌─────────────────┐
│   認知能力       │      │   認知能力       │
│  客体的自己意識   │      │  基準・規則・目標  │
└────────┬────────┘      └────────┬────────┘
         │                        │
         ▼                        │
┌─────────────────┐               │
│  露呈された感情   │               │
│     困惑         │               │
│     共感         │               │
│     羨望         │               │
└─────────────────┘               │
                                  ▼
                    ┌─────────────────────┐
                    │ 自己意識的で評価的感情 │
                    │      困惑           │
                    │      誇り           │
                    │       恥            │
                    │     罪悪感          │
                    └─────────────────────┘
```

図9.1　自己意識感情の発達モデル(Lewis, M, 1992)

　このような自己と関わりの深い感情とされる恥や罪悪感について，社会心理学者のタングネー（Tangney, 2003）は，自己関連感情（self-relevant emotions）と呼んでいる。タングネー(2003)は，すべての人間の感情は，広い意味では，「自己関連」であると捉えた上で，感情は，何らかの自己に関連する出来事が起こったとき，あるいは起ころうとするときに生じるとしている。また，タングネー（2003）は，人間の感情には，その個人にとっての評価的過程が影響しており，

われわれに起こった出来事が、ポジティブまたはネガティブな意味を持つと判断したときにそのような感情を経験すると指摘している。そして、タングネー（2003）はその感情経験の過程、厳密に言えば、特定の感情的反応は、個人にとってのポジティブあるいはネガティブな出来事を示唆する一次的評価と二次的評価（たとえば、出来事に対処する能力）の両方から形成されていると主張している。このように、タングネー（2003）は、すべての感情は、何らかのかたちで、自分自身と関連した出来事から生じるとみなしているものの、恥や罪悪感のような「自己関連感情」に焦点化していえば、直接的に自己反映や自己評価を必然的に含む感情であると捉えている。

これまで見てきたように、恥のような自己意識感情には、社会的感情、自己関連感情などさまざまな呼称が見られる。しかしながら、乳幼児の鏡像知覚の実験（Lewis et al., 1989）にみられるように、「恥ずかしい」というような自己意識感情を表出できるようになるには、自分を自分と認識できる「自己意識」が必要であり、その意味では、恥、罪悪感、嫉妬、妬みといった感情は、自己意識感情と呼ぶことができよう。そして、どのような評価が自己意識感情を生じさせるかといえば、それは生後の成長過程で学習するのだと思われる。

2. 自己意識感情としての恥と罪悪感の働き

自己意識感情は、近年、恥と罪悪感の社会生活における適応機能に関する一連の研究（Tangney, 1991 ; Tangney, 1995 ; Tangney & Leary, 1999 ; Tangey & Dearing, 2002 ; Tangney, 2003）が注目を集めている。タングネー（1995）は、恥と罪悪感は、広い意味では同じ「自己」に関連する感情であり、かつ同じ「道徳」感情に分類できるが、それらは明確に区別ができ、それらの特徴や適応機能は大きく異なると主張している。以下、自己意識感情における恥と罪悪感の代表的研究者であるタングネーの研究を中心に、自己意識感情としての恥と罪悪感のさまざまな働きを見ていく。

タングネー（1991）の主張では、恥は、罪悪感や共感とともに、反社会的・道徳的に反対すべき行動を抑制する典型的な「道徳感情（moral affect）」と呼

べるが，厳密に言えば恥と罪悪感は等しい「道徳感情」または「適応感情」ではないと主張している。タングネー（2003）は，その根拠として，罪悪感はいつも人々をポジティブな方向に動機づける（Baumeister et al.,1994）が，他方で恥は，簡単に消えてなくなるような道徳感情であることを示唆する研究（Tangney, 1991）があることを挙げている。

そして，タングネー（1995）は，「恥」は，姿を消す，逃げたい，隠れたいという願望をしばしば導き，価値の無さや力の無さの感覚といった，縮む，小さくなるといった感覚が主として同時に生じる激しい痛みのある感情であると捉えている（表9.1）。

他方で，「罪悪感」は，タングネー（1995）によれば，恥とは対照的に，非難の対象が「特定」の行動であり，「全体的」自己でないために，主としてより少ない痛みであり，罪（違反）に焦点化する。その結果として，罪悪感を感じている人々は，緊張の感情や悔恨，「悪いことをした」と後悔し，逸脱への絶え間ない焦点や没頭をしばしば報告し，繰り返しそれを考えたり，今までと異なる振舞いをしたり，生じさせた害をいくらか元通りにしたいと願ったりする。このように罪悪感には，回避や防衛を動機づけるという以上に，告白，謝罪，状況固定への試みといった修復的行動を動機づけるという適応機能があるというのである。このようにタングネー（1995）は，自己意識感情かつ道徳感情であるとされる恥と罪悪感の働きには違いが見られると主張している。

さらに，タングネー（2003）は，ネガティブな事態を引き起こす不適応機能を持つ恥と，顕著な適応機能を持つ罪悪感について，「恥 vs 罪悪感」という五つの視点からまとめている。それらは，「隠蔽と修復」，「他者志向的共感」，「怒

表9.1 自己意識感情としての恥と罪悪感の相違(Tangney, 1995; 安藤訳, 2002)

	恥	罪悪感
評価の対象	全体的自己	特定の行動
苦痛の程度	相対的に強い	相対的に弱い
現象的経験	無価値感,無力感	緊張,自責,後悔
自己の操作	観察する自己と観察される自己の分離	自己は統合された状態
自己への影響	全体的な価値低下による自己評価の減損	全体的な価値低下を伴わない
他者への関心	他者による評価への関心	他者への影響に対する関心
反事実的過程	自己の一側面の心理的取消し(undoing)	行動の一側面の心理的取消し
動機的側面	逃避への欲求	告白・謝罪・償いへの欲求

りと攻撃」,「精神的症状」,「逸脱の制止と社会に望ましくない行動」の五つである。以下，五つの視点を取り上げる。

[1] 隠蔽と修復

まず，第一に,「隠蔽と修復」である。われわれが失敗や逸脱の場面に直面したとき,「恥」という感情は，主として否定する，隠す，恥を生み出した状況から逃げるといった行動を導く。他方で,「罪悪感」は，主として，修復的行動を導く。たとえば，告白，謝罪，取消などの対人的な修復行動が挙げられる。

[2] 他者志向的共感

第二は,「他者志向的共感」である。共感 (empathy) は自己意識感情の一つである (Lewis, 1992) が，ここで扱う共感とは，反社会的行動や対人攻撃を抑制し，さらに暖かい親密な対人関係を促進し，愛他的な援助行動を動機づける感情をさす。タングネー (1995) は，質問紙調査研究によって，この共感への恥と罪悪感の相違を，感情の気質と感情状態の両方のレベルで検討している。その結果,「罪悪感」のような特定の行動への焦点化は，苦しんでいる他者の行動の結果に向けられ，共感的な反応を促進することが報告されている (Tangney, 1991, 1995, 2003)。しかしながら,「恥」は，対照的に，痛ましい恥の自己全体の焦点化によって，共感プロセスから外れ，恥じた個人は，傷つけた他者とは反対に，自分自身に焦点化するという傾向が見られる (Tangney, 1995, 2003)。

そして，罪悪感と恥の個人差を示す特性 (trait) については，罪悪感傾向の高い人は，共感性が高く，他者視点取得や共感的な関心の度合いと相関が見られる。他方で，恥傾向の高い人は，罪悪感とは対照的に，他者志向的な共感性が低く,「自己志向的な」個人的苦痛反応傾向と関係が見られる (Tangney, 2003)。これらの特徴から，罪悪感は他者志向的な共感と密接な関係があるが，他方で，恥は他者志向的な共感との関係をしばしば妨げることがあり,「共感」の視点から恥と罪悪感の違いを見ることができる。

［3］怒りと攻撃

　第三は，怒りと攻撃である。「恥」は，怒りと強い関連があるとされる（Tangney, 1995, 2003）。タングネー（1995）は，複数のシナリオから成る「自己意識感情検査（TOSCA：Test of Self-Consciousness Affect）」を使用し，恥経験の高い人々が，同じような失敗や逸脱に対し，状況や他人のせいにしがちであるという結果を報告している。また，タングネー（1995）は，児童，青年，大学生，成人といったさまざまな対象を調査し，恥傾向と怒り・敵意の感情との間の正の相関関係を示している。さらに，児童から青年までの発達を研究した縦断調査（Tangney et al., 1996）においても，恥傾向は，悪意のある態度や，直接的な身体的，言語的，象徴的な攻撃や間接的攻撃（たとえば，相手の何か重要なものを傷つける，相手の背後で陰口を言う）による攻撃方法，心に抱く攻撃（思弁的で表現されない怒り）と，児童から青年まで一貫して正の相関が見られたという。

　また，タングネー（2003）は，このような恥が怒りや攻撃行動に結びつきやすいという負の特徴とは逆に，罪悪感傾向の適応的な側面，つまり罪悪感が怒り処理（anger management）のより建設的な意味合いと関連があることを指摘している。タングネー（2003）は，偏相関分析を用いて，「恥のない」罪悪感の傾向は，建設的な態度と正の相関関係にあり，さらに直接的・間接的な攻撃と負の相関関係にあることを示している。

　その他にも精神医学者のルイス（1971）は，臨床的な事例研究に基づく恥と怒り（または屈辱による興奮状態）の間の力動に着目し，セラピールームにおいて，クライエントの恥の感情が，しばしば，怒りや敵意の表現に先立つことを指摘している。

［4］精神的症状

　第四は，精神的症状との関係である。恥の個人差を表す「恥」特性（trait）の高さは，抑うつ，不安，摂食障害の症状，臨床的な社会病理や低自尊心を含む多くの精神的症状全体との関連が報告されている（Allan et al., 1994）。

　恥の精神的症状との関係とは対照的に，「罪悪感」は，対人行動に対する適応的な機能が見られる（Baumeister et al., 1994）。

他方で,「罪悪感」特性が高い傾向にある児童,青年,成人は,精神的症状としての抑うつ,不安,低自尊心などの深刻な危険状態との関連が見られないことが指摘されている(Tangney & Leary, 1999)。

[5] 社会的逸脱の制止

　第五は,社会的逸脱行動の制止である。ここでは恥・罪悪感における逸脱の制止や社会的に望ましくない行動との関係を取り上げる。

　バーレット(Barrett, 1995)は,「恥」は非常に痛ましいものであり,人が悪いことをすることを避けるように動機づけ,逸脱や不正の可能性を減少させるという想定が人々に持たれていると指摘している。

　タングネーら(1996)は,罪悪感が,道徳行動を含めた道徳感情につながる直接的な証拠として,長期的な家族を対象とした縦断研究を行っている。対象者は380人の児童(第5学年),その両親,祖父母であった。研究対象となった子どもたちは,人種的にも社会・経済的にも多様なワシントン D.C. 郊外にある公立学校(サンプルの60%が白人,31%が黒人,9%がその他)に通い,家族の収入が中間層であり,両親の学力は典型的であるというものであった。その後,その調査対象者の子どもたちに対して,18歳から19歳時に,主要な生活領域にわたる感情と行動についてのヒストリーインタビューが行われた。これらの広範囲なインタビューについて分析した結果,児童であった第5学年時における道徳感情の帰属(attribution)スタイルが,麻薬といった薬物使用や飲酒,危険な性行動(避妊をしない),犯罪(逮捕される,有罪になる,投獄される),自殺未遂,大学停学といった青年期における重大な問題行動を予測することを示していた。これはつまり,児童期に道徳感情の帰属スタイルで恥への傾向が高かった者は,そうでない同級生に比べ,青年期において,犯罪のような社会的な問題行動を行いがちであり,対照的に罪悪感への傾向が高かった者は,そうでない同級生に比べ,青年期に重大な問題行動を行う者が少なかったことを表している。このような縦断研究に見られるように,タングネー(2003)は,「罪悪感」傾向は,犯罪活動や他の行動的不適応の最も重要な予測の一つとなるとは考えており,さらに,これらの結果が単なる社会的望ましさの効果ではないという妥当性の高さにも言及している。

以上，これら五つの視点から，タングネーの恥と罪悪感に関する社会生活での適応機能に関する研究に見られるように，恥と罪悪感はその働きが大きく異なるようである。タングネーとダーリング（2002）によれば，罪悪感のような道徳感情（moral emotion）は，道徳行動（moral behavior）を導くが，恥は非道徳的行為（immoral action）を抑制することはほとんどなく，代わりに，痛みを伴う恥の感情が，薬物乱用や自殺といった自己破滅的行動（self-destructive behaviors）を促進させるとの指摘があり，今後も恥や罪悪感に関する道徳面や精神病理面での適応機能についての研究が望まれる。

　日本では，恥と罪悪感の機能に関する研究の知見はまだ少ないが，共感については，罪悪感と共感（視点取得）の関係（石川・内山，2001），精神的症状については，罪悪感と精神的健康の関係（有光，2001）などの研究によって欧米の研究結果とほぼ同様の結果が確認されている。その他，社会的逸脱の制止については，Tangneyの恥の研究知見とは異なるが，日本の中高生の恥意識の高さが犯罪行為や虞犯行為の抑制的態度につながっている結果を示した研究（永房，2004a）が見られる。また，日本だけでなくアメリカ・トルコといった3カ国を対象にした恥意識の国際比較研究では，3カ国すべてにおいて恥意識が道徳意識と正の相関関係にあり，また3カ国のなかでも恥意識と道徳意識との相関関係は日本が最も高かったという結果も見られる（永房ら，2002）。そして，日本では，恥意識と罪悪感との間に，やや高い正の相関関係が示されており（永房，2003），今後は，欧米の研究知見を参考に，日本国内における恥や罪悪感の個別および共通機能，恥や罪悪感以外の自己意識感情の機能，これらの社会生活への適応と不適応の両側面の働きについて研究する必要があるといえるであろう。

3. 自己意識感情の研究動向

　自己意識感情に関する研究は，大きく，三つのアプローチに分けられるといえる。第一に，自己意識感情の発達に関する研究である。第二は，自己意識感情の社会生活上の対人社会的機能に関する研究である。第三は，自己意識感情

の精神病理に関する研究である。そしてまた、研究ツールとして、自己意識感情を測定するさまざまな尺度が開発されている。

[1] 自己意識感情の発達的研究

第一の自己意識感情の発達に関しては、精神分析学者のエリクソン（Erikson, 1950）が、ライフサイクル論における発達課題の中で「恥」や「罪悪感」に言及していることが有名である。たとえば、エリクソン（1950）は、幼児期の発達課題として、「恥」と「自律性」を挙げている。

国内における研究では、石川・内山（2001）が、幼児を対象に罪悪感への共感性と役割取得能力の影響を検討し、幼児の罪悪感特性には性差が見られないことを確認している。

そして、久崎（2005）は、幼児を対象に、はじめから足が壊れるようになっている人形への反応を見るという実験場面を通して、幼児の恥と罪悪感の表出傾向に及ぼす要因を調べている。その結果、恥経験が他者への回避行動に、罪悪感経験が他者との関係への修復行動につながるような示唆を得ている。さらに、久崎（2005）は、幼児の養育者の「しつけ方略」と恥・罪悪感の表出・行動を調べ、養育者から罪悪感を誘発する説教を多く受けた子どもは他者にすばやく注意を向ける傾向があると指摘している。

その他、幼児以外の自己意識感情の発達では、永房・中里（2000）が小学生・中学生・高校生・大学生を対象に、恥意識（shame-consciousness）の発達的変化について質問紙調査を実施し、恥意識と「道徳意識（moral-consciousness）」との間には正の相関関係が見られる一方で、年齢が上がるにつれてその相関の大きさが低くなることを示している（表9.2）。

[2] 自己意識感情の対人社会面に関する研究

自己意識感情と呼ばれる代表的な感情には、恥と罪悪感がある。かつて、進化論を唱えたダーウィン（Darwin, 1872）は、「恥」の表出がヒトという種に内在する固有のものであるものと言及している。これに関して、ルイス（1992）は、ダーウィンの「恥」に関する記述は、きわめて広範であり、ルイス（1992）の言うところの自己意識的感情のほとんどが含まれていると指摘している。こ

表9.2　恥意識と道徳意識の相関関係(永房・中里, 2000)

	道徳意識
小学生の恥意識	.574**
中学生の恥意識	.503**
高校生の恥意識	.398**
大学生の恥意識	.379**

**$p<.01$

のように，恥や罪悪感といった感情は，名称の相違こそあれ，これまで同種の感情として扱われ，明確に分けられて研究がされていなかったと言える。近年，欧米の研究においては，典型的な自己意識感情である恥と罪の感情について，それらの明確な違いを調べる研究が行われるようになった。その恥と罪悪感の区別には大きく分けて二つの視点が見られる。

　第一は，日本を「恥の文化（culture of shame）」と位置づけたことで有名な文化人類学者ベネディクト（Benedict, 1946）の公—私の逸脱（transgression）による区別である。これは，ある状況が恥を導き，一方で，他の状況が罪悪感を導くという考え方である。このベネディクト（1946）の区別は，恥が罪悪感よりも，公的な露出やいくつかの欠点の非難または逸脱から生じる，より「公的な（public）」感情であり，他方で罪悪感は，自分で生み出した良心の呵責から生じる，より「私的（private）」な経験として捉えられる，というものである。また，社会心理学者スミスら（Smith, R. H. et al., 2002）の実験的な研究でも，恥は，罪悪感よりも，道徳（moral）状況や無能力（incompetence）状況において，より公的な露出（exposure）によって生じる感情であったと報告されている。

　第二は，ある状況に対する認知的評価（appraisal）による区別である。精神医学者であるルイス（1971）は，事象に対する全体—部分の帰属によって恥と罪悪感を区別している。ルイス（1971）は，自らの臨床経験から，恥と罪悪感が，公的—私的状況といった違いではなく，同じ状況でも，対象が「自己」または「行動」で異なり，さらに「全体」または「部分」の相違によって区別できると主張している。ルイス（1971）によれば，恥は「全体的」な自己のネガティブな評価を含んでおり，罪悪感は「特定」の行動のネガティブな評価を含んでいる，とその認知的評価による違いを明確にしている。つまり，その対象

への評価として「部分」に帰属するか，それとも「全体」に帰属するかで恥か罪悪感かが異なってくると言うのである。

この認知的評価に基づく「帰属」による恥と罪悪感の区別は，社会心理学者のタングネー（1995, 2003）も積極的に支持している。その他，発達心理学者のルイス（1992）も「全体―部分」の帰属，「成功―失敗」の評価という2軸において自己意識感情を分けることができると主張している（図9.2）。ルイス（1992）によると，対象の評価が失敗で「全体的」に帰属されるなら「恥」の感情が生じ，失敗の評価で「個別的」な帰属なら「罪」の感情が生じる。他方で，対象の評価が成功で「全体的」に帰属されるなら「驕り」の感情が生じ，成功の評価で「個別的」に帰属されるなら「誇り」が生じると認知的帰属理論の立場から，自己意識感情の構造モデル化を行なっている。

日本の自己意識感情の対人的機能に関する研究では，社会心理学において「羞恥感情」が生起する状況分類のアプローチが多く見られる。たとえば，菅原（1998）は，羞恥感情の対人不安機能の研究において，対人不安を「羞恥感」と「コミュニケーション不安」に分け，さらに羞恥感情を「ハジ」と「テレ」に分類している。また，成田ら（1990）は，羞恥感情を引き起こす状況に，「かっこ悪さ」，「気恥ずかしさ」，「自己不全感」，「性」から成る4因子構造に分類している。そして，樋口（2000, 2004）は，日本人の恥，困惑，照れなどの感情を「恥」という用語で統一できると位置づけ，「公恥」「私恥」「照れ」「対人緊張」「対人困惑」「性」の六つの生起状況に分類している。その他，そのような羞恥状況を生じさせる相手について，佐々木ら（2005）は，羞恥感情が，親密な他者や見知らぬ他者よりもむしろ「中間的な」親密さの他者に対して強く感じることを報告している。

A.基準と規則
B.評価

成功	失敗	C.自己への帰属
驕り	恥	全体的
誇り	罪	個別的

図9.2　自己意識感情の帰属モデル（Lewis, 1992）

羞恥感情はこのように，自己意識感情である恥を含む多義的なものであるが，そのなかでも「恥（shame；ハジ）」の機能を対象にした研究として，永房（2004a）は，恥意識の非行抑制機能に関する調査研究を行い，日本の中高生の恥意識の高さが非行への抑制的態度と関係していることを明らかにしている。その他，自己意識感情の「文化」の問題を扱った国際比較研究として，永房ら（2002）は，日本，アメリカ，トルコの3カ国の中高生を対象に質問紙調査を行い，その結果，恥意識の高さはトルコが最も高く，日本とアメリカとの間には有意な差が見られなかったことを示している。また，永房（2002）は，国際比較の結果，恥意識には，自律的な恥，他律的な恥，同調的な恥の三傾向が見られ，特に日本人中高生の恥意識の特徴として，他者と異なるだけで恥ずかしいと感じる「同調的恥」が見られることを指摘している。

このように羞恥感情研究の対象には，恥，困惑，照れなどがあり，その他にもスポーツ場面での"あがり"（有光，2003）などさまざまな側面からの研究が見られる。今後もその分類や発生メカニズムと対処行動，性差の問題や異文化の問題などの研究が盛んに行われていくものと思われる。

恥以外の自己意識感情としては，嫉妬と妬みがある。サロベイとロディン（Salovey & Rodin, 1986, 1989）によれば，「嫉妬（jealousy）」という語は，熱狂的（zealous）という語と同じ起源をもつ感情であり，奨励されるものがなくなってしまうのではないかという疑いの感情である。他方で，「妬み（envy）」は，ラテン語の invidere（悪意をもって人をみる）という語源から，他者が所有しているものを欲しがり不満を持つことを意味する感情であるとされる。

嫉妬の働きには，他者の持ち物を奪いたいという不適応な対人的機能がある一方で，競争によって自分を向上させるという適応機能が見られるとの指摘がある（Foster, 1972）。そして，嫉妬や妬みの対人的機能は，他者との比較によって生じる（Salovey & Rodin, 1984, 1988, 1991）。サロベイとロディン（1988, 1991）は，人には基本的に自己評価を高めようとする動機があると提唱するテッサー（Tesser, 1986, 1988）の自己評価維持理論（SEM 理論：self-evaluation maintenance theory）に基づき，「比較」と「反映」という観点から，嫉妬と妬みに関する実証的研究を行っている。SEM 理論は，以下のとおりである。人は，自分をライバルである他者と比較して，ライバルである他者の優れた能

力（パフォーマンス）に対して自己の劣った能力（パフォーマンス）が強調されるならば，自己評価が低下する。他方で，ライバルである他者の優れた能力（パフォーマンス）が自己に反映されるならば，栄光浴（他人の栄光に浴する）に見られるように，自己評価が高められるというものである。

サロベイとロディン（1991）は，嫉妬と妬みが，この SEM 理論に見られるような他者との比較によって生じる感情であると捉え，四つの視点から質問紙調査を行っている。四つの視点とは，①自分にとっての重要領域，②その領域への理想の程度，③その領域についての現実の程度，④嫉妬と妬みを強く感じた状況である。重要領域には，富や名声，他者から好かれるかどうか，身体的な魅力，知能，運動能力などが挙げられる。サロベイとロディン（1991）の調査研究の結果では，嫉妬と妬みの高さは，自分にとっての重要領域ほど嫉妬や妬みが高く，また理想自己と現実自己の差が大きいほど嫉妬や妬みが高く，自分にとっての重要領域かつ理想自己と現実自己の差が大きいほど嫉妬や妬みが高いことが示されている。

日本では，澤田（2005）が小学生と中学生を対象にした妬み（envy）についての質問紙調査研究を行い，妬みが八つの領域（成績・運動・技術・財産・評価・環境・人気・身体）と3因子構造（敵対感情・苦痛感情・欠乏感情）から成り，領域によって性差や学年差があることを指摘している。

今後の嫉妬と妬みに関する研究は，自己にとっての重要領域だけでなく，相手との関係性という視点も加え，嫉妬と妬みそれぞれの対人社会的機能の相違や共通性などを対象にした研究が増えていくと思われる。

[3] 自己意識感情における精神病理に関する研究

典型的な自己意識感情と言える恥（shame）は，回避性人格障害，社会不安障害との関連がみられる（DSM-Ⅳ）。また，恥は，日本人に多いとされる対人恐怖症との関係が指摘されており，精神医学者の岡野（1998）は，対人恐怖症患者の臨床経験から，恥と自己愛との関係について精神分析の観点から検討している。そして，罪悪感と精神病理の関連を示すものとしては，「大うつ病」（DSM-Ⅳ）の症状のなかで罪悪感の関与が見られる。その他，嫉妬と妬みは，「妄想性障害」（DSM-Ⅳ）の初期症状として挙げられており，さらに慢性的な「自

己愛性人格障害」の診断基準症状の一つになっている。

　精神病理の患者ではなく，健常者を対象にした精神的健康に関する研究では，有光（2001）が日本人大学生を対象とした質問紙調査を行い，国内でも欧米の研究結果（Tangney, 1995）と同様に，恥傾向の高さと不安や抑うつといった精神的症状との間に正の相関関係が見られたことを報告している。

　自己意識感情の精神病理面での研究の今後は，日本人に多いとされる対人恐怖，社会不安障害や回避性人格障害と恥の関係，自己愛と恥の関係などのさらなる詳細な事例の収集や分析的研究が必要であろうし，恥が自己への帰属といった認知的評価に影響しているならば，認知行動療法などの治療法の研究も望まれると言えよう。

[4] 自己意識感情の尺度

　自己意識感情に関するこれまでの研究は，主に，質問紙調査によるものが多いと言える。恥と罪悪感研究に関して言えば，タングネーとダーリング（2002）の仮想物語を読みその回答による帰属スタイルを調べる TOSCA という自己意識感情検査が有名である。

　この TOSCA はさまざまなバージョンが作成されているが，日本では，岡田（2003）が日本人大学生を対象に，青年版である TOSCA の妥当性と信頼性を検証している（表9.3）。その他，薊（2004）も TOSCA を用いて日本人の女子学生対象に日本での適用可能性を検討している。

　その他，自己意識感情を測定する尺度としては，「恥意識尺度（Shame-Consciousness Scale）」が開発されている（永房, 2004b）。永房（2004b）は，日本人大学生を対象に，質問紙調査によって恥意識経験を収集し，照れ（Shyness）状況を除外した上で恥（shame）状況を対象にした青年用の恥意識尺度を作成し，恥意識が，「内省」「社会規律違反」「同調不全」「視線感知」の4因子から構成されることを明らかにしている。その他，日本，アメリカ，トルコの中高生を対象にした調査研究に基づく「中高生用」の恥意識尺度も作成されている（永房ら, 2002）。

　罪悪感を測定する尺度には，カグラーとジョーンズ（Kugler & Johns, 1992）の罪悪感尺度（Guilt Inventory）がある。この罪悪感尺度は，特性罪悪感（Treat

表9.3 TOSCA(青年版)質問項目例(Tangney & Dearing, 2002; 岡田訳, 2003)

Q. セルフサービスの食堂で,あなたはつまづいて友達の飲み物をこぼしてしまいました。					
	なさそう	全く なさそう	たぶん 半々	ありそう	非常に ありそう
a) 私は,みんなが私をみて笑っていると考えるだろう。	①	②	③	④	⑤
b) 私は,「本当に申し訳ない。もっと足元に注意するべきだった」と感じるだろう。	①	②	③	④	⑤
c) 私は,そんなに値段が高いものではないのであまり気にしないだろう。	①	②	③	④	⑤
d) 私は,「仕方がなかった。床が滑りやすかったからだ」と考えるだろう。	①	②	③	④	⑤

Guilt),状態罪悪感(State Guilt),道徳規範(Moral Standard)の三つの下位尺度で構成されている。日本では,佐藤・三宅(1999)がこのカグラーとジョーンズ(1992)の罪悪感尺度を日本語に翻訳した質問紙を用いて,日本人を対象にした調査研究によって検討を行っている。

近年では,日本人の罪悪感の尺度に関しては,有光(2002)が大学生を対象に質問紙調査を行い,罪悪感の喚起状況を尺度化し,罪悪感が「他傷」「配慮不足」「利己的行為」「負い目」の4因子に分類されることを指摘している。今後は,日本人における恥や罪悪感の特徴を明確化するためにも,文化的特徴を考慮した上で尺度の妥当性・信頼性をさらに検討する必要がある。その他,実験的研究により,自己意識感情を生起させる典型的な場面を考案し,実験パラダイムを精緻化していく研究の試みも求められると言えよう。

これまで見てきたように,自己意識感情は,主に自我の芽生えによって生じる感情(発達面),人前での失敗による恥や他者を傷つけたことによる罪悪感のような対人または社会生活場面で生じる感情(対人社会面),恥のように自己愛の傷つきによって生じる対人恐怖症や抑うつといった精神疾患につながる感情(精神病理面)の三側面に分けられる。自己意識感情研究は,「自己(self)」という要因が密接に関与する複雑かつ自己評価的な感情として,これらの三側面の研究アプローチの相互作用と他の研究領域の成果も合わせ,今後もさらに研究が進展していくと思われる。

4. 今後の自己意識感情研究の展望

　自己意識感情は，恐れや怒り，悲しみといった一次的もしくは原初的，基礎的な感情に比べて新しい感情研究の対象であり，自己評価を必要とする高次な認知過程を経て生じる感情として今後もさらに実証的な研究知見が発展していくと思われる。感情の実証的な研究としては，まず生理学や神経科学のような心理学を含めた学際的実証科学，たとえば認知神経科学における自己意識感情の生理的基盤を確かめる研究が挙げられる。具体的には，恥や罪悪感が生起されたとき，脳のどの部位の神経が興奮し，どのような血流パターンを示すのか，fMRIやPETといった生理的または医療用機器で脳の変化を確かめようとする研究である。それらの認知神経科学的研究によって，二次的感情である恥や罪悪感といった自己意識感情が恐れや悲しみといった他の一次的感情と本当に異なる種類の感情であるのか，もしくは本当に自己意識感情と呼べる感情が可視的に捉えられるのかが期待される。最近の研究では，モルら（Moll et al., 2005）が，北米人やアフリカ人を被験者に，fMRIによって罪悪感（guilt）や困惑（embarrassment）などの自己意識感情生起時の脳の活性部位を確かめる研究を行っている。このような道徳的認知（human moral cognition）の神経科学的基盤を検証する研究は今後も増えていくと思われる。

　しかしながら，このように人間に共通した自己意識感情の認知神経科学的研究を行うならば，「文化」の問題を考慮しなければならない。その一つとして，どのような文化にも共通した恥や罪悪感を生起させる「刺激」を特定することの困難さが挙げられる。喜怒哀楽といったいくつかの感情については，エクマン（Ekman, 1973）の表情を対象とした研究において，文化の共通性がある程度認められてはいる。一次的感情に関して言えば，たとえば，「恐怖」を生起させるならば，刺激として，クモや蛇，銃を突きつけられた画像を見せることなどが考えられるが，より複雑で二次的感情と言える自己意識感情では，その特定の自己意識感情を生起させるための，反応性の高い刺激をより精選しなければならない。たとえその自己意識感情を喚起させる典型的な刺激が見つかったとしても，その刺激によって喚起された神経の興奮や血流の速さが「恥」や「罪

悪感」といった自己意識感情である，と同定できるのかどうかという典型的な「反応」の問題があると言えよう．恥ならば赤面といった表情や顔面の血流量などの指標も考えられるが，「恥ずかしい」という言語報告を指標にするならば，やはり妥当性・信頼性の高い実証的根拠が必要であろう．

このように，自己意識感情はその神経生理学的基盤，言うならば脳科学での実証的研究が進んでいく一方で，その感情を喚起もしくは同定するさらなる実証的な根拠を示す研究が必要となってくると思われる．恥や罪悪感という自己意識感情について言えば，その文化や社会集団における何らかの規範を参照し，いわば「タブーを犯した」と評価した結果生じる高次な感情であると考えられる．さらに，自己意識感情は，感情生起時の他者の存在有無やそのときの状況によって異なることが予想される難しさがある．今後は，他者やその状況認知によって，どのように自己意識感情が生起し終息していくのか，社会神経科学（Cacioppo, J. T. et al., 2002)，または社会的認知研究など社会心理学の知見を含め，感情研究のさらなる発展が望まれる．

引用・参考文献

Allan, S.,Gilbert, P., & Goss, K.（1994). An exploration of shame measures. Ⅱ : Psychopathology. *Personality and Individual Differences*, **17**, 719-722.
American Psychiatric Association（1994). *Diagnostic and statistical manual of mental disorders* (4th ed.). Washington,DC: Author.（高橋三郎ら訳（1995). DSM-Ⅳ精神疾患の分類と診断の手引き　医学書院）
安藤清志（2002). 罪悪感と社会的行動（Ⅰ）罪悪感による行動のコントロール　東洋大学社会学研究所年報, **34**, 23-39.
有光興記（2002). 日本人青年の罪悪感喚起状況の構造　心理学研究, **73**, 148-156.
有光興記（2001). 罪悪感・羞恥心と精神的健康の関係　健康心理学研究, **14**, 24-31.
有光興記（2003)．"あがり"とその対処法　川島書店
薊理津子（2004). Test of Self-Consciousness Affect-3 の「恥」「罪悪感」研究への摘用可能性の検討　日本社会心理学会第45回大会発表論文集, 430-431.
Baumeister, R. F., Stillwell, A. M., & Heatherron, T. F.（1994). Guilt: An interpersonal approach. *Psychological Bulletin*, **115**, 243-267.
Barrett, K. C.（1995). A functionalist approach to shame and guilt. In J. P. Tangney & K. W. Fischer,（Eds.), *Self-conscious emotions: Shame, guit,embarrassment, and pride*, New York: Guilford Press. pp.25-63.
Benedict, R.（1946). *The Chrysanthemum and the sword : Patterns of Japanese culture*. Boston : Houghton Mifflin（長谷川松治（訳）（1967)．菊と刀　社会思想社）

Cacioppo, J. et al.（Eds.）（2002）. *Foundation in social neuroscience.* Cambridge, MA: The MIT Press.

Darwin, C.（1969）. *The expression of the emotions in the man and animals.* Chicago: University of Illinois Press.（Original work published 1872）

Eisenberg, N.（2000）. Emotion, regulation, and moral development. *Annual Review of Psychology,* **51**, 665-697.

Ekman, P.（1973）. Emotion in the human faces. Cambridge, MA Cambridge University Press.

遠藤利彦（2002）. 発達における情動と認知の絡み　高橋雅延・谷口高士（編）感情と心理学　北大路書房　pp.2-40.

Erikson, E. H.（1950）. *Childhood and Society.* Norton : New York.（仁科弥生（訳）（1980）. 幼児期と社会　みすず書房）

Foster, G.（1972）. The anatomy of envy: A study in symbolic behavior. *Current Anthropology,* **13**, 165-202.

樋口匡貴（2000）. 恥の構造に関する研究　社会心理学研究, **16**, 103-113.

樋口匡貴（2004）. 恥の発生―対処過程に関する社会心理学的研究　北大路書房

Kugler, K., & Johns, W. H.（1992）. On conceptualizing and assessing guilt. *Journal of Personality and Social Psychology,* **62**, 318-327.

Moll, J., Zahn, R., Oliveria-Souza, R., Krueger, F., & Grafman, J.（2005）. The neural basis of human moral cognition. *Nature Neurosci.* **6**, 799-809.

久崎孝浩（2005）. 幼児の恥と罪悪感に関連する行動に及ぼす発達的要因の影響　心理学研究, **76**, 327-335.

石川隆行・内山伊知郎（2001）. 5歳児の罪悪感に共感性と役割取得能力が及ぼす影響　教育心理学研究, **49**, 60-68.

Lewis, H. B.（1971）. *Shame and guilt in neurosis* New York : International Universities Press.

Lewis, M.（1992）. *Shame: The exposed Self.* New York: Free Press.（高橋恵子（監訳）（1997）. 恥の心理学―傷つく自己―　ミネルヴァ書房）

Lewis, M., Sullivan, M. W., Stanger, C., & Weiss, M.（1989）. Self development and self conscious emotions. *Child Development,* **60**, 146-156.

成田健一・寺崎正治・新浜邦夫（1990a）. 羞恥感情を引き起こす状況の構造―多変量解析を用いて―　関西学院大学人文論究, **40**, 73-92.

永房典之（2002）. 恥意識構造の国際比較　日本社会心理学会第43回大会発表論文集, 314-315.

永房典之（2003）. 日本人大学生の恥意識に関する研究―道徳意識・罪悪感・自尊心・シャイネスとの関係―　東洋大学大学院社会学研究科紀要, **39**, 105-120.

永房典之（2004a）. 非行抑制機能としての恥意識に関する研究　社会安全, No.**52**, 24-43.

永房典之（2004b）. 恥意識尺度（Shame-Consciousness Scale）作成の試み　東洋大学大学院社会学研究科紀要, **40**, 42-47.

永房典之・中里至正（2000）. 世代における恥意識構造の違い　日本グループダイナミックス学会第48回大会発表, 6-7.

永房典之・中里至正・松井洋・中村眞・堀内勝夫（2002）． 親子関係に関する国際比較研究(3) ―恥意識と心理的距離・道徳意識との関係― 日本心理学会第66回大会発表論文集，161.

岡田顕宏（2003）． 日本人大学生の恥および罪悪感傾向の測定―TOSCA-A 日本語版作成の試み 札幌国際大学紀要，**34**, 31-42.

岡野憲一郎（1998）． 恥と自己愛の精神分析―対人恐怖から差別論まで 岩崎学術出版社

Parkinson, B., Fischer, A. H., & Manstead, A. S. R. (2005). *Emotion in Social Reations : Cultural, group, and interpersonal processes.* New York: Psychology Press.

Salovey, P. (1991). Social comparison processes in envy and jealousy. In J. Suls & T.A. Wills (Eds.), *Social comparison : Contemporary theory and research*. Hillsdale, NJ : Lawrence Eribaum. pp.261-285.

Salovey, P., & Robin, J. (1984). Some antecedents and consequences of social-comparison jealousy. *Journal of Personality and Social Psychology,* **47**, 780-792.

Salovey, P., & Robin, J. (1986). The differentiation of romantic jealousy and social-comparison jealousy. *Journal of Personality and Social Psychology,* **50**, 1100-1112.

Salovey, P., & Robin, J. (1988). Coping with envy and jealousy. *Journal of Social and Clinical Psychology,* **7**, 15-33.

Salovey, P., & Robin, J. (1989). Envy and jealousy in close relationships. *Review of Personality and Social Psychology,* **10**, 221-246.

佐々木 淳・菅原健介・丹野義彦（2005）． 羞恥感と心理的距離との逆U字的関係の成因に関する研究－対人不安の自己呈示モデルからのアプローチ 心理学研究，**76**, 445-452.

佐藤美恵子・三宅和夫（1999）． 日本人の恥と罪の自己意識の特徴―アメリカ人との比較を通して－ 日本心理学会第63回大会発表論文集，706.

澤田匡人（2005）． 児童・生徒における妬み感情の構造と発達的変化―領域との関連および学年差・性差の検討― 教育心理学研究，**53**, 185-195.

Smith, R. H., Webster, J. M., Parrott, W. G., & Eyre, H. L. (2002). The Role of Public Exposure in Moral and Nonmoral Shame and Guilt. *Journal of Personality and Social Psychology,* **83**, 138-159.

菅原健介（1998）． 人はなぜ恥ずかしがるのか―羞恥と自己イメージの社会心理学― サイエンス社

Tesser, A. (1986). Some effects of self-evaluation maintenance on cognition and action. In R. M. Sorrentino, & E. T. Higgins (Eds), *Handbook of motivation and cognition: Foundations of social behavior, Vol.1* New York: Guilford Press. pp.435-464.

Tesser, A. (1988). Toward a self-evaluation maintenance model of social behavior. In L.Berkowits (Ed.), *Advances in experimental social psychology, Vol.21*, New York: Academic Press. pp181-227.

Tangney, J. P. (1991). Moral Affect : The good, the bad, and the ugly. *Journal of Personality and Social Psychology,* **61**, 598.-607.

Tangney, J. P. (1995). Shame and Guilt in Interpersonal Relationships. In J. P. Tangney, &

K. W. Fischer (Eds) *Self-Conscious Emotions; Shame, guilt, embarrassment, and pride.* NewYork: Guilford Press.

Tangney, J. P. (2003). Self-Relevant Emotions. In M.R.Leary & J.P.Tangney (Eds) *Handbook of self and identity.* Guilford Press.

Tangey, J. P., & Dearing, R. L. (2002). *Shame and guilt.* NewYork: Guilford Press.

Tangney, J. P., Miller, R, S., Flicker, L., & Balow, D.H. (1996). Are shame, guilt, and embarrassment distinct emotions? *Journal of Personality and Social Psychology*, **70**, 1256-1269.

Tangney, J. P., & Leary, M. R. (1999). Problematic Social Emotions: Shame, guilt, jealousy, and envy. In R. M. Kowalsky & M. R.,Leary, (Eds.), *The social psychology of emotional and behavioral problem: Interfaces of social and clinical psychology.* Washington DC: American Psychological Association. (安藤清志・丹野義彦（監訳）臨床社会心理学の進歩—実りあるインターフェイスをめざして 北大路書房)

Tangney, J. P., Wagner, P. E., Barlow, D. H., Marschall, D. E., & Gramzow, R. (1996). The relation of shame and guilt to constructive versus destructive responses to anger across the lifespan. *Journal of Personality and Social Psychology*, **70**, 797-809.

パート3

感情のコントロール

10

感情の制御

　現代社会で最も尊ばれる社会的スキルの一つに,「意志の力」という言葉に代表される,自己制御のスキルが挙げられる。その場の感情や衝動に流されずに,それを抑えて自分を制することには,高い社会的価値が置かれている。心の状態を律することへの期待には,「制御するべきだ」といった社会からの要求だけではなく,「制御したい」という個人的な要求が反映されていると言えるだろう。気分をコントロールする,欲求を鎮圧する,意欲をかき立てる,禁酒・禁煙,ダイエットなど,現代では至るところで自己管理の方法を説く書籍や広告を目にすることができる。われわれは,さまざまな望まない感情や衝動を胸中に閉じ込めながら,快適な日々の生活を送ろうとしている。

　感情制御は,効果的な日常生活や心身の健康と関係の深い自己制御の一つであり,自らの感情状態を監視し,それを望ましく変化・維持させようとするさまざまな活動を指す。感情制御によって,われわれは動揺を一時的に凍結させ,他の進行中の課題に影響を与えずに作業を進めることができる。また,対人場面において感情表出を適切にコントロールすることは,社会からの拒絶を防ぎ,恩恵を得やすくするために重要な役割を果たす。まさに感情の制御は,効果的な社会生活のための鍵であると言えよう。

　しかし,感情制御は重要なスキルであるとされる一方で,やみくもな制御は心身に多大な負担を強いることや,思わぬ悪影響を生じさせることも知られている。科学的アプローチによる近年の研究の進展によって,制御に伴うさまざまな認知的,社会的,身体的な影響が明らかにされてきた。これらの研究知見は,一般的な信念とは異なり,感情の制御は必ずしも有益ではないことを示している。

本章では，このような感情制御に関する研究知見に焦点を当て，制御の特徴や問題点，そして効果的な方略について考えていく。まず，感情制御を扱った代表的な研究や理論を概観し，制御することが心身の健康や，認知，社会生活に及ぼす影響について論じる。感情を制御することは，社会的にも個人的にも強く望まれていることだが，感情の制御は困難であるばかりか，しばしば思わぬ結果を招くこともある。次に，現在までに提案されている代表的な感情制御の方略と，その効果に関する研究を紹介する。最後に，感情の制御に関する研究の動向についてまとめる。

1. 感情の制御とは

自らの感情状態をコントロールしようとする感情制御は，日常生活において頻繁に行われているが，その試みは思い通りにいかないことも多い。感情制御の問題は，これまでに複数の分野で独立して研究されてきており，異なるアプローチが取られてきた。以降では，まず，その代表的な研究を見ていく。

[1] 感情の制御とは？制御のさまざまなレベル

感情制御は，メンタルコントロール，すなわち，自らの心的状態を変化させようとする活動（mind changing activities）の一つであり，特定の感情状態や衝動，情動関連思考などの抑制，抑圧，集中，保持，その他，自らの心の状態に影響を与えるさまざまな活動を含んでいる（Wegner & Pennebaker, 1993; Wegner & Schneider, 1989）。

心理学では，伝統的に不快感情の抑制に関心が寄せられてきた。フロイトの自我の防衛機制に関する詳述から始まる精神分析学（Freud, 1936；外林訳，1958），注意や記憶などの実証研究を中心とする認知心理学（たとえば，Eysenck, 1997），身体への影響を見る生理心理学（たとえば，Gross & Levenson, 1993, 1997），パーソナリティ研究（たとえば，Weinberger, Schwartz & Davidson, 1979），情動焦点型ストレス・コーピング研究（たとえば，Folkman & Lazarus, 1980），自己制御や動機づけを扱う社会心理学（たとえば，

Carver & Scheier, 1982；Higgins, 1987）など，多様なアプローチからの究明が試みられてきた。

　感情制御には様々な種類があるが，これらは感情表出の各段階に対応づけて分類することができる。ここでは，ケネディ・ムーアとワトソン（Kennedy-Moore & Watson, 1999）が提唱したモデルに基づいて，感情制御の段階を見ていく。彼らは，感情表出を以下の五つの段階から構成される過程としている。

　第一段階は，「前内省的反応段階」と呼ばれる。これは，内省が生じる以前の反応の段階であり，何らかの刺激によって身体反応が生じていたとしても，それがまだ意識できてはいない状態にある段階である。

　第二段階は，「反応の意識的知覚段階」と呼ばれる。これは，前内省的反応段階で生じた身体的反応が，当人に意識的に認識される段階である。第一段階と第二段階において，感情制御が生じた場合，感情は当人の意識に上る前に押さえ込まれ，当該の感情の存在はもちろん，それを制御していることすら認識されない。これらは，通常「抑圧（repression）」と呼ばれ，感情表出の初期段階で生じる，身体的反応を生じさせる過程や，それが意識的に認識される過程における制御であると言える。

　第三段階は，「反応のラベルづけと解釈の段階」と呼ばれる。これは，反応の意識的知覚段階で意識的に自覚された身体的反応に，解釈が生じ，「怒り」「悲しみ」「喜び」など，具体的なラベルづけがされる段階である。この段階を経て，人は初めて自らの内部で生じる身体的な喚起を，具体的な感情として認識することができる。この段階での問題の例として，アレキシサイミア患者の症例が挙げられる。彼らは，身体的な喚起を自覚することはあっても，それを具体的な感情として捉えることが困難である（Taylor, Bagby & Parker, 1997）。たとえば，重要な状況や感情を喚起するような場面において，どのような気持ちであるかを聞いても，混乱し，「よくわからない」あるいは「ただ気分が悪い」といったように，曖昧で単純な回答をする。

　第四段階は，「反応の受け入れ段階」と呼ばれる。これは，反応のラベルづけと解釈の段階で具体的に認識された反応が，内的な基準の参照を経て，当人に受け入れられるものであるかどうかが評価される段階である。この基準は，個人の価値観，態度，関心によって規定される。一般に，自己概念と整合しな

い感情は望ましくないものとして押さえ込まれる。

　第五段階は，「社会的文脈の知覚の段階」と呼ばれる。これは，感情表出の最終段階であり，現在の状況やその社会的文脈の参照を経て，感情が表出されるか否かが決定される段階である。たとえば，悲しみや怒りを感じていても，それらの表出が社会的に問題を引き起こすような状況では，その表出は控えられる。第四段階や第五段階で，感情制御が生じた場合，当事者には，ある感情を認識しながら，それを意識的に抑えつけようとする意図が経験される。このような，感情表出の後期の段階で生じる意識的な経験を伴う感情制御は，一般に「抑制（suppression）」と呼ばれている。

　このように，感情制御には，制御が意識される統制的過程と，制御が意識されない自動的過程の両者が関与していると考えられる。現在，自動的過程に関する実証的な検討が盛んに進められてきてはいるが（詳細は第6章），自動的制御の実証的検討は始まったばかりである。よって本章では，統制的な感情制御に関するこれまでの研究知見に焦点を絞って論じていく。

　また，制御の対象となる感情状態には，ネガティブ感情とポジティブ感情の両者が含まれるが，これまでの研究関心の焦点は，大部分がネガティブ感情の制御にあった。これは，一般にポジティブ感情よりもネガティブ感情の方が，制御が困難であり，また，生体にとって影響が強い感情反応をもたらすためと考えられている。よって本章では，ネガティブ感情の制御を中心的に扱っていく。

[2] 感情制御の機能

　人はなぜ，自らの感情状態を制御しようとするのだろうか？　感情制御の機能は，大きく以下の四点に大別されるだろう。

　一点目として，感情的な判断や行動は，しばしば理性的な活動の妨げとなっており，人は自らの感情を抑えることによって，行動や経験，認知への望まない影響を除くことができる。感情状態は，われわれの身体に（第4章），記憶に（第5章），非意識的な判断や行動に（第6章），意識的な経験や判断に（第7章），自己像に（第8章），そして自己意識感情に（第8章）影響を及ぼしている。

　感情によって駆動する多くの行為や判断は，合理的な判断と相容れないこと

もある。たとえば，健康の増進や維持など，長期的な目標を達成するためには，その場その場での短期的な衝動や感情を抑えることが重要となる。このように，感情制御には，理性的な活動を維持することを通じて，自らの判断や行動を望ましい方向に導いていく機能がある。

二点目として，強い感情の経験は不快であり，また心身の健康を損なう危険性があるため，人は感情状態を快適なレベルに維持しようとしている。実際に，敵意や不安などの強いネガティブ感情は，喘息，関節炎，動脈の疾患につながるリスクファクターとなることが知られている（Friedman & Booth-Kewley, 1987）。また，それがネガティブな感情であっても，ポジティブな感情であっても，強過ぎる感情はそれだけで心的な負担となり，われわれを消耗させる。誰もができれば快適な心の状態で過ごしていたいと考えているだろう。

快楽原則に基づけば，われわれは，可能な限り不快な感情対象を避け，快適な感情対象に接近しようとしていると考えられる（Isen, 1984）。またウェジナーら（Wegener et al., 1995）は，快楽随伴モデルを提出し，人はネガティブな感情状態にあると，ポジティブな感情をもたらす行動を積極的に行ってネガティブ感情を緩和させようとすると説明している。しかし，心身の健康のためには，単にポジティブ気分であれば良いということではなく，むしろ感情喚起の程度を適切なレベルで維持することが重要であると言えるだろう。

三点目として，感情の表出の程度は，個人内だけの問題ではなく，社会規範に強く関わっているため，人は，自らの感情を社会規範に合うように調整しようとしている。自らの感情をいつ，そしてどの程度制御するべきであるかは，周囲の他者から期待（許容）される社会的な規範に従って決定されることも多い。特に，集団生活や社会権力の不均衡が存在する状況においては，感情的な振舞いは社会的に望まれない場合が多く，人はしばしば抑制的に振舞うことで社会の中で適応しようとする（Lepore et al., 1996; Pennebaker & Harber, 1993）。

四点目として，われわれは，個人的には制御を望まない感情であっても，感情表出によるさまざまなコストを避けるために，感情を制御することがある。特に，対人場面において自らの印象を良好に保とうとしているときには，他者からの注意を引くような感情の表出は，避けられることが多い。感情を顕にす

るよりも,何も感じていない素振りをした方が,他者からの非難や反応,あるいは悪印象を避けるために都合が良い場合もある。たとえば,性的犯罪の被害や虐待などの経験は,共感や支援に恵まれないことが多く,その開示はかえって,好奇の目やスティグマ化などの二次被害を引き起こすことが知られている(たとえば,Smyth & Pennebaker, 2001)。

ラーソンとチャステイン(Larson & Chastain, 1990)は,このような抑制的な態度を尺度を用いて検討している。その結果,多くの人が否定的もしくは嫌悪的と感じられる個人的な情報を他者から積極的に隠蔽していることがわかった。本邦でも,河野(2000)は,自己隠蔽(Self-Concealment)についての尺度を作成し,他者との会話の中で,自己の否定的感情や苦痛についての開示を全般的に抑制する隠蔽傾向について検討し,同様の結果を得ている。人は自らの感情制御を通じて,望まない注目を避け,対人印象を良好に維持しようとしているのである。

2. 感情制御とさまざまな影響

1970年代半ばまでは,「人は思考や感情の流れを意識的に制御することができる」という前提に立った研究が主流であった。しかし,意識的な制御は必ずしも成功するわけではなく,むしろ思考や感情は,制御が困難な流動的な性質を持っているようである。感情の多くは自動的に生じるものであり(第4章,第6章),それを意識的に制御して他の課題に集中していたとしても,少しの気の弛みから,抑えていた感情が侵入し,集中が途切れてしまうということもある。

以降では,感情制御の程度や特徴とその弊害について述べていく。

[1] 感情制御の程度

自らの感情を望ましい状態に保つためには,感情の制御が適切に行われる必要があり,それが不十分であっても,逆に,過度に強くてもいけない。

不十分な感情制御は,われわれの活動や心身の健康にさまざまな問題を引き

起こす。一般に，疲労時や時間がない状況下においては，感情を十分に制御することは難しい(たとえば，Baumeister et al., 2000)。情動を喚起させる反応を，十分にコントロールすることができない場合，些細な出来事からも，強烈な情動が体験されてしまう。このように生理的覚醒が過剰に高まった状態では，情動や行動の表出を適切にコントロールすることは，一層困難となるだろう。また，感情調整を行う生理システムが慢性的に活動し続けると，次第にシステムの反応性は低下し，刺激に適応する能力が徐々に失われてしまう危険性がある。

　しかし，逆に，過度な感情制御も反応の縮小を招く。過度の感情制御は，癌や心臓血管系の障害と強く関連していることが知られている（たとえば，Pennebaker, 1997）。たとえば，葛藤を回避する人は，短期的には，適切な情動状態を維持しているように見えるが，長期的には，免疫機構を脆弱化させ，動脈疾患に罹りやすくなる危険性を高める。また，そのような疾患の兆候や症状は自覚されることが少ないことから，問題の発見や対応が遅れてしまうこともある。

[2] 感情抑制の弊害

　感情を押さえ込もうとする抑制は，感情制御の中でも最も頻繁に使用される方略である。感情の抑制には，高い社会的価値が置かれているが，その弊害については見過されており，ほとんど論じられることは無い。本節では，まず，このような感情抑制の主要な弊害について論じ，その後で，抑制の影響について見ていくこととする（詳細のレビューは木村，2003）。

　まず，感情の抑制は心身に大きな負担のかかる作業であることが挙げられる。抑制はそれ自体がストレス状態を引き起こし，抑制が長引けば，さまざまな心身の問題を生じさせる素因となる。たとえば，同性愛者であることやトラウマ体験を隠蔽している人，また，他者から抑制的，あるいは，シャイだと思われている人は，健康面の問題が多いことが知られている（たとえば，Pennebaker, 1997）。

　二点目に，感情の抑制は，感情の本来の機能に支障をきたす可能性も考えられる。カーバーとシャイヤー（Carver & Scheier, 1982）のセルフコントロールのモデルによれば，感情は環境内での自己制御が意図した通りに進行している

か否かを知らせる，重要な信号の役目を果たしている。つまり，感情は，本来固体の生存を支える重要な機能を果たしているが，感情を制御している間は，それを日常のフィードバックとして利用できなくなる（Damasio, 1994）。感情を信号として活用できなくなれば，個人内での機能はもちろん，対人関係においても，多くの問題を生じさせることになる。

さらに深刻な問題としては，抑制の試みがかえって感情を増幅させるといった抑制の逆説的効果が挙げられる。感情の制御は容易ではなく，その試みは必ず成功するとは限らない。そればかりか，自らの衝動を抑えようと努力すればするほど，かえって抑制が困難になるという，逆説的な効果が生じることもある（たとえば, Wegner et al., 1987; 木村 2004a; 2004b）。たとえば，禁煙を試みる者は，その試みを意図する以前よりも，むしろ多くの煙草を欲するようになる。また，悲しみを押さえ込もうとすると，かえってそれが強く感じられることもある。

以降では，このような抑制の影響に関する研究を，身体，認知，社会生活といった分野ごとにまとめて紹介する。

1）身体への影響　生理指標の測定技術の発展に伴い，感情の制御が身体に及ぼす影響には，研究領域を越えて強い関心が集まっている。ショフィッドとホロウェイ（Cioffid & Holloway, 1993）は，意識的な感情制御が逆効果となる可能性を実験的に示している。彼らの実験では，痛感を押さえ込むように教示された条件の参加者の方が，そうでない条件の参加者に比べて，痛感をより強く報告していた。さらに，グロスとレビンソン（1993）は，痛感を抑制した条件の参加者は，痛感の主観的な報告の増幅に加えて，皮膚電位活動の増幅を示すことを報告している。このように，感情の制御は，身体的な負担となるばかりか，かえって感情を増幅させてしまうことがある。

近年では，このような短期的な感情制御の影響に加えて，長期間に渡る感情制御は，健康を害するさまざまな問題へと発展する可能性も報告されている。ペネベーカーら（たとえば, Pennebaker & O'Heeron, 1984）は，トラウマティックな体験を抑制した状態にいる者の健康状態について，縦断的に検討している（レビューは Pennebaker, 1997; 余語監訳, 2000 参照）。その結果，体験を抑制する者は，一般に抑うつ傾向が高く，また，免疫機構に脆弱性が見られ，長期

的な身体的健康を脅かされていることが明らかになった。

このような抑制の逆説的効果は，精神疾患とも深い関わりがあることが指摘されている。たとえば，サルコブスキー（Salkovskis, 1996）は，強迫神経症患者は，特に不快な評価を伴う思考（たとえば，「恐ろしい失敗をしてしまうかもしれない」）を意識から追い出そうと努力する傾向を持つが，まさにその試みによって，侵入思考の増加が経験されると論じている。サルコブスキーは，その増加した侵入思考に誤信念（たとえば，「こんなに頭に浮かぶのだから，きっと酷いことが起きるに違いない」）が加わることによって，強迫観念が発展していくと論じた。

現在までに，感情の制御は強迫神経症の他にも，PTSD（Ehlers & Steil, 1995），恐怖症（Thorpe & Salkovskis, 1997），不安症（Becker et al., 1998），抑うつ（Wegner, 1994）など，多くの疾患の発症・維持との関連が指摘されている。

2）認知的な影響　抑制は，基礎的な認知過程にも影響することが報告されている。たとえば，積極的な抑制を行うことは作動記憶容量に影響を及ぼし（たとえば，Klein & Boals, 2001），精緻な処理や作業の能率を阻害することが報告されている。また，思考することを禁じられた事象に対しては，かえって選択的に注意が払われやすくなる（木村・越智・相良, 2000）。そのため，制御中及び制御後は，他の課題を行うことが困難になってしまう。

グロスとレビンソン（1993, 1997）は，感情制御は自然に生じる感情を意識から締め出そうとする努力であり，感情状態が主観的には報告されなくなっても，身体的には反応が残余しており，意識的理解に反した認知反応を生じさせると主張している。たとえば，もう忘れたはずなのに，なぜか意識が向いてしまうといった反応である。このような感情制御の試みから生じる，感情状態の主観的な経験と認知的な反応の乖離は，強い情動ストレスの原因となると考えられている。

ピジンスキーとグリーンバーグ（Pyszczynski & Greenberg, 1987）は，抑うつ的な自己焦点化に関するレビューの中で，感情制御の困難が反芻的な思考傾向を増幅させる可能性を論じている。抑うつの人は，ネガティブな感情状態から抜け出すためのポジティブな思考を行うことが困難であり，むしろ悲しみや喪失に注意を焦点化させた思考について，問題を解決させないまま反芻するこ

とで，抑うつ的な認知と感情症状を慢性化させるのだという。

3) 社会生活・対人関係における影響　社会生活においては，相互作用相手に対して抱いた感情や評価を，そのまま表出することは望ましくないことが多い。しかし，否定的な感情を抑制しようとすると，かえって否定的な社会的判断がなされることが，印象形成場面（Newman, 1996）や対人知覚（Newman, 1997）において繰り返し報告されている。たとえば，マクラエら（Macrae et al., 1994）は，スキンヘッドに対する否定的な判断を避けようとすると，かえって否定的な判断や回避行動が強化されることを示し，意識的な抑制の危険性を指摘した。

また，社会的な感情を覆い隠そうとすると，かえって注意が向かいやすく，その感情が増幅することも知られている（Lane & Wegner, 1994）。ウェグナーら（1994）によると，公にされていた交際相手よりも，秘密にされていた交際相手の方が魅力的に感じられるという。隠そうとすればするほど，その感情が高まってしまうようだ。

このように，社会生活においては，非意識的に生じる優勢反応を制御しようとする場面が多いが，意識的な制御は容易ではなく，しばしば逆効果となる。しかし，興味深いことに，判断者はこのような逆効果が生じていることを必ずしも自覚できていない。このような，感情制御の困難性や逆効果に対する自覚のなさは，問題の発見を遅らせ，事態の深刻化を招くと考えられる。

近年では，感情抑制による緊張の蓄積が，増幅された攻撃行動を促すことも知られている。怒り研究などで注目を集めているオーバーコントロール理論（Megargee et al., 1967）によると，このような長期的な過剰抑制は，暴力・犯罪（たとえば，Salekin et al., 2002）や自己破壊行動（Smith et al., 1983）などの突発型の行動を生じさせる原因となっている。

3. 感情制御の方略

われわれは，状況に応じて不適切な感情の表出を抑えるために，前節で扱った抑制以外にも様々な方略を用いている（Larsen & Prizmic, 2004）。本節では，

感情を制御するために用いられる方略についての研究知見をまとめていく。

[1] ネガティブ感情の表出・発散

　抑制とは逆に，個人的な問題を開示すると，身体的健康，主観的ウェルビーイング，適応行動など，様々な指標において促進が認められることが示されてきている（開示の効果に関する詳細は第 11 章）。強い感情の他者への開示や他者との共有が心身の健康に影響を及ぼすことは，近年の研究で繰り返し示されている（たとえば，Dienstfrey, 1991; Locke & Colligan, 1986）。たとえば，進行した乳癌の患者は，日常的な問題について開示が可能となるグループセラピーを受けさせると，必要な情報のみを与えた統制群に比べて，平均 1 年半長く生きたことが報告されている（Spiegel et al., 1989）。また，自殺や事故死の被害者の遺族において，喪失についての会話頻度は，1 年後の健康問題や反芻を低減させていた（Pennebaker & O'Heeron, 1984）。

　これは，精神分析学で扱われるカタルシス効果の考えと整合するものである。精神分析学では，ネガティブな感情の表出は，心理的緊張を取り除くと伝統的に考えられてきた。ただし，この概念は幅広く受け入れられているものの，カタルシス効果の実証知見は少ない。また，怒りなど特定の感情においては，その表出はかえって感情状態を激化させることもあり，感情研究においては，カタルシス効果の妥当性については懐疑的な見方もある。

[2] ディストラクション

　ディストラクションとは，ネガティブな出来事や感情から無関連な物に注意を移すことを指す。そうすることで，ネガティブな対象から気を逸らし，そのことに関する反芻を防ぐことが目的である。たとえば，不快な出来事が気になって仕方がないといった場合には，読書をしたり，映画に出かけたりする。これがディストラクションとなり，一時的に不快事象から離れ，平静さや活力を取り戻し，後に良い状態で事象と再び向かい合うことが可能になる。コーピング研究では，このようなディストラクションを適時使用できる者は，反芻やうつ状態から抜け出しやすいことが繰り返し報告されている（たとえば，Nolen-Hoeksema & Morrow, 1993；及川，2002）。

ボーデンとバウマイスター（Boden & Baumeister, 1997）は，不快刺激を呈示し，それがどのように抑制されるかを，記憶指標を用いて検討している。その結果，参加者は他の良い事象を思い出すことによって，不快な感情を制御していた。同様に，木村（2004a）の研究では，ディストラクションを用いた群は，ネガティブな出来事を頭から追いだす抑制に成功するだけでなく，ポジティブな感情状態を保つことに成功していた。

[3] 再 評 価

　再評価とは，ネガティブな事象や状況に対して何らかの意味を見出す，あるいは，認知的に事象の意味を変換し，ポジティブな解釈を加えることを指す。
　デイビスらは，喪失経験をした者の中で，その経験における意義を見出した者は，6ヵ月後，見出さなかった者に比べて，抑うつの度合いが低いことを示している（Davis et al., 1998）。これは，再評価により，対象に新たな視点や意味付けが加わり，受け入れやすい形の再構築が進んだ結果であると考えられる。
　ハービーは，喪失に関する研究において，強い否定的感情を伴う体験について語り，その体験に建設的な意味を持たせることによって，健康の回復が促進されることを強調している（Harvey, 2000　安藤監訳, 2002）。トラウマ体験を語ることによって生じる新しい理解が，その体験そのものに取って代わるのだと言う。
　この視点は，たとえば，自分を他者と比較する，社会比較がネガティブな感情状態を緩和させる作用を持つこととも整合している（たとえば，Tesser, 1988）。たとえば自分よりも不遇な状況にある者と比較を行い，自分の状況はまだ幸運なものであったと考えることは，自らのネガティブな状態に対する再解釈の一種であると言える。

[4] 考えること

　ネガティブ感情は現状に改善が必要であることを伝えるシグナルであり，対象への注目と，問題解決的な思考や対処を動機づける。このように，人はしばしば，ネガティブな感情を生じさせる対象に対して，より積極的な注目を向け，熟慮的に考える。このような対象への注目は，状況の吟味を促し，問題解決を

促進するかもしれない。たとえば，心配はその非機能的な側面が強調されがちな感情状態だが，対象について深く考えさせることにより，より良い問題解決策を産出させる一面がある（杉浦，1999）。ラーセンとディーナー（Larsen & Diener, 1992）は，問題を熟慮し，将来に備える計画が，実際に感情状態を改善させることを報告している。

[5] 運動やリラクシゼーション

運動を利用することは，感情制御の代表的な方略の一つである。セイヤーは，適度な運動には，ネガティブな感情状態を変化させ，活動性を高める効果があることを報告している（Thayer, 1987）。特に普段より運動になじみがある者においては，怒り，抑うつ，疲労，緊張の緩和に効果的である（Stevens & Lane, 2001）。運動は，制御しようとしている否定的な感情に対するディストラクションとして機能すると同時に，運動自体が肯定的な活動として捉えられているため，感情状態が改善されると考えられている。

それ以外にも，感情制御には，呼吸法や注意トレーニング，香りや音楽の利用，薬物の摂取など，心身の状態を誘導する様々な身体的手段が用いられる。また，最近では，心の平穏を得ることを中心的な課題とした，瞑想やマインドフルネスなどの療法の開発も盛んである（Kabat-Zinn, 1994，14章参照）。

[6] 社会的サポート

ネガティブな気分の時には，それを誰かに話すことや，問題解決のためのアドバイスを得ることで，感情状態を改善させようとする人は多い。ラーセンとゲシュバントナーの調査は，参加者の多くは，感情を回復させる手段として社会活動に従事していることを報告している（Larsen & Gschwandtner, 1995）。社会的ネットワークの効果には，他者に会うことがディストラクションとなって気分が改善することや，自らの状況や感情を他者に話すことによってカタルシス効果が得られること，また，状況を認知的に捉え直し，再評価をする機会が増えることなど，さまざまな要因が複合的に作用していると考えられる。

また，近年では，感情改善におけるユーモアや笑いの役割の研究も盛んである。ボナンノとケルトナー（Bonanno & Keltner, 1997）は，親近者を亡くした

喪失経験に関する語りの検討において，トラウマ的な出来事を体験した後には，笑いや談笑がトラウマ体験者の社会的相互作用を回復させる可能性を示した。また，カイパーとマーティン（Kuiper & Martin, 1998）は，笑いがストレスと苦痛を調整することを示し，レフコート（Lefcourt, 2002）は，ユーモアのセンスがある者は，ストレスや病気からの回復が早く，また免疫反応が良かったことを報告している。

4. おわりに

　現代社会では，感情や衝動を抑え，自制的に振舞うことを美徳とする社会的風潮を至るところで目にする。しかし，メンタルコントロールの危険性については十分に認識されているとは言い難い。

　感情制御は諸刃の剣である。感情を制御しなければ，望まない思考，感情，行動に悩まされることになる。効率的な仕事の遂行も，スムースな対人関係を築くことも困難となるだろう。しかし，感情を制御すれば，心身の負担や逆説的効果，また，感情フィードバックの低下など，さまざまな弊害が生じる。また，感情制御の失敗には，厳しい社会的評価が下されるだけでなく，しばしば強い落ち込みや自尊心の低下が伴い，自己評価や動機づけなどに深刻な影響を及ぼす（たとえば，Wegner & Pennebaker, 1993）。感情抑制の弊害が存在することを自覚しておくことは重要だろう。これを考慮していかなければ，感情表出に対する社会的な規制は，さまざまな問題を撤廃しようという狙いに反して，かえって問題の悪化を導くかもしれない。

引用・参考文献

Baumeister, R. F., Muraven, M., & Tice D.M. (2000). Ego depletion: A resource model of volition, self-regulation, and controlled processing. *Social Cognition*, **18**, 130-150.

Becker, E.S., Rinck, M., Roth, W. T., & Margraf, J. (1998). Don't worry and be aware of white bears: Thought suppression in anxiety patients. *Journal of Anxiety Disorders*, **12**, 39-55.

Boden, J.M., & Baumeister, R.F. (1997). Repressive coping: Distraction using pleasant

thoughts and memories. *Journal of Personality and Social Psychology*, **73**(1), 45-62.
Bonanno, G.A., & Keltner, D. (1997). Facial expressions of emotion and the course of conjugal bereavement. *Journal of Abnormal Psychology*, **106**, 126-137.
Carver, C.S., & Scheier, M.F. (1982). Control theory: A useful conceptual framework for personality - social, clinical, and health psychology. Psychological Bulletin, **92**, 111-135.
Cioffid, D., & Holloway, J. (1993). Delayed costs of suppressed pain. *Journal of Personality and Social Psychology*, **64**, 274-282.
Davis, C.G., Nolen-Hoeksema, S., & Larson, J. (1998). Making sense of loss and benefiting from the experience: Two construals of meaning. *Journal of Personality and Social Psychology*, **75**, 561-574.
Damasio, A. (1994). *Descartes' error*. GP Putnam's Sons, New York.
Dienstfrey, H. (1991). *Where the mind meets the body*. New York: HarperCollins.
Ehlers, A., & Steil, R. (1995). Maintenance of intrusive memories in posttraumatic stress disorder: a cognitive approach. *Behavioral and Cognitive Psychotherapy*, **23**, 217-249.
Eysenck, M. W. (1997). *Anxiety and cognition: A unified theory*. Hove, UK: Psychology press.
Folkman, S., & Lazarus, R.S. (1980). An analysis of coping in a middle-aged community sample. *Journal of Health and Social Behavior*, **21**, 219-239.
Freud, A. (1936). The ego and the mechanism of defense. London: Hogarth.
（外林大作（訳）(1958). 自我と防衛　誠信書房）
Friedman, H. S., & Booth-Kewley, S. (1987). The "Disease-Prone Personality." *American Psychologist*, **42**(6), 539-555.
Gross, J, J., & Levenson, R. W. (1993). Emotional suppression: Physiology, self-report, and expressive behavior. Journal of Personality and Social Psychology, **64**, 970-986.
Gross, J, J., & Levenson, R. W. (1997). Hiding feelings: The acute effects of inhibiting negative and positive emotion. *Journal of Abnormal Psychology*, **106**, 95-103.
Higgins, E. T. (1987). Self-discrepancy: A theory relating self and affect. *Psychological Review*, **94**, 319-340.
Harvey, J. H. (2000). *Give sorrow words: Perspectives on loss and trauma*. Philadelphia: Brunner/Mazel.
（安藤清志（監訳）(2002). 悲しみに言葉を（喪失とトラウマの心理学）　誠信書房）
Isen, A. M. (1984). Toward understanding the role of affect in cognition. In R. S. Wyer & T. K. Srull (Eds.), *Handbook of social cognition, Vol. 3*. Hillsdale, NJ: Lawrence Erlbaum Associates. pp.179-236.
河野和明（2000）自己隠蔽尺度（Self-Concealment Scale）・刺激希求尺度・自覚的身体症状の関係　実験社会心理学研究, **40**, 116-123.
Kabat-Zinn, J. (1994). *Wherever you go, there you are: Mindfulness meditation in everyday life*. New York: Hyperion.
Kennedy-Moore, E., & Watson, J.C. (1999). *Expressing emotion: Myths, realities and therapeutic strategies*. New York: Guilford Press.
木村　晴（2003）.　思考抑制の影響とメンタルコントロール方略　心理学評論, **46**(4)

584-596.

木村 晴（2004a）．望まない思考の抑制と代替思考の効果　教育心理学研究, **52**, 115-126.

木村 晴（2004b）．未完結な思考の抑制とその影響　教育心理学研究, **52**, 44-51.

木村 晴（2005）．抑制スタイルが抑制の逆説的効果の生起に及ぼす影響　教育心理学研究, **53**, 230-240.

木村 晴・越智啓太・相良陽一郎（2000）．注意禁止教示が引き起こすパラドキシカルな効果—トラウマティックメモリーの想起プロセス（2）　日本心理学会第64回大会発表論文集，706.

Klein, K., & Boals, A. (2001). Expressive writing can increase working memory capacity. *Journal of Experimental Psychology*, **130**(3), 520-533.

Kuiper, N. A., & Martin, R. A. (1998). Is sense of humor a positive personality characteristic? In W. Ruch (Ed.) *The "sense of humor": Explorations of a personality characteristic (Humor Research Series)*. Berlin: Mouton de Gruyter. pp. 159-178.

Larsen, R. J., & Diener, E. (1992). Problems and promises with the circumplex model of emotion. *Review of Personality and Social Psychology*, **13**, 25-59.

Larsen, R. J., & Gschwandtner, L. B. (1995). A better day. *Personal Selling Power*, March, 41-49.

Larson, D. G., & Chastain, R. L. (1990). Self-concealment: Conceptualization, measurement and health implications. *Journal of Social and Clinical Psychology*, **9**, 439-455.

Lane, J. D., & Wegner, D. M. (1994). Secret relationships: the back alley to love. In R. Erber & R. Gilmour (Eds.), *Theoretical frameworks for personal relationships*, Hillsdale, NJ: Erlbaum. pp.67-85.

Larsen, R. J., & Prizmic, Z. (2004). Affect regulation. In R. Baumeister and K. Vohs (Eds), *Handbook of self-regulation research*. New York: Guilford. pp.40-60.

Lefcourt, H. M. (2001). *Humor: The psychology of living buoyantly*. New York: Kluwer Academic / Plenum Publishers.

Lepore, S. J., Silver, R. C., Wortman, C. B., & Wayment, H. A. (1996). Social constraints, intrusive thoughts, and depressive symptoms among bereaved mothers. *Journal of Personality and Social Psychology*, **70**, 271-282.

Locke, S., & Colligan, D. (1986). *The healer within*. New York: Dutton.

Macrae, C. N., Bodenhausen, G. V., Milne, A. B., & Jetten, J. (1994). Out of mind but back in sight: Stereotypes on the rebound. *Journal of Personality and Social Psychology*, **67**, 808-817.

Megargee, E. I., Cook, P. E., & Mendelsohn, G. A. (1967). The development and validation of an MMPI scale of assaultiveness in overcontrolled individuals. *Journal of Abnormal Psychology*, **72**, 519-528.

Newman L. S., Duff, K. J., & Baumeister, R. F. (1997). A new look at defensive projection: thought suppression, accessibility, and biased person perception. *Journal of Personality and Social Psychology*, **72**, 980-1001.

Newman L. S., Duff, K. J., Hedberg, D. A., & Blitstein, J. (1996). Rebound effects in impression formation: Assimilation and contrast effects following thought suppression. *Journal of Experimental Social Psychology*, **32**, 460-483.

Nolen-Hoeksema, S., & Morrow, J. (1993). Effects of rumination and distraction on naturally-occurring depressed mood. *Cognition and Emotion*, **7**, 561-570.

及川　恵（2002）．気晴らし方略の有効性を高める要因―プロセスの視点からの検討― 教育心理学研究，**50**，185-192.

Pennebaker, J. W. (1997). Opening up: *The healing power of expressing emotions*. New York: Morrow.
（余語真夫（監訳）（2000）．オープニングアップ―秘密の告白と心身の健康― 北大路書房）

Pennebaker, J. W., & Harber, K. D. (1993). A social stage model of collective coping: The Persian Gulf War and other natural disasters. *Journal of Social Issues*, **49**, 125-145.

Pennebaker, J. W., & O'Heeron, R. C. (1984). Confiding in others and illness rates among spouses of suicide and accidental death. *Journal of Abnormal Psychology*, **93**, 473-476.

Polivy, J. (1998). The effects of behavioral inhibition: Integrating internal cues, cognition, behavior, and affect. *Psychological Inquiry*, **9**, 181-204.

Pyszczynski, T., & Greenberg, J. (1987). Self-regulatory preservation and the depressive self-focusing style: A self-awareness theory of reactive depression. *Psychological Bulletin*, **102**, 122-138.

Salekin, K. L., Ogloff, J. R. P., Ley, R., & Salekin, R. T. (2002). The Overcontrolled Hostility Scale: An evaluation of its applicability with an adolescent population. *Criminal Justice and Behavior*, **29**(6), 718-733.

Salkovskis, P. M. (1996). Cognitive-behavioral approaches to the understanding of obsessional problems. In R. Rapee (Ed.), *Current controversies in the anxiety disorders*. New York: Guilford Press. pp.103-133.

Smith, T. W., Snyder, C. R., & Perkins, S. C. (1983). The self-serving function of hypochondriacal complaints: Physical symptoms as self-handicapping strategies. *Journal of Personality and Social Psychology*, **44**, 787-797.

Smyth, J. M., & Pennebaker, J. W. (2001). What Are the Health Effects of Disclosure? In Pennebaker J. W. (Ed.), *Handbook of health psychology*, pp.339-348.

Spiegel, D., Bloom, J. R., Kraemer, H. C., & Gottheil, E. (1989). Effect of psychosocial treatment on survival of patients with metastatic breast cancer. *Lancet*, **2**, 888-891.

Stevens, M. J., & Lane, A. M. (2001). Mood-regulating strategies used by athletes. *Athletic Insight: the Online Journal of Sport Psychology*, **3**(3). Available from URL: http://www.athleticinsight.com/vol3lss/copingissue.htm.

杉浦義典（1999）．心配の問題解決志向性と制御困難性の関連　教育心理学研究，**47**，191-198.（Sugiura, Y. (1999). Worry-problem-solving orientation and uncontrollability. *The Japanese Journal of Educational Psychology*, **47**, 191-198.）

Taylor, G. J., Bagby, R. M., & Parker, J. D. A. (1997). *Disorders of affect regulation: Alexithymia in medical and psychiatric illness*. New York: Cambridge University Press.

Tesser, A. (1988). Towards a self-evaluative maintenance model of social behavior. In L. Berkowitz (Ed.), *Advances in experimental social psychology, vol.21*, Orlando, FL: Academic Press. pp.181-227.

Thayer, R.E. (1987). Energy, tiredness, and tension effects as a function of a sugar snack vs. moderate exercise. *Journal of Personality and Social Psychology*, **52**, 119-125.

Thorpe, S. J., & Salkovskis, P. M. (1997). Animal phobias. In G. C. L. Davey (Ed.), *Phobias: A handbook of theory, research and treatment*. New York: Wiley. pp.81-105.

Wegener, D. T., Petty, R. E., & Smith, S. M. (1995). Positive mood can increase or decrease message scrutiny: The hedonic contingency view of mood and message processing. *Journal of Personality and Social Psychology*, **69**, 5-15.

Wegner, D. M. (1994). Ironic processes of mental control. *Psychological Review*, **101**, 34-52.

Wegner, D. M., Lane, J. D., & Dimitri, S. (1994). The allure of secret relationships. *Journal of Personality and Social Psychology*, **66**, 287-300.

Wegner, D. M., & Pennebaker, J. W. (Eds.) (1993). *Handbook of mental control*. Englewood Cliffs, NJ: Prentice-Hall.

Wegner, D. M., & Schneider, D. J. (1989). Mental control: The war of the ghosts in the machine. In J. S. Uleman & J. A. Bargh (Eds.), *Unintended thought*, New York: Guilford. pp.287-305.

Wegner, D. M., Schneider, D. J., Carter, S. R., & White, T. L. (1987). Paradoxical effects of thought suppression. *Journal of Personality and Social Psychology*, **53**, 5-13.

Weinberger, D.A., Schwartz, G.E., & Davidson, R.J. (1979). Low-anxious, high-anxious, and repressive coping styles: Psychometric patterns and behavioral and physiological responses to stress. *Journal of Abnormal Psychology*, **88**, 369-380.

11 感情の開示と適応

「自分の罪を隠す者は栄えることはない。しかし誰であろうと告白しそれらを放棄した者には慈悲が得られる。」（聖書より箴言 28章13節）

　自己開示，特に困惑や混乱を引き起こす出来事やそれらに関連した思考・感情を開示したときに，感情が解放される（カタルシス）というような体験をする人は多い。また，一般論として，自分の感情を他者に語る（開示する）ことは，「すっきりする」「ストレス解消になる」と多くの人々が考える。日頃体験する感情を開示することは，どのような効果をもたらすのか，開示研究の概要を論じる。

1. 感情の開示とは

[1] 情動の長期的過程

　情動は環境変化や事象に対する効果的な適応様式として短時間に出現する心理学的・生理学的現象である（Ekman & Davidson, 1994）。そして，瞬時のさまざまな生体反応を通して，情動は環境と個人の関係を調整し，環境変化に対する個人の適応を支援している（Keltner & Gross, 1999）。このように，情動は明確な刺激事象に対して瞬時に喚起して数秒間から数分間以内に終結する一過性の反応パターンとして理解されている。ところが，これらの特徴は，環境変化や事象に対する情動の初期反応の典型を表したものに過ぎないと思われる。

212 第11章 感情の開示と適応

　現実世界では，非日常的で破壊力の強い出来事に対して喚起した情動反応は数十分から数日間，数週間，あるいはそれ以上の長期にわたって持続・再発することがある。たとえば，「DSM-Ⅳ精神障害の診断・統計マニュアル第4版」（1994, 1996）で定義されている急性ストレス障害，あるいは心的外傷後ストレス障害では，人々が衝撃的な出来事に直面すると，強度の生理学的反応を含む情動反応及び認知反応，そして行動反応が長期間顕在化することが示されている。本章では，この長期過程に「開示」がもたらす効果・影響について論じる。

[2] 開示とは

　自己開示とは，自分に関する個人的情報を他者に示すことを意味し，臨床心理学者であるジェラード（Jourard, 1971）によって提唱された概念である。自己開示にはさまざまな目的と働きがある（Archer, 1987; Derlega & Grzelak, 1979; Miller & Read, 1987）。まず，自己開示は，親しい人間関係の形成に非常に重要な役割を果たしている。また，自己開示は，「社会的確証」を得るために行われる。社会的確証とは，自分の気持ちや考えについて話し，それについて聞き手からフィードバックを得ることにより自分の考えを確認し，確かなものにすることである。その他に，自分についてよりよい印象を与えるために情報を選択的に相手に呈示する「社会的コントロール」の目的で自己開示が用いられる場合もある。

　自己開示に関連する研究は，主に社会心理学の分野でよく行われている。自己開示，特に，悩みに関わる体験やトラウマティックな体験，そしてそれらに関連した感情や考えの開示が及ぼす効果について具体的に検証されたのは，1980年代に入ってからである。

[3] 初期の開示研究

　昔から多くの人々が，直観的に「自分の感情を他者に語ることはよい結果をもたらす」と考えていた。また，カウンセリングや心理療法において感情の重要性が以前より指摘されており，たとえば，精神分析的なアプローチでは，抑圧された感情や体験を外部に表出すること（カタルシス）が，精神的な緊張や不安を解き放ち，この解放が治癒に繋がるとされてきた。

1980年代に入り，ペネベーカー（Pennebaker, J. W.）らが感情の開示がもたらす効果について実証的研究を行った。初期に行われた多くの開示研究では，筆記を含めた「語り」の作業が身体的健康，精神的健康によいことを示している（初期の研究はペネベーカー（1997, 2000）にまとめられている）。

　開示の方法としてペネベーカーは，筆記による開示法を採用し，その後多くの研究者もそれに倣っている。社会心理学では，自己開示は，「特定の他者に対して，自分自身に関する情報を言語を介して伝達すること」（小口・安藤，1989）と定義されてきた。この定義に従うと，開示の効果は，開示することそのものの効果と，上に述べた「社会的確証」の効果が混合することになる。開示そのものの効果を検討するには，開示相手を置かず，一人で筆記を行い開示する方法が適切であるとペネベーカーは考えた。そのため多くの開示研究は，筆記法や一人きりでテープレコーダーに思考や感情を吹き込む方法が用いられている。

[4] 筆記による開示実験パラダイム

　代表的な開示実験パラダイムでは，実験室において，1回につき数十分の筆記を数日間行う。参加者は過去に経験したトラウマティックな出来事や出来事にまつわる思考・感情を実験セッション中にひたすら書き綴る。開示による効果は，開示直後の効果（即時的効果）と開示の長期的効果の主に二つの観点から測定される。即時的効果は，気分状態や血圧などの自律神経系指標，あるいは免疫機能（たとえば，ナチュラル・キラー細胞の増減やコルチゾールの分泌量など）の測定により検討されている。また，長期的効果に関しては，健康センターや病院の訪問回数などが指標として用いられている。

　ここで，代表的なペネベーカーらによる最初の筆記研究を紹介する（Pennebaker & Beall, 1986）。ペネベーカーらは，健康な大学生を参加者とし，開示の即時的効果，長期的効果だけでなく，開示の内容が健康に与える効果を検討した。実験手続きにおいて，人生上で最もトラウマティックもしくはストレスフルな出来事について，出来事に関連する感情のみを筆記する群，出来事の事実のみを筆記する群，感情と事実を織り交ぜて筆記する群，統制群の四群を設け，開示内容と即時的及び長期的効果の関連を検討した。この結果，トラ

214 第 11 章 感情の開示と適応

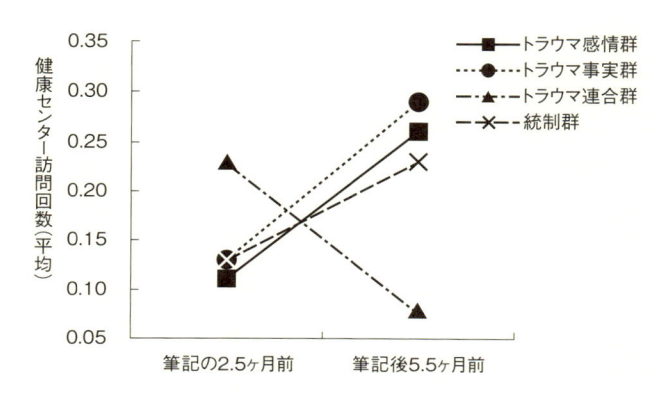

図11.1 トラウマ筆記が健康センターへの月平均訪問回数に及ぼす影響
（Pennebaker, 1989 を参考に作成）

ウマティックな出来事にまつわる感情と事実の両方を筆記する群では、実験前から後にかけて、健康センター訪問回数の減少が見られた（図 11.1）。すなわち、トラウマティックな出来事の開示が身体健康に有益であることを発見したのである。

2. 感情の開示による効果

[1] 開示が心身に与える影響

1980年代後半から90年代にかけて行なわれた筆記による開示実験の結果をメタ分析したところ（Smyth, 1998）、トラウマティックな出来事について筆記開示を行った人々には、健康保健センターへの通院回数や病気の訴え、抑うつ症状などの減少や、免疫機能の改善といった心身の両面においてポジティブな効果が認められた。また、男性は女性より開示の健康促進効果が大きいこと、感情の開示が健康関連行動（運動、喫煙など）の結果として健康に影響するわけではないことが分かっている。その後の研究においても多くの研究で同様の結果が認められている（最新の研究結果が Lepore & Smyth（2002, 2004）にまとめられている）。

[2] なぜ，開示は効果的なのか

　なぜ，感情体験，特にトラウマティックな体験の開示が心身に有益なのか？初期にペネベーカー（1989）が提唱した抑制理論によると，思考や感情を抑制するために費やす意識的な努力が生理学的活動を要求し，そのような努力が慢性的に行われると，ストレスに関連した身体的問題と心理的問題が誘発する可能性が高まるとしている。この抑制理論から二つの予測が導かれる。一つめは，ストレスやトラウマを言葉に置き換える，すなわち，開示することによって生理的活動が低減し，それゆえに健康で有益であるというものである。この予測は，さまざまな実験で支持されている（たとえば，Pennebaker et al., 1986; Pennebaker et al., 1990 など多数）。二つめの予測は，トラウマについて語らないことが長期的には健康障害を導くというものである。この予測を支持するものとして，フィンカナーとリメイ（Finkenauer & Rimé, 1998）の研究では，秘密にされた情動エピソードの記憶を持っている人は，そのような記憶を持っていない人に比べて，罹患率が高く，生活に対する満足感のいくつかの側面が低くなることが分かっている。

　その後，ペネベーカーら（1997）は，筆記された内容に注目し，「分かった」「理解する」「知る」などのいわゆる認知語の増加が身体健康に寄与することを見出した。また，筆記による開示が自己調整を促し，その結果，心身健康を増進させる可能性も示唆されている。レポーレら（2002, 2004）は，情動調整の観点から，筆記による開示の媒介変数として3つの調整過程（注意・馴化・認知的再体制化）を挙げている。その他，筆記開示による学習過程を通じて，人は目標指向行動を維持するために行動を調整したり，新しい目標を作り出すことができると論ずる研究者もいる。このように，さまざまな研究結果からいくつかの筆記にまつわる理論が提出されており，筆記効果の理論の統合が待たれる。

[3] 開示の効果を得るための条件

　これまでに示したように，感情の開示は，心身の健康に効果的な結果をもたらす。しかしながら，この健康増進にはいくつかの条件が伴う。コワルフスキら（Kowalski & Leary, 1999, 2001）は開示の効果を得るために四つの条件を挙げている。第一に，開示から得られる心身の効用は，開示直後には得られない。

トラウマティックな出来事の開示は，否定的に意味づけられた記憶の想起に伴い，出来事が起こった当時の否定的感情や困惑，混乱を引き起こすことが多い。第二に，開示の健康への効果は，今までに一度も他者に話したことのない出来事を開示したときに顕著になる。普段から開示を積極的に行う人，感情を喚起しないニュートラルな内容の開示は，精神的，身体的健康における大きな変化をもたらさない。第三に，開示量が多いほど健康によいというわけではない。過度の開示は開示相手に不安と懸念を生じさせ，その結果，他者から遠ざけられてしまう（Yalom, 1985）。第四に，開示の性質により，感情や健康に及ぼす影響は異なってくる（Rimé, 1995）。トラウマティックな出来事の事実の単なる開示だけでは精神的な健康への影響はほとんど見られない。

［4］感情の開示のネガティブ側面

開示には，以前から，否定的な結果も指摘されている。否定的，外傷的で，困惑させるような考えや出来事を他者に開示すると，他者から拒絶されたり，排斥されることが多くなる（たとえば，Harber et al., 1992）。一般的に，人々が最も開示したい出来事や考えは，否定的な内容であることが多い。このような情報を開示すると，聞き手の負担になり，拒否されるのではないかと懸念し開示ができないことがある。また，自分の開示した内容を聞き手が第三者に話してしまわないかと考え，開示を躊躇することもあるだろう。

また，ダーレガら（Derlega et al., 1999）は，客体的自覚理論（objective self-awareness）に基づき，否定的内容を開示すると，自分の弱点や欠点に注意が向けられ，自分自身のことを悪く思ってしまうと論じている。

他者からの否定的評価や開示した内容が第三者に知られてしまうことを防ぐためには，他者が介在しない筆記による開示は有効な手段だと考えられる。

［5］臨床場面への応用可能性

開示による効果が，臨床場面での「治療法」として可能かどうかについては，クリアしなければいけないいくつかの問題がある。初期の開示研究の参加者は，上に述べたように，臨床場面においてみられる多様な症状を抱える患者たちとは異なり，「実験」という名目のもと，自発的に参加する者（たとえば，健常

大学生など)がほとんどであった。非健常者を対象にしたいくつかの研究では，開示が症状を悪化させる場合があることが分かっている。たとえば，PTSD 患者が開示した場合，健康センター訪問回数やトラウマに関する刺激を回避する傾向が増大することが分かった (Gidron et al., 1996)。たしかに，多くの研究が開示，特に筆記の効果性について実証しているものの，開示がどのような症状に効果的であるのか今後詳細な検討が必要である。しかしながら，これらの問題をクリアにすることにより，公衆衛生や予防の観点を取り入れた筆記による開示は健康増進，病気の予防や低減，心理学的健康の改善をもたらす可能性を秘めている (Lepore & Smyth, 2002, 2004)。

3. 日常生活で感情を語ること—感情の社会的共有行動

[1] 精神反すうと社会的共有行動

　日常生活での感情の開示はどのような現象であるのか。リメイら (Rimé et al., 1992) は，個人が衝撃的な出来事に直面すると，「精神反すう」が顕在化するとともに，出来事に関する考えや感情を周囲の人々に語る「社会的共有行動」が顕在化することに注目した。精神反すうとは，たとえ個人が回避しようとしても，ある出来事に関連した思考や記憶あるいは心象が意識に繰り返し侵入する現象である (Martin & Tesser, 1989; Tait & Silver, 1989)。また，精神反すうは，トラウマティックな出来事や強度の感情経験が個人の主観的世界にもたらす突発的な混乱の結果生じるとされている。

　精神反すうが起こるのと同様に，個人の主観的世界を揺るがせるような出来事の後に，言語を介してエピソードの社会的共有行動が現れる。実際に，トラウマティックな出来事に直面した人々は自分の経験した出来事や情動反応について周囲の人々によく話している (Lehman et al., 1987; Mitchell & Glickman, 1977; Schoenberg et al., 1975)。また，何らかの理由 (たとえば，社会的抑制や出来事の性質など) により，現実にそれらの経験を他者に語っていない人々においても，他者に語りたいという強力な要求や衝動が存在する (Pennebaker, 1997, 2000)。そして，この現象は，ネガティブ情動においてのみ発生するので

218 第11章 感情の開示と適応

はなく，喜びや幸福などポジティブな経験においても発生する。むしろ，日本における調査では，喜びや愛情の経験は怒りや悲しみよりも頻繁に語られる傾向がある（Yogo & Onoue, 1998）。

[2] 社会的共有の文化比較

社会的共有の文化普遍性を確認するために，リメイら（1998）は西洋文化圏（フランス，北米）と東洋文化圏（日本，韓国，シンガポール）の大学生を標本にして，ネガティブ情動の社会的共有行動を調べた。この比較文化実験の結果は，文化圏に関わらずネガティブ情動エピソードは社会的に共有され，その社会的共有率は約80％以上であることを明らかにした（図11.2）。ところが，この結果はエピソードが最初に他者に共有される時期や共有頻度に文化差が存在することも示している。西洋文化圏の人々に比べて，東洋文化圏の人々がエピソードを最初に他者に語る時期は遅く，語られる頻度は少なかった。この結果は，社会的共有行動は文化に普遍的に認められるが，最初に他者に共有する時期や頻度などについて文化に特異なパターンがある可能性を示唆している。

さらに，出来事に対する認知評価と感情強度が社会的共有，精神反すうに与える影響と，社会的共有が現在の出来事に対する認知評価や感情評価に与える影響を検証したところ，欧州の研究（Rimé et al., 1991）と比較して，日本人が悲しみや罪悪の経験を最初に他者に語る時期は遅い傾向が認められた。また，出来事の衝撃が強いほど個体内過程では精神反すうが繰り返され，個体間過程

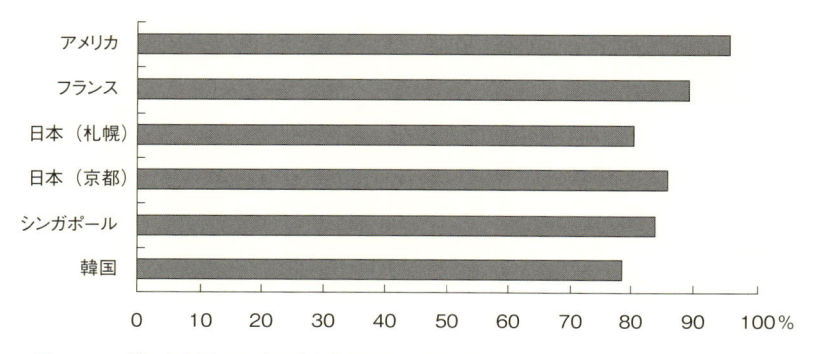

図11.2 アジア文化圏および西欧文化圏における社会的共有率（Riméら，1998より作成）

では繰り返し他者に語られることが明らかになった。現在，他者に自分の感情を語ることの意味や社会的共有に関する信念も含め，社会的場面における感情の開示のメカニズムの検証が進んでいる。

4. おわりに

　本章のテーマは，感情心理学，社会心理学，臨床心理学に係るものであり，開示は日常生活での相互作用から治療・臨床場面での相互作用まで幅広く，そして頻繁に行われている。本章では，感情の開示研究の歴史，方法，効果についてまとめた。昔から，世界中で多くの人々が日記を綴るなど，言語を用い自分たちの生活や考え，感情を記録してきた。このように他者に開示しなくとも自分の感情を筆記により吐露してきたという事実は，開示を現象学的に捉える際に役立つだろう。また，ここ数年，インターネットで日記（ブログ，ウェブログ）を公開する人々が急速に増加している。総務省の発表（2005年9月末）によると，日本でのブログ利用者数は473万人に達するという。インターネット上では，概ね匿名性が守られるため，自分の秘密や人に言いにくい出来事や感情を開示する人が多いのだろう。このことからも，われわれにとって開示が生活上においても不可欠な要素を持っていることがうかがえる。しかしながら，開示がどのような心理・生物学的過程を経て心身の健康に影響を及ぼすのか，そのメカニズムには未だに不明な点が多い。今後このメカニズムの解明により，感情機能の解明および心理臨床分野へのさらなる応用が期待される。

引用・参考文献

Archer, R. L. (1987). Commentary: Self-disclosure, a very useful behavior. In V.J. Derlega & J.H.Berg (Eds.), *Self-disclosure: Theory, research, and therapy.* New York: Plenum. pp.329-342.

American Psychiatric Association (1994). *Quick reference to the diagnostic criteria from DSM-IV.* Washington D. C.
　（高橋三郎・大野　裕・染矢俊幸（訳）(1995). DSM - IV 精神疾患の分類と診断の手引き　医学書院）

Derlega, V. J., Metts, S., Petronio, S., & Margulis, S.T. (1993). *Self-Disclosure.* Sage

Publications.
（齊藤　勇（監訳）（1999）．人が心を開くとき・閉ざすとき―自己開示の心理学　金子書房）

Derlega, V.J., & Grzelak, J.（1979）. Appropriateness of self-disclosure. In G.J.Chelune（Ed.）, *Self-disclosure: Origins, patterns, and implications of openness in interpersonal relationships*, pp.151-176.

Ekman, P., & Davidson, R.J.（1994）. *The nature of emotion: Fundamental questions*. New York, NY, US: Oxford University Press.

Finkenauer, C., & Rimé, B.（1998）. Keeping emotional memories secret. *Journal of Health Psychology*, **3**, 47-58

Gidron, Y., Peri, T., Connolly, J. F. & Shalev, A. Y.（1996）. Written disclosure in posttraumatic stress disorder: Is it beneficial for the patient? *Journal of Nervous and Mental Disease*. **184**, 505-507.

Harber, K. D., & Pennebaker, J. W.（1992）. Overcoming traumatic memories. Christianson In（Ed.）, *The handbook of emotion and memory: Research and theory*. Hillsdale, NJ: Erlbaum. pp. 359-387.

Jourard, S. M.（1971）. *Self-disclosre: An experimental analysis of the transparent self*. New York: Wiley.

Keltner, D., & Gross, J. J.（1999）. Functional accounts of emotion. *Cognition & Emotion*, **13**, 467-480.

Kowalski, R. M., & Leary, M. C.（1999）. *The social psychology of emotional and behavioral problems:Interfaces of social and clinical psychology*. American Psychological Association, Washington, D. C.
（安藤清志・丹野義彦（監訳）（2001）．　臨床社会心理学の進歩―実りあるインターフェイスをめざして　北大路書房）

Lehman, D. R., Wortman, C. B., & Williams, A. F.（1987）. Long-term effects of losing a spouse or child in a motor vehicle crash. *Journal of Personality and Social Psychology*, **52**, 218-231.

Lepore, S. J., & Smyth, J. M.（2002）. *The writing cure: How expressive writing promotes health and emotional well-being*. American Psychological Association, Washington, D. C.（余語真夫，佐藤健二，河野和明，大平英樹，湯川進太郎（監訳）（2004）．　筆記療法―トラウマやストレスの筆記による心身健康の増進―　北大路書房）

Martin, L. L., & Tesser, A.（1989）. Toward a motivational and structural theory of ruminative thought. In J. A. Bargh, & J. S. Uleman（Eds.）, *Unintended thoughts*. New York: Guilford Press. pp.306-325.

Miller, L. C., & Read, S. J.（1987）.　Why am I telling you this? In V. J. Derlega & J. H. Berg（Eds.）, *Self-disclosure: Theory, research, and therapy*. New York:Plenum. pp.35-58.

Mitchell, G. W., & Glickman, A. S.（1977）. Cancer patients: Knowledge and attitude. *Cancer*, **40**, 61-66.

小口孝司・安藤清志（1989）．　自己開示　大坊郁夫，安藤清志，池田謙一（編）　社会心

理学パースペクティブ1—個人から他者へ　誠信書房
Pennebaker, J. W. (1989). Confession, inhibition, and disease. In L. Berkowitz (Ed.), *Advances in experimental social psychology, Vol.22.* New York: Academic Press. pp. 211-244.
Pennebaker, J. W. (1997). *Opening up.* New York: Guilford Press.
　（余語真夫（監訳）（2000）．オープニングアップ　北大路書房）
Pennebaker, J. W., & Beall, S. (1986). Confronting a traumatic event: Toward an understanding of inhibition and disease. *Journal of Abnormal Psychology*, **95**, 274-281.
Pennebaker, J. W., Mayne, T. J., & Francis, M. E. (1997). Linguistic predictors of adaptive bereavement. *Journal of Personality and Social Psychology*, **72**, 863-871.
Rimé, B., (1995). Mental rumination, social sharing and the recovery from emotional exposure. In J. W. Pennebaker (Ed.), *Emotion, disclosure and health.* American Psychological Association, Washington D. C. pp.271-291.
Rimé, B., Finkenauer, C., Luminet, O., Zech, E., & Philippot, P. (1998). Social sharing of emotion : New evidence and new questions. In W. Stroebe & M. Hewstone (Eds.), *European Review of Social Psychology. Vol.9.* Chichester: Wiley. pp.145-189
Rimé, B., Mesquita, B., Philippot, P., & Boca, S. (1991). Beyond the emotional event : Six studies on the social sharing of emotion. *Cognition & Emotion*, **5**, 435-635.
佐藤健二（2005）．トラウマティック・ストレスと自己開示　ストレス科学，**19**, 189-198.
Schoenberg, B., Carr, A. C., Peretz, D., Kutscher, A. H., & Cherico, D. J. (1975). Advice of the bereaved for the bereaved. In B. Schoenberg, I. Gerber, A. Wiener, A. H. Kutscher, D. Perets, & A. C. Carr (Eds.), *Bereavement. Its psychosocial aspects.* New York: Columbia University Press. pp.362-367.
Smyth, J. M. (1998). Written emotional expression: Effect sizes, outcome types, and moderating variables. *Journal of Consulting and Clinical Psychology*, **66**, 174-184.
Tait, R., & Silver, R. C. (1989). Coming to terms with major negative life events. In J. S. Uleman & J. A. Bargh (Eds.), *Unintended thought.* New York: Guilford Press. pp.351-381.
Yalom, I.D. (1985). *The theory and practice of group psychotherapy* (3rd ed.) New York:Basic Books.
Yogo, M., & Onoue, K. (1998). Social sharing of emotion in a Japanese sample. In A. Fischer (Ed.), *ISRE98': Proceedings of the]th Conference of the International Society for Research on Emotions.* Amsterdam: The International Society for Research on Emotions. pp. 335-340.

12
感情の表出とコミュニケーション

　本章では，感情の表出とコミュニケーションに関する研究から最新の知見を紹介する。その際，われわれは日常生活においてどのように感情を表出するのか（第1節：日常生活における感情の表出），その感情表出によって他者といかに感情を共有するのか（第2節：コミュニケーションにおける感情の共有），さらに感情のコミュニケーションは周囲の人々に対してどのようなメッセージを送っているのか（第3節：社会へと開かれたコミュニケーション），という三つの点から考察を行う。まず第1節では，感情情報の伝達に主要な役割を果たす表情による感情表出に焦点を当てる。第2節では，感情表出がきっかけとなって生じる感情の共有について，個人要因と関係性要因，その交互作用に注目する。最後に，第3節ではコミュニケーションの行為者・観察者という視点を導入することにより，感情のコミュニケーションについて包括的検討を行う。

1. 日常生活における感情の表出

[1] 感情表出に関するこれまでの知見

　日常生活において感情が表出される場面はさまざまである。たとえば，自分にとって格別に嬉しい出来事があって思わず笑顔が表出されることもあれば，自分が落ち込んでいるときに友人に心配をかけないように笑顔で接することもある。エックマンとフリーセン（Ekman & Friesen, 1969, 1975）によれば，感情が喚起された際の表出反応は，(1) 感情を抑制することなしにありのまま表出する，(2) 真の感情よりも強度を弱めて感情を表出する，(3) 真の感情より

も強度を強めて感情を表出する，(4) 何も表出しない，(5) 感情を表出するが，別の感情を同時に表出することでそれを和らげる，(6) 実際に感じている感情とは別の感情を表出する，という六つに分類される。日常生活における感情表出は，感情を感じたままに表出するだけではなく，表情を弱めたり，強めたり，別の表情で本当の表情を覆い隠すなどの様々な調整が行われているのである。

近年，この表情表出の役割について大きく二つの立場から議論が行われている。一つは「表情表出の2要因説」である（Buck, 1984; Ekman, 1989, 1994）。「表情表出の2要因説」では，感情の主観的経験と表情表出との間に正の相関関係が仮定されること（Ekman, 1972; Izard, 1991）と，その相関関係は他者の存在によって変動することから，表情表出の最も重要な役割は，喚起された感情の表出であり，他者の存在はそれを変容させるものであるとしている。一方，もう一つの立場は「行動生態学的視点」である（Fridlund, 1994）。ルイズ-ベルダら（Ruiz-Belda et al., 2003）によれば，ボーリングをしているとき，頻繁に笑顔を表出するのはストライクをとった瞬間ではなく，仲間のほうを振り向いた瞬間である。また，サッカー選手もシュートが決まった瞬間ではなく，チームメイトと抱き合うときや観客のスタンドに駆け寄ったときに笑顔を表出する。このような観察から，「行動生態学的視点」では，他者に対して感情情報を伝達する機能こそ表情表出の担うもっとも重要な役割としている。これら二つの立場では，喚起された感情が表情表出に反映されるという点に関して理論的対立があるものの，表情表出が他者の存在によって影響を受けるという点に関しては共通している。感情の表出は他者存在の影響を抜きにしては語りえないもののようである。

[2] 他者との関係性が表情表出に及ぼす影響

他者存在が表情表出に及ぼす影響について扱った多くの研究がある。従来の実験的研究では，感情喚起場面に他者が存在する場合と存在しない単独場面での実験参加者の表情表出の違いを比較したものがあるが，その結果は一貫していない。コービル（Chovil, 1991）やフリッドルンド（Fridlund, 1991）の研究は，他者が存在する方が単独の場合よりも表情表出が促進されることを見出している一方，ヤークゾワーとダルンズ（Yarczower & Daruns, 1982）やクラウ

ト（Kraut, 1982）の研究では，他者が存在する場合の方が抑制されるという結果を報告している。このような不一致について，ワグナーとリー（Wagner & Lee, 1999）は「他者の役割」の要因を用いて解釈し，他者が実験参加者と同じ課題に取り組む共同者として存在する場合では他者存在が表情表出を促進する一方（Chovil, 1991; Fridlund, 1991），実験参加者を評価する観察者として存在する場合では抑制する（Yarcozower & Daruns, 1982; Kraut, 1982）としている。

またワグナーとリーは他者存在が表情表出に及ぼす影響の不一致を説明する別の要因として「他者との関係性」を挙げ，共に存在する他者が仲の良い友人なのか面識のない他人なのかによって表情表出が異なる（Wagner & Smith, 1991; Buck et al., 1992）としている。フリッドルンドは，友人の存在により，表情表出が促進されることを報告し，これには友人に対するコミュニケーション欲求の高まりが関係していると解釈した。この見解はヤコブら（Jakobs et al., 1999）によって実証されている。共に存在する他者が友人の場合にコミュニケーション欲求が高まり，表情表出が促進されるのである。

コミュニケーション欲求の高まりによって表情表出が促進されるとき，友人関係にある二人はどのようなタイミングで表情表出を行うのであろうか。日常の社会的場面では，一人一人の行動は独立しておらず，一緒にいる他者の行動と相互に関連しあっているため，同時に表情を表出することが多いと考えられる。しかしながら，他者の存在が表情表出に及ぼす影響について検討したこれまでの研究の多くは，ペアで実験に参加させているにもかかわらず，個人の表情表出に注目し，実験参加者を個別に扱う分析のみを行っていた。

そこで，山本・鈴木（2005）は表情表出の同時生起に注目し，他者との関係性が表情表出に及ぼす影響について検討を行った。実験参加者は女性の大学生で，単独で実験に参加する群（単独群），友人のペアで参加する群（友人関係群），面識のない者のペアで参加する群（未知関係群）のいずれかに群分けされた。快刺激・中性刺激・不快刺激として3種類の映像を視聴した後，映像視聴中の感情状態やコミュニケーション欲求について問う質問項目に回答した。映像視聴中の実験参加者の表情については，ハーフミラーの裏側に配置したビデオカメラによって撮影を行った後，笑顔と眉しかめのコーディングを行った。その結果，笑顔の表出は，刺激のヴェイレンスに関わらず，未知関係群や単独群に

比べて，友人関係群において促進されていた。さらに，コミュニケーション欲求は未知関係群よりも友人関係群のほうが高く，笑顔の同時生起についても未知関係群よりも友人関係群のほうが促進されていた（図12.1）。山本・鈴木（2005）は，友人関係群において，共に存在した相手に対するコミュニケーション欲求の高さが，笑顔の表情表出の同時生起を引き起こし，その結果として笑顔の表情表出に他の群との違いをもたらしたとしている。

一方，眉しかめの表出は，群間に有意な差がなく，刺激のヴェイレンスによる違いのみが認められ，快刺激よりも不快刺激において生起していた。山本・鈴木（2005）は，眉しかめの表出は他者の存在やそれによって生じるコミュニケーション欲求の影響を受けず，純粋に不快感情の表出として機能していたとしている。しかし，先行研究では，他者存在が不快感情の表出を促進するというもの（Bavelas et al., 1986; Chovil, 1991）や抑制するというもの（Buck et al., 1992）があり，結果が一貫していない。この原因として，場所という状況要因（井上, 2000）が感情表出に影響している可能性がある。また，山本・鈴木（2005）の研究では，女性のみを対象としており，性差（Hall, 1984）や個人差（大坊, 1991; Friedman et al., 1980）についても検討していく必要があろう。

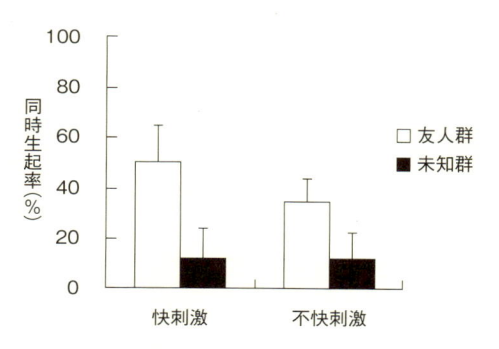

図12.1　笑顔の同時生起率の平均値と標準偏差（山本・鈴木, 2005）

2. コミュニケーションにおける感情の共有

[1] 情動伝染

　コミュニケーションにおいて，感情の表出がきっかけとなって，他者と同じ感情を共有することが可能となる。他者と感情を共有することはコミュニケーションの大きな目的の一つであり，周囲の人々と円滑な対人関係を営むためには欠かすことができない。日常生活において，楽しそうに笑う人を見ていて自分も明るい気持ちになったり，失恋した友人の話を聞いてもらい泣きをしてしまった経験があるだろう。このような，他者の特定の感情表出を知覚することによって，自分自身も同じ感情を経験する現象は「情動伝染（emotional contagion）」と呼ばれる。情動伝染という現象は，その重要性から，発達心理学，臨床心理学，社会心理学，そして生理心理学と非常に多岐に渡る領域で注目され，たくさんの研究が行われてきた。

　ハットフィールドら（Hatfield et al., 1992, 1994）は情動伝染に関する研究を体系的にまとめ，即時性（瞬時に起こる），無自覚性（気がつかないうちに起こる），偏在性（どこでも起こる）という情動伝染の3つの特徴を明らかにした。さらに，乳幼児期においてすでに情動伝染が観察されること（Hoffman, 1987）と合わせて，生得的に獲得された自動的過程が情動伝染の生起に寄与していることを主張している。ハットフィールドらによれば，情動伝染の生起メカニズムには2段階のプロセスが存在する。第1段階のプロセスとして，日常生活のコミュニケーションにおいて，互いの表情（たとえば，Hess et al., 1999）や発話（たとえば，Matarazzo et al., 1963），身体動作（たとえば，Condon & Ogston, 1966; Bernieri, 1988）などの行動が連動し，類似化する傾向があるという。このような現象は，本邦でも，表情（山本・鈴木, 2005）や発話（大坊, 1985; 長岡, 2004; 小川, 2003），身体動作（木村ら, 2004a; Kimura & Daibo, 2006）などのさまざまなコミュニケーション・チャネルにおいて確認されている。特に，木村らの研究（2004a; Kimura & Daibo, 2006）では，話題の持つヴェイレンスに注目した結果，楽しかったことについて話しているときも悲しかったことについて話しているときにも，この現象が観察されている。われわれは

コミュニケーションにおいて気がつかないうちに他者が表出したのと同じ感情表出を行ってしまうようである。

次に，ハットフィールドらは第2段階のプロセスとして，特定の感情経験に対応する感情表出が存在することを指摘した上で，身体的なフィードバックが感情喚起に寄与するとしている。この主張は，「顔面フィードバック仮説（facial feedback theory; Tomkins, 1962, 余語, 1991）」や「感情血流理論（vascular theory of emotional efference; Zajonc, 1984）」によって理論的に支持されている。顔面フィードバック仮説とは，表情表出に関連する顔面部位と特定の感情経験の間には直接的な結びつきがあり，表情表出に伴うフィードバックが大脳皮質に入力され，特定の感情状態を経験することになるというものである。また，感情血流理論とは，表情表出に関連する顔面筋の活動が顔面および脳内の血管系の温度に作用し，特定の感情を喚起するというものである。われわれは，他者の感情表出を知覚し，気がつかないうちに，同じ感情表出を行う。そして，その感情表出による身体的フィードバックによって他者と同じ感情を経験するというのである。ハットフィールドらは情動伝染という現象に高次の認知的過程が介在する可能性を認めつつ，その生起メカニズムの基盤には自動的過程が存在すると述べている。

[2] 個人差に関する検討

コミュニケーション場面において他者と感情を共有する経験は誰しもあるが，いつも同じように感情を共有するわけではない。感情の共有にはどのような要因が影響しているのだろうか。ハットフィールドらは情動伝染のしやすさには個人差が存在することを示唆し，その特徴として，(1) 他者に対してよく注意を払っていること，(2) 自分と他者を密接に結びついたものとして認識していること，(3) 他者の感情の読み取りが得意であること，(4) 他者と行動が連動・類似化しやすいこと，(5) 身体感覚に敏感であること，などを挙げている。また，ドーティ（Doherty, 1997）は個人差を測定するための情動伝染尺度（the Emotional Contagion Scale; ECS）を作成している。ECS は 15 項目からなる単一次元の尺度として作成され，自尊心（Rosenberg, 1965）と正の相関関係，神経症傾向（Eysenck & Eysenck, 1975）や孤独感（Jesser & Jesser, 1977）と

負の相関関係を示し，社会的望ましさ（Crowne & Marlowe, 1964）とは関連を示さない。さらに，実験室研究から，ECS得点が身体的フィードバックを示唆する生理的反応や，表情刺激に対する感情経験の自己報告と相関することが示されている。

本邦においても，情動伝染の個人差を検討する試みは木村ら（2007）によって行われている。木村らは，大学生418名を対象に，ドーティのECSの15項目の質問文を邦訳したものを，「決してない」（1点）から「非常にそうである」（4点）までの4件法で回答を求めた。因子分析の結果，どの因子にも負荷しなかったいくつかの項目が削除され，愛情伝染（love contagion），怒り伝染（anger contagion），悲しみ伝染（sadness contagion），喜び伝染（happiness contagion）の4因子が得られた（表12.1）。加えて，因子間の相関は.14 – .40と弱いものであり，共分散構造分析の結果からドーティの示した1因子構造よりも，感情別の4因子構造のほうが高い適合度であることが明らかとなった。この結果は，特定の感情について情動伝染しやすい人が，別の感情についても伝染しやすいとは限らないことを意味し，情動伝染のメカニズムを考える場合，感情の種類により独立したプロセスを仮定する必要性を示唆していた。また，木村ら（2004b）では，情動伝染の個人差と精神的健康との関連を検討したところ，怒り伝染と悲しみ伝染は精神的健康の悪さと正の相関関係，喜び伝染は負の相関関係があることが明らかとなった。この結果は，情動伝染には適応的な側面とそうでない側面が存在することを示唆している。すなわち，感情の共

表12.1 日本語版情動伝染尺度の因子分析結果(因子パターン；木村ら, 2007)

	愛情	怒り	悲しみ	喜び
愛する人に抱きしめられると，私の気持ちは次第にやわらいでいく。	.79	.02	.15	.15
愛する人に触れられると，私は自分の身体が反応するのを感じる。	.78	.09	.10	.08
愛する人の目を見つめると，ロマンティックな気持ちでいっぱいになる。	.69	.05	.11	.21
不安でイライラしている人がそばにいると，私自身緊張してしまう。	.04	.88	.11	.07
怒鳴りあいのケンカを耳にすると緊張してしまう。	.00	.54	–.00	.16
怒っている人がそばにいると，私はイライラしてしまう。	.07	.44	.01	.07
気分が沈んでいるとき，幸せな人と一緒にいると私は元気づけられる。	.09	.00	.79	.06
幸せな人がそばにいると，自分自身も幸せな気持ちでいっぱいになる。	.21	.09	.69	.16
私は悲しい映画を観ると，泣いてしまう。	.07	.11	.03	.64
もしも私と話している相手が泣き出したら，私も涙がこぼれそうになってしまう。	.14	.18	.10	.60
愛する人の死について人が話しているのを聞くと，私は悲しみでいっぱいになる。	.33	.09	.16	.52

有は周囲の人々と円滑な対人関係を築く上で欠かすことができないものであるが，ネガティブ感情について過度に影響を受けてしまうと自らの健康を害してしまうのである。

[3] 関係性の観点から情動伝染を捉えなおす

　同じ感情表出を知覚したとしても，相手との関係性によって感情を共有できる程度は異なると考えられる。しかしながら，感情の共有経験に影響する要因として，関係性要因に注目した研究はほとんどない。ガンプとクリック（Gump & Kulik, 1997）によれば，親和動機が高まるような状況では情動伝染が生じやすい。また，自分の社会的地位が低い場合，相対的に社会的地位が高い相手の感情に対して感受性が高まることが報告されている（Snodgrass, 1985）。しかし，これらの研究は統制された実験室状況で未知関係にある他者やサクラが相手である点で，日常生活とは明らかに異なっている。日常生活において，多くの場合，われわれが感情経験を共有するのはある程度関係性が形成された他者だからである。

　そこで，Kimura et al（2008）は場面想定法を用い，既存の対人関係を対象にして，関係性が情動伝染に及ぼす影響について検討した。回答者は，想定他者から感情経験を開示されたとき，他者はどの程度その感情を感じているか，自分自身はどの程度その感情を表出・経験するかを，喜び・怒り・悲しみ・興味の四つについて評定した。想定他者として，普段頻繁にコミュニケーションしている「友人」，知っているが普段コミュニケーションしていない「知人」，社会的地位が自分より高い「先輩」，社会的地位が自分よりも低い「後輩」のいずれかを想定する四つの条件を設けて，回答者はいずれかの条件に振り分けられた。想定する場面は喜び（悲しみ）の感情経験について他者から開示されるというものだった。山本ら（2004）と木村ら（2005）を参考にして，大学生では最も経験頻度が高い，喜びの感情経験として「成功・達成経験」「新しい物・関係の獲得」を，悲しみの感情経験として「喪失経験」「失敗・挫折経験」をそれぞれ選択し，調査に用いた。その際，木村ら（2007）で作成された日本語版情動伝染尺度および想定相手との親密さについても回答した。

　その結果，回答者は友人，知人，先輩，後輩といった関係性に関わらず，想

定他者が開示した特定の感情経験と同じ感情を経験・表出すると報告していたことから，どの感情についても情動伝染が生起することが示された。情動伝染する程度について見ると，喜びの経験・表出については，親密性の低い知人よりも，より親密性の高い友人・先輩・後輩の方が有意に高かった。悲しみの経験についても，親密性の低い知人よりも，親密性の高い友人・先輩・後輩の方が有意に高かった。ただし，悲しみの表出については関係性による違いが見られなかった。親密性の低い知人にも他の関係と同じように悲しみの表出を行っていたのである。これは日本人がネガティブ感情の強い表示規則を持っていること（Matsumoto & Ekman, 1989）に関連すると思われる。また，日本語版情動伝染尺度で測定した情動伝染の個人差と，想定場面における回答者の感情経験・表出についての評定値との Pearson の相関係数を，関係性別に算出したところ（表12.2），喜び・悲しみのどちらの情動伝染においても，知人や先輩，後輩では情動伝染のしやすさの個人特性と感情経験・表出との関連が見られた一方，友人関係においては個人特性の影響が見られなかった。親密性が高く，対等な関係である友人関係では，自分のパーソナリティに関わらず，感情を共有しているのである。これらの結果は，ハットフィールドらの指摘する情動伝染の普遍性と同時に，関係性要因のような状況特異性についても考慮する必要性が示唆されるものであった。情動伝染という現象は，その複雑さゆえ，いまだメカニズムの多くがベールで覆われていると言える。今後は，認知処理と自動的過程がどのように関連しているかを踏まえつつ，情動伝染の状況特異性を探ることが求められる。

表12.2 関係性別にみた情動伝染の個人差と感情経験・表出との関連（木村・大坊, 2005）

	喜びの情動伝染			悲しみの情動伝染	
	喜び経験	喜び表出		悲しみ経験	悲しみ表出
友人	.17	.26	友人	.23	.20
先輩	.51**	.36**	先輩	.53**	.59**
後輩	.43**	.20	後輩	.64**	.46**
知人	.47**	.32*	知人	.37**	.49**

$*p<.05$ $**p<.01$

3. 社会へと開かれたコミュニケーション

[1] コミュニケーションの行為者と観察者

　従来のコミュニケーション研究では，どのようにすれば相手に感情をうまく伝えることができるのか，また，どのようにすれば親密な対人関係を構築することができるのかといった問題意識から，コミュニケーションの行為者である話者のみに注目してきた（Burgoon et al., 1995; Cappella, 1981; 大坊, 1990; Giles, 1973; Patterson, 1976; 和田, 1996）。しかし，社会という文脈の中に位置づけた場合，コミュニケーションの影響は会話をしている当事者の間で完結するものではなく，「観察者」に対しても人間関係に関する豊富な情報を発信している。学校や職場，家庭，地域社会とさまざまな場面において，われわれは無数の人間関係に囲まれて日々の生活を送っている。そのため，周囲の人間関係を把握することは，自らがその中で円滑な対人関係を形成し維持していく上で必要不可欠なものとなる。われわれはコミュニケーションを行う話者として存在すると同時に，「観察者」として周囲のコミュニケーションを認知し，その情報をもとにして周囲の人間関係を理解し展開しているのである。「観察者」として対人コミュニケーションの認知を行うことは，周囲の人間関係を知る上での情報的基礎であり，対人トラブルの予防や早期発見，その後の対処行動に影響するため，社会的適応基盤であると考えられる。

　それでは，行為者と観察者は同じように対人コミュニケーションを認知しているのであろうか。ジョーンズとニスベット（Jones & Nisbett, 1972）によれば，同じ事態について取り上げる場合でも，視点や利用可能な情報，動機から，行為者と観察者では認知に大きな違いが生じる（「行為者・観察者効果」）。モナハン（Monahan, 1995）は，会話相手への親和動機の違いや認知負荷の違いから，行為者である話者と観察者では会話場面の情報処理様式が異なることを示唆している。またデュバルとウィクランド（Duval & Wicklund, 1972）は，話者と観察者の情報処理様式の違いを，両者の目標の相違から説明している。会話場面における話者の目標は会話相手との相互作用を進めることであるが，観察者の目標は会話に関するあらゆる情報を収集することである。このように，自分

自身が会話を行う場合の認知と，観察者として会話を観察する場合の認知との間には違いがあると考えられる．

さらに，対人コミュニケーションを認知する際，行為者と観察者でどのような違いが生じるのかについて報告されている．ベルニアリら（Bernieri et al., 1996）は，欧米人大学生を対象に，対人コミュニケーション認知における行為者・観察者効果を検討した．まず，実験参加者を未知関係のペアにして，討論話題条件（銃の所持や堕胎などの社会的問題について議論を行う）と協力話題条件（世界旅行の計画について相談する）のどちらかに振り分けて会話を行った後，会話がうまくいった程度について尋ねた．会話の様子は VTR にて撮影を行った．次に，VTR で撮影した会話の様子を刺激にして，話者とは面識のない実験参加者に，観察者として，話者の会話がうまくいったと思っている程度について推測するよう求めた．さらに，独立した評定者によって，会話の「表出性（コミュニケーションが活発であったという印象）」を定量化した．その結果，話題条件に関わらず，話者の表出行動が活発であれば，そのコミュニケーションがうまくいっていると観察者が判断してしまう一方，話者の判断は表出性とは無関連であった．ベルニアリらは，この現象を「表出性ハロー効果（the expressivity halo effect）」と名づけている．

しかし，この現象を一般化するためには二つの問題点があった．一つは文化の問題である．ホール（Hall, 1976）によれば，コンテクスト（context）がコミュニケーションに及ぼす影響は文化によって異なっている．すなわち，低コンテクスト文化ではコミュニケーションの送り手ははっきりと自分の感情や思考を表現し，受け手がそれを読み取る一方，高コンテクスト文化では，コミュニケーションの送り手は控えめな表現を用い，受け手がそれを巧みに読み取るのである．タカイとオオタ（Takai & Ota, 1994）は，低コンテクストの文化である西欧に対して，高コンテクスト文化である日本では，対人コミュニケーションにおいて，送り手がしばしば沈黙や曖昧な表現を用いやすく，受け手は文脈や非言語行動に内在する細かい情報を巧みに読み取ることを指摘している．また中村（1991）やシェーラーら（Scherer et al., 1989）による感情表出に関する比較文化研究では，欧米人に比べて日本人は表出行動を抑制していることが明らかにされている．このような高コンテクスト文化である日本では，活発でなく

ても良好なコミュニケーションであることが十分起こりえるし，観察者も活発さを手がかりにしてコミュニケーションの良好性を判断しないことが考えられる。このことから，高コンテクスト文化である日本においても，「表出性ハロー効果」が見られるのかを確認する必要がある。

もう一つの問題は話題のヴェイレンスに関するものである。感情表出の程度や仕方は話題のヴェイレンスによって異なる（たとえば，Scherer & Ekman, 1984）。特に，日本人はポジティブ感情に比べてネガティブ感情の表出を抑制する傾向にある（Matsumoto & Ekman, 1989）。話題のヴェイレンスによって表出が異なれば，それを手がかりにして行われる対人コミュニケーション認知も十分影響を受ける可能性があることから，話題のヴェイレンスが対人コミュニケーション認知に及ぼす影響について検討することが求められる。

[2] 話題のヴェイレンスが対人コミュニケーション認知に及ぼす影響

木村ら（2005）では，日本における表出性ハロー効果の妥当性を検証し，話題のヴェイレンスが対人コミュニケーション認知に及ぼす影響について明らかにするために検討を行っている。木村ら（2005）の研究を通じて採用された方法は，ベルニアリらを参考にし，以下のとおりであった（図12.2）。実験手順は三つのステップに分かれる。まずステップ1では，お互いに未知の関係にある日本人大学生を対象にして会話実験を行った後，「話者」には会話のうまくいっている程度（会話の成功度）について評定を求めた。その際会話の様子はVTRで撮影された。次に，ステップ2では，ステップ1で撮影した会話の様子を基に話者とは面識のない独立した「評定者」によって，会話の「表出性」（コミュニケーションの活発さの印象）の程度を測定した。最後に，ステップ3では話者や評定者とは独立した「観察者」によって，ステップ1で撮影した会話の様子を基に話者の会話成功度について推測するよう求めた。

研究1の結果，日本における表出性ハロー効果の妥当性が確認された（図12.3）。ステップ2で測定された「表出性」の平均値を基準にして，コミュニケーションが活発だったペア（表出性高群）とそうでなかったペア（表出性低群）に分けた。そうすると，話者本人については表出性の高群と低群で会話の成功度に違いが見られなかった一方，観察者については表出性の低群よりも高群の

3. 社会へと開かれたコミュニケーション　*235*

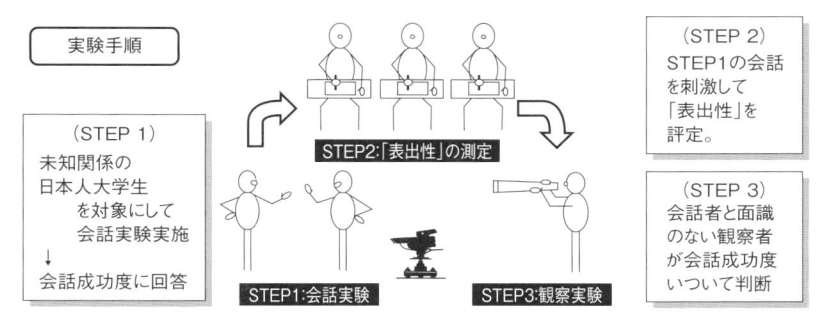

図12.2　木村ら(2005)の実験手順

ほうが会話の成功度が有意に高かった。これらの結果から，高コンテクスト文化である日本においても，「表出性ハロー効果」が確認されたといえる。

研究2・3では，話題のヴェイレンスの影響について検討するため，ステップ1において未知関係にある大学生のペアはポジティブ感情エピソード（最近楽しかった出来事）とネガティブ感情エピソード（最近悲しかった出来事）のどちらかについて会話を行う条件に振り分けられた。研究2の結果，先行研究（たとえば，Matsumoto & Ekman, 1989）から明らかなように，「表出性」はポジティブ話題条件のほうがネガティブ話題条件よりも有意に高いことが確認された。さらに，話者本人についてポジティブ話題条件とネガティブ話題条件で会話の成功度に違いが見られなかった一方，観察者についてはネガティブ話題

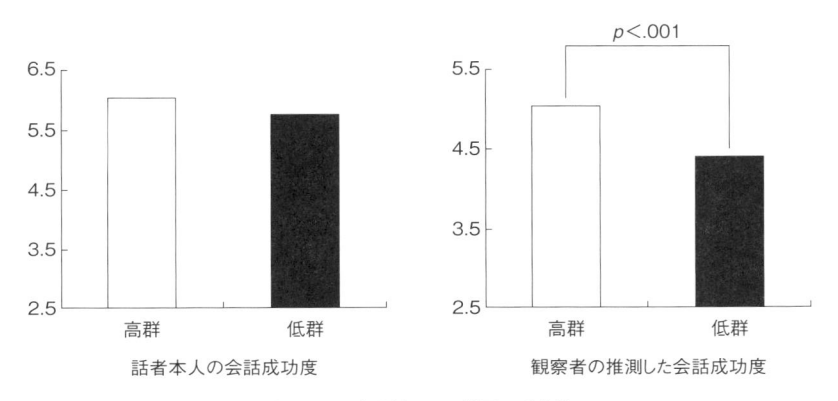

図12.3　日本における表出性ハロー効果の妥当性（木村ら, 2005）

236　第12章　感情の表出とコミュニケーション

条件よりもポジティブ話題条件のほうが会話の成功度が有意に高かった（図12.4）。これにより，表出性の低いネガティブ話題よりも，表出性の高いポジティブ話題のほうが，コミュニケーションがうまくいっていると観察者によって判断されやすいことが明らかになった。研究3では，話者の会話成功度と観察者の推測した会話成功度の差分の絶対値を，観察者による「対人コミュニケーション認知の正確さ」として操作的に定義して検討した。その結果，表出性ハロー効果によって，ネガティブ話題条件よりもポジティブ話題条件のほうが，対人コミュニケーション認知が正確であることが示された（図12.5）。話者の表出行動が活発なほど，コミュニケーションがうまくいっていると観察者が判断してしまう「表出性ハロー効果」によって，「表出性」の高いポジティブ感情エ

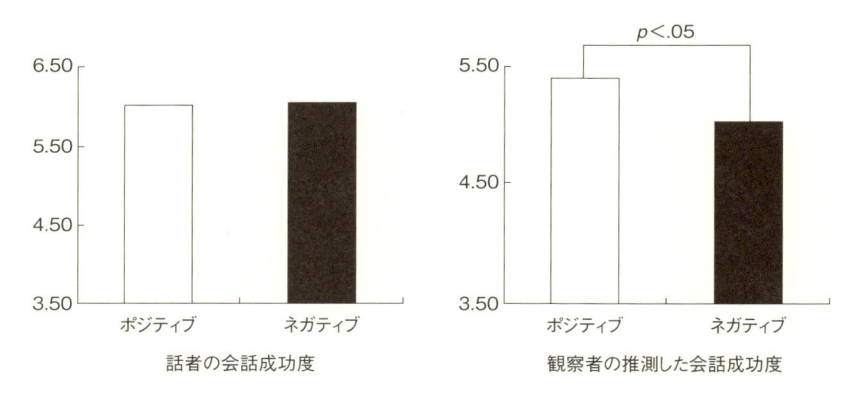

図12.4　話題のヴェイレンスが対人コミュニケーション認知に及ぼす影響（木村ら，2005）

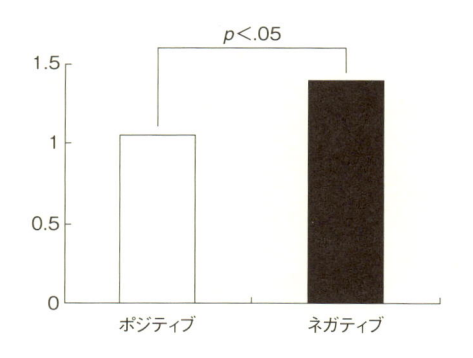

図12.5　対人コミュニケーション認知の正確さ（木村ら，2005）

ピソードでは、話者自身と、観察者の会話に対する評価のズレが小さくなる一方で、「表出性」が低いネガティブ感情エピソードでは、「表出性」を手がかりにできないために、観察者が、話者自身の会話に対する評価を低く見積もり、話者自身と、観察者の会話に対する認知のズレが大きくなる。このことから、ネガティブ感情エピソードではポジティブ感情エピソードよりも観察者による対人コミュニケーションの認知が不正確に行われたと考えられる。

[3] 開放的コミュニケーション理論の構築と実践的展開へ

感情のコミュニケーションは話者間での感情の伝達や共有に関わるだけでなく、周囲の観察者に対して関係性に関する情報を発信している。対人コミュニケーション認知における観察者の視点は従来の研究にはなかった新たな視点であり、観察者の視点を考慮することは、コミュニケーションと対人関係、そして社会をつなぐ「開放的な」コミュニケーション理論の構築・展開に大きく貢献すると考えられる。また、対人コミュニケーション認知は周囲の人間関係を知るための情報的基礎であり、社会的適応基盤であることから、その向上を目指した研究は実践的意義がある。近年、社会的な適応をうながすためのトレーニング・プログラムの開発、実践研究が活発に行われている。観察者視点のコミュニケーション研究はその潮流の中に位置づけることができる。今後は、学習によって向上可能な社会的スキルとして対人コミュニケーション認知を位置づけ、その向上を目指した基礎的知見の獲得および実践のためのトレーニング・プログラムの開発が求められるであろう。

引用・参考文献

Bavelas, J. B., Black, A., Lemery, C. R., & Mullett, J. (1986). "I show how you feel": Motor mimicry as a communicative act. *Journal of Personality and Social Psychology*, **50**, 322-329.

Bernieri, F. J. (1988). Coordinated movement and rapport in teacher-student interactions. *Journal of Nonverbal Behavior*, **12**, 2, 120-138.

Bernieri, F. J., Gillis, J. S., Davis, J. M., & Grahe, J. E. (1996). Dyad rapport and the accuracy of its judgment across situations: A lenz model analysis. *Journal of Personality and Social Psychology*, **71**, 110-129.

Buck, R. (1984). *The communication of emotion*. New York: Guilford Press.

Buck, R., Losow, J. I., Murphy, M. M., & Costanzo, P. (1992). Social facilitation and inhibition of emotional expression and communication. *Journal of Personality and Social Psychology*, **63**, 962-968.

Burgoon, J. K., Stern, L. A., & Dillman, L. (1995). *Interpersnal adaptation: Dyadic interactional patterns.* New York: Cambridge University Press.

Cappella, J. N. (1981). Mutual influence in expressive behavior: Adult-adult and infant-adult dyadic interaction. *Psychological Bulletin*, **89**, 101-132.

Chovil, N. (1991). Social determinants of facial displays. *Journal of Nonverbal Behavior*, **15**, 141-154.

Condon, W. S., & Ogston, W. D. (1966). Sound film analysis of normal and pathological behavior patterns. *Journal of Nervous and Mental diseases*, **143**, 338-457.

Crowne, D. P., & Marlowe, D. (1964). *The approval motive.* New York: Wiley.

大坊郁夫 (1985). 対人コミュニケーションにおける同調傾向—主に音声的行動について—山形心理学レポート, **4**, 1-15.

大坊郁夫 (1990). 対人関係における親しさの表現—コミュニケーションに見る発展と崩壊— 心理学評論, **33**, 3, 322-352.

大坊郁夫 (1991). 非言語的表出性の測定：ACT尺度の構成 北星学園大学文学部北星論集, **28**, 1-12.

Doherty, R. W. (1997). The emotional contagion scale: A measure of individual differences. *Journal of Nonverbal Behavior*, **21**, 131-154.

Duval, S., & Wicklund, R. A. (1972). *A theory of objective self awareness.* Academic Press, New York.

Ekman, P. (1972). Universal and cultural differences in facial expressions of emotion. In. J. K. Cole (Ed.), *Nebraska symposium on motivation, 1971.* Lincoln: University of Nebraska Press. pp.207-283.

Ekman, P. (1989). The argument and evidence about universals in facial expressions of emotions. In H. L. Wagner & A. S. R. Manstead (Eds.), *Handbook of social psychophysiology.* England: John Wiley and Sons. Pp. 143-164.

Ekman, P. (1994). Strong evidence for universals in facial expressions: A reply to Russell's mistaken critique. *Psychological Bulletin*, **115**, 268-287.

Ekman, P., & Friesen, W. V. (1969). The repertoire of nonverbal behavior: Origins, usage, and coding. *Semiotica*, **1**, 49-98.

Ekman, P., & Friesen, W. V. (1975). *Unmasking the face.* Englewood Cliffs, NJ: Prentice-Hall.

Eysenck, H. J., & Eysenck, S. B. G. (1975). *Manual of the Eysenck Personality Questionaire.* San Diego: Edits.

Fridlund, A. J. (1991). Sociality of solitary smiling: Potentiation by implicit audience. *Journal of Personality and Social Psychology*, **60**, 229-240.

Fridlund, A. J. (1994). *Human facial expression: An evolutionary view.* San Diego, CA: Academic press.

Friedman, H. S., Prince, L. M., Riggio, R. E., & DiMatteo, M. R. (1980). Understanding and assessing nonverbal expressiveness: The affective communication test. *Journal of Personality and Social Psychology*, **39**, 333-351.

Giles, H. (1973). Accent mobility: a model and some data. *Anthropological Linguistics*, **15**, 87-109.

Gump, B. B., & Kulik, J. A. (1997). Stress, affiliation, & emotional contagion. *Journal of Personality and Social Psychology*, **72**, 305-319.

Hall, E. T. (1976). *Beyond culture*. Garden City, N.Y.: Anchor.

Hall, J. A. (1984). *Nonverbal sex differences: Communication accuracy and expressive style*. Baltimore, MD: Johns Hopkins University Press.

Hatfield, E., Cacioppo, J., & Rapson, R. (1994). Emotional contagion. New York : Cambridge University Press.

Hatfield, E., Cacioppo, J., & Rapson, R. (1992). Primitive emotional contagion. In M. S. Clark (Ed.), *Review of personality and social psychology*. Newbury Park, CA: Sage.

Hess, U., Philippot, P., & Blairy, S. (1999). Mimicry; Facts and Fiction In P. Philippot, R. S. Feldman & E. J. Coats (Eds.), *The Social Context of Nonverbal Behavior*. pp.213-241.

Hoffman, M. L. (1987). The contribution of empathy to justice and moral judgment. In N. Eisenberg & J. Strayer (Eds.), *Empathy and its development*. Cambridge, UK: Cambridge University Press. pp.47-80.

井上 弥 (2000). 感情表出抑制に及ぼす人・場所状況と他者意識の効果 感情心理学研究, **7**, 25-31.

Izard, C. E. (1991). *The psychology of emotions*. New York: Plenum.

Jakobs, E., Manstead, A. S. R., & Fischer, A. H. (1999). Social motives, emotional feelings, and smiling. *Cognition and Emotion*, **13**, 321-345.

Jesser, R., & Jesser, S. (1977). *Problem behavior and psychological development*. New York: Academic Press.

Jones, E. E., & Nisbett, R. E. (1972). The actor and the observer: Divergent perceptions of the causes of behavior. In E. E. Jones, D. E. Kanouse, H. H. Kelly, R. E. Nisbett, S. Valins, & B. Weiner (Eds.), *Attribution: Perceiving the causes of behavior*. General Learning Press, pp.79-94.

Kimura, M., & Daibo, I. (2006). Interactionl synchrony in conversations about emotional episodes: A measurement by "between-participants pseudosynchrony experimental paradigm". *Journal of Nonverbal Behavior*, **30**, 115-126.

Kimura, M., Daibo, I., & Yogo, M. (2008). The study of emotional contagion from the perspecfive of interpersonal relationships. *Social Behavior and Personality*. **36**, 27-42.

木村昌紀・余語真夫・大坊郁夫 (2005). 感情エピソードの会話場面における表出性ハロー効果の検討 感情心理学研究, **12**, 12-23.

木村昌紀・余語真夫・大坊郁夫 (2004a). 感情エピソードの会話場面における同調傾向の検討 対人社会心理学研究, **4**, 97-104.

木村昌紀・余語真夫・大坊郁夫 (2004b). 情動伝染と社会的適応との関連 日本心理学会第68回大会発表論文集, 192.

木村昌紀・余語真夫・大坊郁夫 (2007). 日本語版情動伝染尺度の作成 (the Emotional Contagion Scale) の作成 対人社会心理学研究, **7**, 31-39.

Kraut, R. E. (1982). Social presence, facial feedback, and emotion. *Journal of Personality and Social Psychology*, **42**, 853-863.

Matarazzo, J. D., Weitman, M., Saslow, G., & Wiens, A. N. (1963). Interviewer influence on durations of interviewee speech. *Journal of Learning and verbal Behavior*, **1**, 451 – 458.

Matsumoto, D., & Ekman, P. (1989). American-Japanese cultural differences in intensity ratings of facial expressions of emotion. *Motivation and Emotion*, **13**, 143-157.

Monahan, J. L. (1995). Information processing differences of conversational participants and observers: The effects of self-presentation concerns and cognitive load. *Communication Monographs*, **62**, 265-281.

長岡千賀 (2004). 対人コミュニケーションにおける非言語行動の2者間相互影響に関する研究 大阪大学大学院人間科学研究科博士学位論文（未公刊）

中村 真 (1991). 情動コミュニケーションにおける表示・解読規則 大阪大学人間科学部紀要, **17**, 115-146.

小川一美 (2003). 二者間発話量の均衡が観察者が抱く会話者と会話に対する印象に及ぼす効果 実験社会心理学研究, **43**, 63-74.

Patterson, M. L. (1976). An arousal model of interpersonal intimacy. *Psychological Review*, **83**, 235-245.

Rosenberg, M. (1965). *Society and the adolescent self-image*. Princeton, NJ: Princeton University Press.

Ruiz-Belda, M., Fernandez-Dols, J., Carrera, P., & Barchard, K. (2003). Spontaneous facial expressions of happy bowlers and soccer fans. *Cognition and Emotions*, **17**, 315-326.

Scherer, K. R., & Ekman, P. (1984). *Approaches to emotions*. Hillsdale, New Jersey : Lawrence Erlbaum.

Scherer, K. R., Wallbot, H. G., Matsumoto, D., & Kudoh, T. (1989). Emotional experience in cultural context: A comparison between Europe, Japan, and the United States. In K. R. Scherer (Ed.), *Facets of emotion*. New Jersey: Laurence Erlbaum.

Snodgrass, S. E., (1985). Women's intuition; The effect of subordinate role on interpersonal sensitivity. *Journal of Personality and Social Psychology*, **49**, 146-155.

Takai, J., & Ota, H. (1994). Assessing Japanese interpersonal communication competence. *Japanese Journal of Experimental Social Psychology*, **33**, 224-236.

Tomkins, S. S. (1962). *Affect, imagery and consciousness: The positive affects (Vol.1)*. New York: Springer.

和田 実 (1996). 非言語的コミュニケーション─直接性からの検討─ 心理学評論, **39**, 137-167.

Wagner, H. L., & Lee, V. (1999). Facial behavior alone and in the presence of others. In P. Philippot, R. S. Feldman, & E. J. Coats (Eds.), *The social context of nonverbal behavior*. England: Cambridge University Press. pp. 262-286.

Wagner, H. L., & Smith, J. (1991). Facial expression in the presence of friends and strangers.

Journal of Nonverbal Behavior, **15**, 201-214.

山本恭子・鈴木直人（2005）． 他者との関係性が表情表出に及ぼす影響の検討　心理学研究, **76**, 375-381.

山本恭子・余語真夫・鈴木直人（2004）． 感情エピソードの開示を抑制する要因の検討　感情心理学研究, **11**, 73-81.

Yarczower, M., & Daruns, L. (1982). Social inhibition of spontaneous facial expressions in children. *Journal of Personality and Social Psychology*, **43**, 831-837.

余語真夫（1991）． 感情の自己調節行動―心身状態に及ぼす顔面表出行動の影響について―　同志社心理, **38**, 49-59.

Zajonc, R. B. (1984). On the primacy of affect. *American Psychologist*, **39**, 117-123.

13
感情制御, 個人差, パーソナリティ

1. はじめに

　われわれの日常は感情を制御しなければならない場面に満ちている。友人に非難されてもおいそれと怒りをあらわにしてはその関係を壊してしまうし，衝動にまかせて親や教師や上司など立場が上の人に対して反抗することは許されない。ふと恋人と別れたことを思い出しても大勢の人がいる前で泣き出すことはできないし，お葬式のような場でいきなり笑い出すことも望ましくない。
　学業や仕事など，我々の生活で大きな部分を占める場面でも感情の制御は重要になる。問題がわからない，仕事がはかどらないからといって目の前の課題を投げ出してしまうわけにはいかないため，何とかそのときの感情をコントロールして作業を進めなくてはならない。できるかどうかわからない，不安を伴う作業を前にしても，じっとしていては何も進まない。不安を克服し計画をたて，行動を開始しなくてはならない。
　悩み事があったり，上手く行くかどうか不安だったり，なんとなくやる気が出ないときでも，ある人は上手く自分をコントロールして作業や活動に取り掛かれる。一方で，活動を始めることができずぐずぐずと引き伸ばしてしまう人も確かに存在するだろう。上手く感情を制御できる人とできない人はどのような点が異なるのだろうか。単純に考えて，明るい，社交的，行動力のある，意志が強いといったパーソナリティの人は感情制御が上手く，落ち込みやすい，不安になりやすい，神経質，内向的といった人は感情制御が上手くないと思われる。ではパーソナリティ特性はどのようなメカニズムで感情制御能力に影響

しているのだろうか。

本章ではパーソナリティ特性と感情制御の個人差との関係についての研究を取り上げ，次いで特定のパーソナリティと感情制御能力に関するメカニズムを説明した理論について概説する。また，パーソナリティによっては通常と逆方向の感情制御（ポジティブを避け，ネガティブを求める）についての知見なども取り上げながら，パーソナリティと感情制御の関係について考察する。

2. 感情制御方略の個人差

感情制御方略とパーソナリティの関係はある意味で単純である。感情制御の方略にはネガティブ感情を上手く緩和できる「よい」感情制御方略と，場合によってはネガティブ感情を高めてしまうような「よくない」感情制御方略がある。そして，外向性や協調性，自尊心といったパーソナリティ特性が高い人は「よい」感情制御方略を用いやすく，神経症傾向，抑うつ，不安などが高い人は「よくない」感情制御方略を用いやすい。

感情制御方略の個人差についての研究はグロスとジョンの一連の研究がよく知られている（Gross & John, 1998, 2003; John & Gross, 2004）。彼らは感情へ対処する方略を，認知的再評価方略と抑制方略の二つに大きく分類した。認知的再評価とは，ネガティブな感情を誘発するような事象を経験したあと，その事象をポジティブに再解釈することによってネガティブ感情を緩和しようというものである。たとえば重要な試合に負け，自尊心の低下や抑うつ，怒りなどの感情が生起したとしても，試合に負けたことを「よい経験になった」「自分の至らないところが学べた」とポジティブに解釈し，ネガティブ感情を緩和する。抑制はこうした前向きな感情対処法と異なり，ネガティブ感情を誘発する事象を回避・逃避したり，ネガティブ感情の表出を抑えつける，といった対処法である。抑制方略は時としてネガティブ感情の緩和に効果的ではなく，しばしばその増大といった逆説的効果を生む（木村, 2004; Oltmanns & Gibbs, 1995; Wegner, 1994）。また，ガーネフスキーらによれば（Garnefski et al., 2001），自己批判，反すうなどはその後ネガティブな結果を招く感情制御方略であり，再

焦点化，再評価などはポジティブな結果になる感情制御方略であると定義されている。

このように感情制御方略にはポジティブなものとネガティブなものがあり，そしてそこには一定の個人差がある。再評価や再焦点化といった方略を使用しやすい人もいれば，抑制，自己批判といった方略を使用しやすい人もいる。前者を使用しやすい人は一般にネガティブ感情の制御が上手く，また後者を使用しやすい人はこれがあまり上手くないといえるだろう。こうした感情制御方略使用の個人差はパーソナリティ傾向から生まれるのだろうか。グロスとジョン（Gross & John, 2003）では，パーソナリティの5因子尺度（外向性，神経症傾向，協調性，経験への開放性，誠実性）と再評価方略，抑制方略使用の相関を調べた。その結果，外向性と抑制方略に中程度の負の相関（$r = -.41$），神経症傾向と再評価方略に弱い負の相関（$r = -.20$）が認められた。

また，ガーネフスキーら（Garnefski et al., 2002）は感情制御方略と，抑うつや不安の関連性について調べたところ，不安や抑うつが高い場合自己批判や反すうといった方略を用いやすいことを明らかにした。また，彼らは抑うつの臨床群と非臨床群の感情制御方略を比較し，臨床群は自己批判，他者批判，反すう，破局的思考といった方略を用いやすいことを示した。

神経症傾向または不安，抑うつといったパーソナリティ傾向はネガティブ感情を経験しやすいことが特徴である。ネガティブな結果を招く感情制御方略の使用頻度とネガティブ感情経験の頻度は必ずしも対応しないが（John & Gross, 2004），こうした研究からいえるのは①ネガティブな感情への対処や制御方略には有効なものと有効ではないものがあること，②不安，抑うつ，内向性，神経症的傾向などが高い人は，有効ではない感情制御方略を用いやすいこと，であろう（第10章も参照）。

3. 感情制御能力の個人差とそのメカニズム

外向性が高かったり，あるいは神経症傾向や抑うつ傾向が低い人は日常的に感情制御が要求される場面において，再評価や再焦点化などを行っているのだ

ろうか。再評価や再焦点化といった感情制御方略は基本的に意識的なものであり，自ら意図してネガティブな体験や記憶の意味づけや見方を変えることによってネガティブ感情の緩和が行われる。しかし，意識的にこうした感情制御を実行することはなかなか難しい（Kuhl & Koole, 2004）。大切な人と別れたり，重要な場面で失敗したりといったような，自らの人生にとって大きな意味を持つネガティブ体験は忘れることもポジティブに転換することも困難であろう。また，意識的な処理は心的資源を多く消費し，時間もかかる。感情制御や自己制御の上手い人が日々の生活の中の問題解決場面や脅威状況で「再評価しよう」と思いながら暮らしているとは考えづらい。

　では，感情制御の上手い人には，どのような感情制御プロセスが働いているのだろうか。キュール（Kuhl, 1985, 2000a）によれば，感情制御の上手い人は意識的に感情制御方略を用いているのではなく，非意識的・自動的な感情制御プロセスを働かせていると考えた。キュールは感情制御の個人差指標として方略の違いではなく，その能力そのものに着目し行動志向性・状態志向性（action orientation vs. state orientation）という感情制御能力の個人差指標を提案した。そして，感情制御能力の高い人がどのような認知的特性を持っているか，といった観点から感情制御のメカニズムにアプローチした。以下ではキュールの提案した感情制御能力の指標である行動志向性・状態志向性とその知見について述べ，さらにこれを元にした感情制御のメカニズムを説明した理論について紹介する。

[1] 感情制御能力の個人差指標　―行動志向性・状態志向性―

　キュールは感情制御や自己制御の能力を示す個人差として，行動志向性・状態志向性という概念を提案し，これを Action Control Scale 90（以下 ACS-90）という質問紙によって測定している（Kuhl, 1985, 1994, 2000a, 2000b; Schneider et al., 2004）。行動志向性とは脅威や要求のようなストレス状況にあっても，すぐに意図した行動に移ったり，気持ちを切り替えられる傾向のことを指し，状態志向性とは逆にそうした状況でも気持ちを切り替えることができず，その状況での感情状態にとどまる傾向である。つまり，行動志向性の高い人は感情制御や自己制御が上手く状態志向性の高い人は上手くない，といったものである。

表 13.1 の項目例にあるように，この尺度は問題解決・脅威状況下において感情を制御し迅速に行動を始められるかどうかを尋ねている。つまり，感情制御の方略の個人差を測定したり，あるいは効率的な感情制御を調査したりするためのものではない。それよりも，感情制御が上手い人（行動志向者）と上手くない人（状態志向者）を抽出することが目的であると言えよう。近年の知見によれば，行動志向者は非意識的，自動的にネガティブ感情を緩和するプロセスを働かせているという。

たとえば，ジョストマンら（Jostmann et al., 2005）は喜び・怒り・中立の3種の表情刺激を閾下で呈示して感情誘導を行い，その後の感情評定得点を行動志向者と状態志向者で比較した。その結果，状態志向者は怒り顔を呈示された場合ネガティブ感情が生じていたが，行動志向者は逆に怒り顔が呈示された場合ポジティブ感情が生じていた。つまり，行動志向者には非意識的な閾下刺激に対しても感情制御が働いていたと考えられる。また，クールとジョストマン

表13.1 ACS-90の項目例（宮元，1996より。英語版はKuhl, 1994を参照されたい）

下位尺度名	項　目　例
とらわれ (Preoccupation) 尺度	自分にとって非常に大切な物をなくしてしまい，いくら探しても見つからなかったら 　A．何か他の事には，なかなか集中できなくなる 　B．ほんの少し後には，もうその事は考えなくなる 1ヶ月間ある事に従事していたが，結局それが全て失敗に終わったとしたら 　A．それをあきらめるには長い間かかる 　B．その事については，それ以上考えない
躊躇 (Hesitation) 尺度	ある事をすぐに済ませてしまわなければならないと分かっているとき 　A．やる気を奮い起こさなければ，なかなか始められない 　B．すぐに取りかかって，やり終えてしまおうとする 特にすべき事もなく，退屈し始めたとき 　A．すぐにする事を見つける 　B．何であれ，何かをするためにエネルギーを起こすのが容易でない

回答者はそれぞれの状況において，自分がA, Bどちらの対応をすると思うか選択する。
＊下位尺度はこの他にも移り気（Volatility）があるが，とらわれ・躊躇尺度と移り気尺度は異なったプロセスを反映している可能性が早くから指摘され（Kuhl, 1994），近年ではあまり用いられないため，ここでは割愛する。
＊また，本章ではKuhl（1994），宮元（1996）に従った下位尺度名を用いたが，近年の研究ではとらわれ尺度をAOTまたはAOF（threat/failure-related action/state orientation），躊躇尺度をAOD（demand/decision-related action/state orientation）と呼ぶ場合もあるので注意されたい（Koole & Jostmann, 2004）。

(Koole & Jostmann, 2004)では,実験参加者に対する報酬の操作によってストレスフルな状況を導出(実験課題をうまくこなせれば報酬が上がり,うまく出来ないと報酬が下がる)した後,感情サイモン課題[1]によって非意識的な感情を測定した。その結果,非意識的な感情測度においても状態志向者はストレス状況でネガティブ感情が生起したのに対し,行動志向者はネガティブ感情の生起が見られなかった。他にも,クールとヴァン・デン・バーグ(Koole & Van den Berg, 2005)では,閾下プライミング法を用いた語彙決定課題によって非意識的な感情制御について検討した。状態志向者ではネガティブなプライム刺激が閾下呈示されたときネガティブな意味をもつターゲット語に対する反応時間が促進されていた。一方で行動志向者ではネガティブなプライム刺激であっても,ポジティブなターゲットに対する反応時間が促進されていた。またポジティブなプライムの場合はこれと逆のパターンが見られた。

　これらの結果は行動志向者が非意識的・自動的な処理によってネガティブ感情を緩和し,状態志向者はネガティブ感情が持続するという彼らの考えを支持するものである。加えて,行動志向者はポジティブ感情についても感情制御を行うという事実を示し,行動志向者はポジティブであれネガティブであれ感情制御を行う,すなわち中立的な感情を保とうとするということであり,状態志向者は逆に感情制御が上手くなくポジティブであれネガティブであれその感情が持続することを示すものであった。

[2] パーソナリティ・システム相互作用理論 ―行動志向者の感情制御メカニズム―

　キュールら(Kuhl, 2000a, 2000b; Kuhl & Koole, 2004)はパーソナリティ・システム相互作用理論(Personality System Interaction Theory,以下 PSI 理論)というユニークなパーソナリティ理論を構築し,行動志向性・状態志向性の感情制御メカニズムを説明している。この理論では四つの基本的な心的システムとそのシステム間の相互作用によってさまざまな現象を説明するが,本章では

---

1) ネガティブ感情時のポジティブ刺激への反応やポジティブ感情時のネガティブ刺激への反応が干渉されると仮定した単語分類課題の一つ。感情を自己報告ではなく潜在的に測定できると考えられている。詳細は De Houwer & Eelen, (1998) などを参照のこと。

PSI 理論の基本的な概念について紹介し，次いで感情制御について概説することにする。

1) PSI 理論の四つの心理システム（図 13.1 参照） PSI 理論では以下のような四つの基本的心理システムを仮定している。

①対象認知システム（Object Recognition） 視覚，聴覚などの感覚器官からの情報を受け取り，処理するシステム。大きな感情的影響を及ぼすような刺激を閾下で回避したり，あるいは注意したりするシステム。

②行動出力システム（Intuitive Behavior Control） 実際に行動を実行するシステム。意図記憶システムを受けた行動及び意図していない行動(たとえば，表情や仕草などの非意識的な行動）の実行を行う。

③意図記憶システム（Intention Memory） さまざまな行動実行の前段階として，その行動の意図を記憶内に保持し，活性化するシステム。ある程度実行に困難性を伴う，複雑な行動の意図に関するシステムであり，プランニング

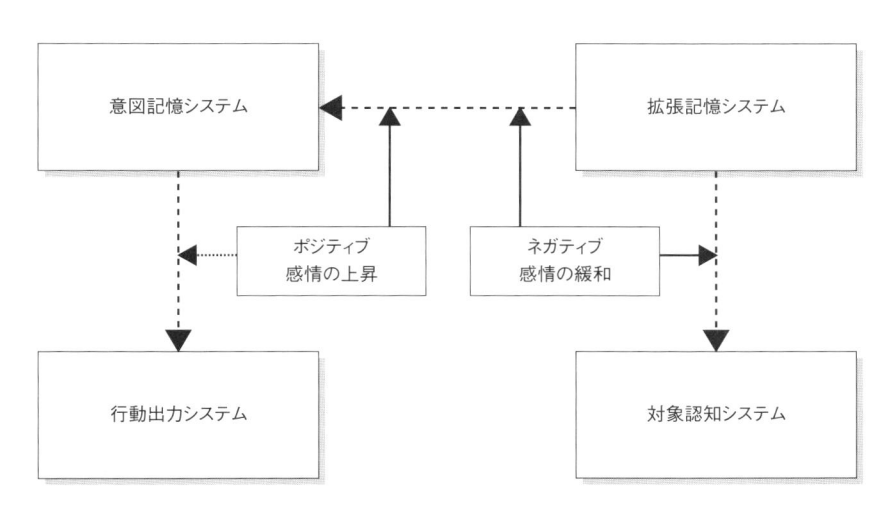

図13.1　PSI理論の基本システム（Kuhl, 2000aを参考に作成）
破線矢印は抑制を示し，実線矢印は促進を示す。それぞれのシステムは互いに抑制関係にあり，意図記憶システム，対象認知システムが活性化すると拡張記憶システムと行動出力システムはそれぞれ抑制される。また拡張記憶システムと行動出力システムが活性化すると他二つのシステムが抑制される。
　感情はこれらの活性化を調整する働きをもち，ポジティブ感情の高まりは意図記憶システムを抑制して行動出力システムの活性化を高め，ネガティブ感情の低下は拡張記憶システムの活性化を高め対象認知システムを抑制する。

などもこのシステムによって行われる（Goschke & Kuhl, 1993）。

④拡張記憶システム（Extension Memory）　複数の知識表象に潜在的かつ同時並列的にアクセスする処理を行うシステムである。拡張記憶システムはPSI理論の核となる概念であり感情制御についても重要な役割を果たすシステムであるため，以下で少し詳しく説明しよう（これら四つのシステム間の関係については後述する）。

拡張記憶システムはさまざまな知識表象へのアクセスを行う統合的なシステムとされており，特徴的なのはそのアクセスが複数の知識表象に同時並列的に行われ，かつ潜在的であると考えられている点にある。われわれは事物の形態，意味，概念，自己の経験やそれにまつわる感情や状況，また自己概念などさまざまな知識表象を有している。これらの知識表象は複雑に相互作用しながらわれわれの行動や判断，主観経験に影響を与えているだろう。危険な動物を見て逃走したり，単なる図形を見て丸か四角か判断したりといった単純な行動や判断ならばあまり多くの知識表象を使用する必要はないだろう。

しかし，こと日常的な判断，社会的な判断の場合多くの情報をすばやく処理しなくてはならない。好意を持った相手にどう話しかけるか，山積みになっている仕事をどこから片付けるか，欲しいものがあるけれどそれは自分にとって有益なのか，といった場面においては，複雑な情報を取捨選択しなければならない。これらの複雑判断は意識的，顕在的に熟慮して判断されることも多い一方で，日常場面ではこれらの判断はあまり時間を要せず行うことも少なくない。このようなすばやく，かつ複雑な判断とは，一般的に言えば「直観」とか「フィーリング」による判断のことで，時として時間をかけた統制的な処理による判断よりも望ましい結果を導くことができる（Dijksterhuis, 2004; 北村, 2003; 第7章も参照）。PSI理論では，こうした判断の基盤となるシステムが拡張記憶であり，直観やフィーリングによってすばやく適切な判断が行えるのは，並列分散処理のように複数の情報に同時かつ潜在的にアクセスすることができるためであると考えられている。

2）**拡張記憶を使った行動志向者の感情制御**　PSI理論に基づくと，前節で述べた行動志向者の非意識的な感情制御の知見は，拡張記憶システムの働きによるものであると解釈される。拡張記憶システムでは，単純な事物の意味や

カテゴリーだけではなく，自己知識にもアクセスを行う。自己知識とは，その個人が持つ態度，価値観，自伝的経験，嗜好性，自己概念といった自己のさまざまな側面のことを指す（Baumann & Kuhl, 2002）。拡張記憶システムが作動すると自己の複数の側面へのアクセスが増加し，ネガティブな感情下においても望ましい自伝的知識や自己の側面を想起することができる。自らの失敗や無力感からネガティブな感情状態になっても，拡張記憶が作動すると自分が成功した自伝的経験を想起したり，失敗体験を全般化したりせず，ネガティブ感情の緩和が行える（Linville, 1987; Mendoza-Denton et al., 2001）。また，自分が不得意なことをしなければならないような課題解決状況，脅威状況にあって不安やストレスが高まっても，拡張記憶によって多くの知識表象にアクセスできれば解決のための行動選択肢を見つけることができる。あるいは課題を行う過程や計画のなかで自分が興味を持てるところや面白いことを発見するなどして，課題のネガティブな側面と自己の側面との一致点を見つけ課題に対するポジティブ感情を高めることができる。拡張記憶システムの働きは直観に代表されるように非意識的で即時的な処理であることから，行動志向者のような感情制御能力の高い人は自動的に再評価方略に似たプロセスが働いていると考えることができよう（Kuhl, 2000b）。

3）システム間の関係と感情の調整効果　　PSI 理論では，上記四つのシステムが互いに抑制関係にあると仮定し，さらにこの関係は感情が調整すると考えられる。

図 13.1 左側に示されているように，意図記憶システムの活性化は行動出力システムの抑制を招く。意図が活性化すると行動が抑制される，という関係は想像しづらいかもしれないが，意図記憶システムが単純な行動意図の保持ではなく，プランニングや分析的思考も含めたある程度難しい複雑な行動意図の活性化・保持を行うことに注目してほしい。たとえば，自動車の運転などでも始めたて（つまり主観的に「難しい」とき）は「最初にブレーキを確認し，エンジンをかけ，ブレーキを踏んでサイドブレーキを下ろし，ギアをローに入れ…」といったように頭の中でこれから行う行動を考え，計画するだろう。このように意図記憶システムが活性化している状態であると，このとき行動は始発せず，また，考えながら運転しているときはそれぞれの行動の実行はゆっくりとした

ものとなる。すなわち，意図記憶システムが活性化したため行動出力が抑制された状態となる。

このような意図記憶システムと行動出力システムの抑制関係はポジティブ感情によって調整される（図 13.1 中央左）。ポジティブ感情が高まれば意図記憶システムから行動出力システムへの抑制がさらに抑制され，行動出力システムの活性化は高まる。難しい課題をやろうとしているときでもあれこれ考えているうち（意図記憶システムが活性化しているとき）はなかなか課題を始めることができないが，ポジティブ感情が高まれば課題を始められ，また遂行が促進される。ケイゼンとキュール（Kazén & Kuhl, 2005; Kuhl & Kazén, 1999）は，難しい課題の実行としてストループ不一致課題（赤インクで示された「青」）へのインク命名（「赤」と回答すると正答）を用い，ポジティブ感情の効果を調べた。彼らはポジティブ語，ネガティブ語，中立語をプライムとして短時間呈示し，その後ストループ刺激を呈示して参加者にはインク色命名を求めた。すると，ポジティブ語を呈示した場合ストループ干渉効果が消失した。すなわち，PSI 理論の仮定どおりポジティブ感情によって難しい意図の実行が促進され，不一致刺激への正反応が促進されていた。

また，図 13.1 右側は拡張記憶システムと対象認知システムの抑制関係を示す。対象認知システムは刺激の知覚・認知を行うシステムであるが，PSI 理論の中では，特定の刺激に対する過敏性の増加などが想定されており，ネガティブな意味をもつ刺激や，危険や脅威を示唆する刺激に対して早い反応時間を示すといったものである。このような対象認知システムの働きは拡張記憶システムの活性化によって抑制される。先に述べたように，拡張記憶が活性化するとさまざまな知識表象に対してのアクセスが増加する。これは刺激や出来事に対してさまざまな解釈や認知ができる，ということに等しい。たとえば，自分が苦手な人に相対した時を考えてみる。このようなときに対象認知システムが活性化していれば，相手のちょっとした言動やしぐさ，表情や服装などにも過敏に反応し，エスカレートすればその人を見ることや会うことすら避けるようになってしまうかもしれない。しかし拡張記憶システムの活性化によってさまざまな解釈や認知が可能となれば，自分が気にいらなかった相手の特徴に対して，別の見方を行えるようになり，ふとしたしぐさや言動に対して過敏に反応すると

いったことは減衰していくだろう。

　このような拡張記憶システムと対象認知システムの抑制関係はネガティブ感情によって調整される。不安やイライラ，抑うつといったネガティブ感情が高ければ抑制関係が弱くなって対象認知システムは活性化し，さらに過敏な知覚や認知を行うようになり，嫌いな相手のかすかなしぐさや苦手な場面のちょっとした出来事に対して過敏に反応し回避を促進してしまう。しかし，ネガティブ感情が低下すると抑制関係はより強化される。対象認知システムの活性化は減衰し，危機的な出来事や脅威的な刺激に対する過敏性は小さくなる。

4. パーソナリティ特性と感情制御の個人差

　パーソナリティ特性はさまざまなものが提唱されているが，その中でも外向性―内向性と神経症傾向―情緒的安定性は最も広く見られる特性概念であり，また感情との関係も深いといわれている（Gross et al., 1998; Lucas & Fujita, 2000）。外向性が高い人はポジティブ感情を感じやすく，神経症傾向が高いとさまざまな刺激に対して敏感に反応しネガティブ感情が頻繁に生起する。このように，パーソナリティ特性を感情経験の頻度や強度の個人差と考え，感情制御プロセスとの関係を捉えるとそのメカニズムが理解しやすくなる。

[1] ネガティブ感情を感じやすいパーソナリティと非効率的な感情制御

　PSI 理論によれば，ネガティブ感情が高まると拡張記憶システムの働きが抑制され，統制不能な反すうといった感情制御方略が用いられやすくなるとされている。脅威や失敗などの事態に直面するとそのことばかり考え，反すうしてしまいやすくなる。拡張記憶は先に述べたように複数の自己の側面を統合した表象であるため，これが活性化していれば当該事態以外の自己の側面を想起することができ，一つのことにばかり捉われない。しかし，ネガティブ感情が頻繁に生起すると拡張記憶の活性化が抑制されるため，他の自己の側面にアクセスすることができず，脅威状況や失敗事態ばかりに捉われてしまう。

　バウマンとキュール（Baumann & Kuhl, 2002）はネガティブ感情が拡張記

憶の活性化を抑制することを示した。彼女らは拡張記憶システム活性化の測度として直観的判断を要する課題を使用し，また拡張記憶使用の指標としてACS-90を用い，ネガティブ感情と行動志向性・状態志向性が直観的判断課題に影響するかどうか検討した。その結果，状態志向者はネガティブ感情であると直観的判断課題の成績が低下し，行動志向者はネガティブ気分でも成績が低下しなかった。これは行動志向者がネガティブ感情であっても拡張記憶を活性化させ，ネガティブ感情を上手く制御できることを示唆するものであると言えよう。

　PSI理論に従って考えてみると神経症傾向や不安傾向が高い，いわゆる感情制御の上手くない人はネガティブ感情によって拡張記憶の働きが阻害されたためであると解釈できよう。神経症傾向や不安傾向が高い人はネガティブ感情が頻繁に生起しやすい。たとえば，テスト不安が高い人は特にテストが近くなってくると日常的にもネガティブ感情が生起しやすくなるだろう。こうした慢性的なネガティブ感情の生起は拡張記憶の働きを抑制する（Kuhl, 2000a）。すると，感情制御を可能にするさまざまな自己の側面へのアクセスが阻害され，効率的なネガティブ感情の緩和ができない。趣味や友人関係といったテスト以外の自分の側面を想起することが難しくなり，以前のテストの失敗や失敗体験やテスト自体にばかり注意が向いてしまう。つまり，自己批判や反すうといった形でネガティブ感情への対処が行われ，さらにネガティブ感情の増進を高めている，といった悪循環を形成してしまう。

[2] パーソナリティがもたらす逆方向の感情制御

　その他の多くの考え方と同じように，PSI理論もネガティブなパーソナリティ特性が高いと有効ではない感情制御を用いると考えている。しかし，神経症傾向の高い人がネガティブ感情が高まりやすい感情制御を行うのは必ずしも不適応的な側面ばかりではない。多くの感情制御研究はポジティブ感情の高揚・維持，およびネガティブ感情の回避をテーマに検討されてきた。しかし，感情制御をポジティブ－ネガティブ, 高揚－維持－回避という2次元で考えたとき，ポジティブ感情の回避またはネガティブ感情の高揚という方向性も理論的には考えうる。近年，タミアらは，パーソナリティ特性によってはこのようなタ

イプの感情制御が行われ得ることを報告した（Tamir et al., 2002; Tamir, 2005）。彼女らによれば，ある種のパーソナリティ特性にはそれに一致した感情が存在する。外向的な人がポジティブ感情を多く経験し，神経症傾向の高い人がネガティブ感情を多く経験することから，外向性が高い人はポジティブ感情が自己に一致した感情であり，また，神経症傾向はネガティブ感情が一致した感情であると考え，特性と感情が一致している場合動機的な情報処理が促進されると考えた。

　彼女らの考えは感情情報機能説（原，2001; Schwartz, 1990）がベースとなっている。感情は外的な状況や刺激に対する一種のシグナルとして働き，ポジティブな感情は状況や刺激が安全であることのシグナルであり，人はヒューリスティックな処理を行いやすい。また，ネガティブな感情は危険であることを示し，慎重で分析的な処理が行われる。

　一方で，自らのパーソナリティ特性についての認識，すなわち，自己概念もまた情報源として機能し得る。自己概念は自己についての知識体系であり，人は多くの知識表象を持っているが自己に関する情報はより高度に精緻化・体制化されており（Klein & Loftus, 1988; Tulving, 1995），よりすばやくアクセスできる知識表象である（Symons & Johnson, 1997）。アクセスしやすさ，利用しやすさから考えると，感情と同じく自己についてのパーソナリティ概念もまた内的情報源として捉えることができるだろう。

　さて，ある人がネガティブ感情である場合，周囲の環境や刺激が危険であるという情報が生起する。また，神経症傾向の高い人（神経症傾向が高いという自己概念を持っている人）である場合，自己概念からは周囲の情報に対して慎重に行動するような情報が送られる（神経症傾向が高い人の行動的特徴ともいえる）。すなわち，神経症傾向の高い人がネガティブな感情状態である場合，自己概念からも感情状態からも類似した情報が生まれる。言い換えれば同じ情報を送っている情報源が二つある（自己概念と感情）ような状態となる。このように自己概念と感情状態が送る情報が同じである場合をタミアら（Tamir et al., 2002）は特性と感情が一致した状態と呼び，こうした状態であると刺激に対する評価はより確実的・迅速に行われる。たとえば，タミアら（Tamir et al., 2002）では，刺激を有益なものかどうか判断する際，自己概念と感情状態

が一致しているとよりすばやく判断が行われた。この研究では特性と感情と刺激の感情価が一致しているとき（不安特性の高い人が不安感情が高い状態で不安関連刺激に反応が早いといった場合。MacLeod & Mathews, 1988 などを参照）判断が早いというものではなく，刺激の意味に依存せず特性と感情が一致しているとき判断が早かった。

情報源が送る情報が一致しているかどうかは感情制御にも影響する。タミアら（Tamir & Robinson, 2005）では，課題要求場面で神経症傾向の高い人がどのような感情制御を行うか調べた。この研究では参加者の神経症傾向を測定した上で，負荷の高い課題を行うと告げられる条件と低い課題を行うと告げられる条件を設定し，自伝的記憶想起内容を感情制御の指標として用いた。その結果，神経症傾向の高い人は負荷の高い課題を行う前にネガティブな内容の自伝的記憶を多く想起しており，また，ポジティブな内容の自伝的記憶想起は少なかった。

つまり，神経症傾向が高い人がネガティブな感情が高まるような感情制御を行うのは単に感情制御が上手くないからだけではなく，少なくとも，ある程度負荷の高い課題を行うような場面では自己概念に一致した感情を自ら導出する方が適応的なためであるとも考えられる。自己概念と感情状態が一致することで刺激や環境に対してより迅速に判断や評価を行うことができる。

[3] 感情制御のメカニズムとパーソナリティ

PSI 理論もタミアらの研究も，パーソナリティをポジティブ感情またはネガティブ感情の生起しやすさ，として捉えた上で感情制御への影響を検討している。PSI 理論では感情が心理システムの活性化を調整するという機能を仮定し，また，タミアらの研究ではパーソナリティ特性および感情の情報源としての機能，および感情状態との一致・不一致に焦点を当てている。いずれにしても，パーソナリティについて，感情制御の個人差を生み出す誤差や対応する個人的傾向としてだけで考えるのではなく，あるパーソナリティの特徴を単純化して捉え，その上で感情制御という現象に対して機能的な説明を行っている点で興味深いものだと思われる。

5. おわりに—パーソナリティと感情

　本章では，まずパーソナリティと感情制御の個人差について取り上げた。感情制御にはよい感情制御とよくない感情制御があり，そして，パーソナリティにも外向的，社交的，意志が強い，知的といった（社会的，一般的には）よいパーソナリティと，内向的，引っ込み思案，不安，抑うつといったよくないパーソナリティがある。感情制御とパーソナリティの関連についての研究は，多くがよいパーソナリティの人はよい感情制御を行いやすく適応的で，よくないパーソナリティの人はその逆，という結果を示すものであったと言えるだろう。こうした相関関係を示すようなアプローチは，パーソナリティ心理学の研究において主流とも言えるものであり，「よい感情制御を行う人はどんな性格か？」という疑問に端的に答えるものであったと言えるだろう。

　しかし，一方で「どのようなメカニズムでよい感情制御が生まれ，よいパーソナリティに関連するのか？」といったより複雑な疑問に答えるには，心的システムやプロセスを踏まえたパーソナリティ理論が必要になるだろう（黒沢, 1998）。この種のパーソナリティ理論の代表的なものとしては，本章で紹介したPSI理論のほか，ミシェルらのCAPSモデル（Cognitive Affective Personality System; Mischel & Shoda, 1995）やサーボーンのKAPAモデル（Knowledge-Appraisal Personality Architecture; Cervone, 2004）などが挙げられる[2]。これらのパーソナリティ理論では，特性論的アプローチと異なり，「自分は明るい」とか「自分は内向的だ」といった自己概念のような，安定していて変容しない知識のみで行動を説明していない。むしろ，こうした安定した知識や認知と同じく，状況に合わせてダイナミックに変動する感情もまた重要であるとされており，知識・認知と感情が相互作用するプロセスが個人のさまざまな行動に影響する，といった観点を持っている（レビューとして，Cervone,

---

2) CAPSモデルは並列分散処理モデルのアイデアに基づく。日常生活の様々な状況が認知的なユニットと感情的なユニットを活性化させ，その活性化パターンによって行動が変容すると考える。KAPAモデルは個人内で安定した知識構造（自己概念や状況についての知識）と状況によって変動する評価の相互作用から個人を特徴付ける行動パターンが生まれると考える。

2005)。

　これらのパーソナリティをシステム間の相互作用メカニズムから理論化するアプローチの利点はパーソナリティの認知的，行動的，感情的な特徴を明確にした上でこれらの特徴と感情状態との相互作用がどのように感情制御に影響するかを検討可能にする点である（Mischel & Morf, 2003）。特性論に基づいた，相関関係を示すアプローチではパーソナリティ変数の導入が感情制御という現象の理解に役立つとは言いがたい（黒沢，1998）。認知と感情の相互作用プロセスを踏まえたパーソナリティ理論に基づき，そのメカニズムから感情制御現象について検討していくことが有意義なパーソナリティ的視点の導入であると思われる。その意味で感情制御方略の個人差ではなく感情制御能力の個人差を変数として用い，そのメカニズムを理論化したキュールらのアプローチや，パーソナリティ特性の情報源としての機能に着目したタミアらの研究は感情制御現象に対しても，また，パーソナリティ研究においても有益な示唆を与えると考えられる。

引用・参考文献

Baumann, N., & Kuhl, J. (2002). Intuition, affect, and personality: Unconscious coherence judgments and self-regulation of negative affect. *Journal of Personality and Social Psychology*, **83**, 1213-1223.

Cervone, D. (2004). The architecture of personality. *Psychological Review*, **111**, 183-204.

Cervone, D. (2005). Personality architecture: Within-person structures and processes. *Annual Review of Psychology*, **56**, 423-452.

De Houwer, J., & Eelen, P. (1998). An affective variant of the Simon paradigm. *Cognition and Emotion*, **8**, 45-61.

Dijksterhuis, A. (2004). Think different: The merits of unconscious thought in preference development and decision making. *Journal of Personality and Social Psychology*, **87**, 586-598.

Garnefski, N., Kraaij, V., & Spinhoven, P. (2001). Negative life events, cognitive emotion regulation and depression. *Personality and Individual Differences*, **30**, 1311-1327.

Garnefski, N., Teerds, J., Kraaij, V., Legerstee, J., & Van den Kommer, T. (2004). Cognitive emotion regulation strategies and depressive symptoms: differences between males and females. *Personality and Individual Differences*, **36**, 267-276.

Garnefski, N., van den Kommer, T., Kraaij, V., Teerds, J., Legerstee, J., & Onstein, E. (2002). The relationship between cognitive emotion regulation strategies and emotional problems. *European Journal of Personality*, **16**, 403-420.

Goschke, T., & Kuhl, J. (1993). Representation of intentions: Persisting activation in memory. *Journal of Experimental Psychology, Learning, Memory, and Cognition*, **19**, 1211-1226.

Gross, J. J., Sutton, S. K., & Ketelaar, T. V. (1998). Relations between affect and personality: Support for the affect-level and affective-reactivity views. *Personality and Social Psychology Bulletin*, **24**, 279-288.

Gross, J. J., & John, O. P. (1998). Mapping the domain of expressivity: Multi-method evidence for a hierarchical model. *Journal of Personality and Social Psychology*, **74**, 170-191.

Gross, J. J., & John, O. P. (2003). Individual differences in two emotion regulation processes: Implications for affect, relationships, and well-being. *Journal of Personality and Social Psychology*, **85**, 348-362.

原　奈津子（2001）．感情情報機能説　山本真理子・外山みどり・池上知子・遠藤由美・北村英哉・宮本聡介編　社会的認知ハンドブック　北大路書房　p.160.

John, O. P., & Gross, J. J. (2004). Healthy and unhealthy emotion regulation: Personality processes, individual differences, and lifespan development. *Journal of Personality*, **72**, 1301-1334.

Jostmann, N. B., Koole, S. L., Van der Wulp, N., & Fockenberg, D. (2005). Subliminal affect regulation: The moderating role of action versus state orientation. *European Psychologist*, **10**, 209-217.

木村　晴（2003）．思考抑制の影響とメンタルコントロール方略　心理学評論, **46**, 584-596.

北村英哉（2003）．認知と感情—理性の復権を求めて—　ナカニシヤ出版

Kazén, M., & Kuhl, J. (2005). Intention Memory and Achievement Motivation: Volitional Facilitation and Inhibition as a Function of Affective Contents of Need-Related Stimuli. *Journal of Personality and Social Psychology*, **89**(**3**), 426-448.

Klein, S. B., & Loftus, J. (1988). The nature of self-referent encoding: The contributions of elaborative and organizational processes. *Journal of Personality and Social Psychology*, **55**, 5-11.

Koole, S. L., & Jostmann, N. B. (2004). Getting a grip on your feelings: Effects of action orientation and external demands on intuitive affect regulation. *Journal of Personality and Social Psychology*, **87**, 974-990.

Koole, S. L., & Van den Berg, A. E. (2005). Lost in the wilderness: Terror management, action orientation, and nature evaluation. *Journal of Personality and Social Psychology*, **88**, 1014-1028.

Kuhl, J. (1985). Volitional mediators of cognition-behavior consistency: self-regulatory processes and action versus state orientation. In J. Kuhl., & J. Beckmann (Eds.), *Action control: from cognition to behavior*. Berlin: Springer. pp. 101-128.

Kuhl, J. (1994). Action versus state orientation: Psychometric properties of the action-contol-scale (ACS-90). In J. Kuhl & J. Beckmann (Eds.), *Volition and personality: Action versus state orientation*. Göttingen: Hogrefe. pp. 47-56.

Kuhl, J. (2000a). A functional-design approach to motivation and self-regulation: the dynamics of personality systems interactions. In M. Boekaerts, P.R. Pintrich & M. Zeidner (Hrsg.), *Handbook of self-regulation*. San Diego: Academic Press. pp. 111-169.

Kuhl, J. (2000b). The volitional basis of personality systems interaction theory: Applications in learning and treatment context. *International Journal of Educational Research*, **33**, 665-703.

Kuhl, J., & Kazén, M. (1999). Volitional facilitation of difficult intentions: Joint activation of intention memory and positive affect removes stroop interference. Journal of *Experimental Psychology: General*, **128**, 382-399.

Kuhl, J., & Koole, S. L. (2004). Workings of the will: A functional approach. In J. Greenberg, S. L. Koole, & T. Pyszczynski (Eds.), *Handbook of Experimental Existential Psychology*. New York: Guilford. pp. 411-430.

黒沢 香 (1998). 性格, パーソナリティと内的プロセス 佐藤達哉 (編) 現代のエスプリ 372 性格のための心理学 至文堂 pp.169-175.

Linville, P. W. (1987). Self-complexity as a cognitive buffer against stress-related illness and depression. *Journal of Personality and Social Psychology*, **52**, 663-676.

Lucas, R. E., & Fujita, F. (2000). Factors influencing the relation between extraversion and pleasant affect. *Journal of Personality and Social Psychology*, **79**, 1039-1056.

MacLeod, C., & Mathews, A. (1988). Anxiety and the allocation of attention to threat. *Quarterly Journal of Experimental Psychology: Human Experimental Psychology*, **38**, 659-670.

Mendoza-Denton, R., Ayduk, O. N., Mischel, W., Shoda, Y., & Testa, A. (2001). Person × situation interactionism in self-encoding (I am···When···): implications for affect regulation and social information processing. *Journal of Personality and Social Psychology*, **80**, 533-544.

Mischel, W., & Morf, C. C. (2003). The self as a psycho-social dynamic processing system: A meta-perspective on a century of the self in psychology. In M. R. Leary & J. P. Tangney (Eds.), *Handbook of self and identity*, New York, NY: Guilford. pp.15-43.

Mischel, W., & Shoda, Y. (1995). A cognitive-affective system theory of personality: Reconceptualizing situations, dispositions, dynamics, and invariance in personality structure. *Psychological Review*, **102**, 246-268.

宮元博章 (1996). 日本語版 Action Control Scale (ACS90) の作成と検討 兵庫教育大学研究紀要第一分冊, 学校教育・幼児教育・障害児教育, **16**, 23-33.

Oltmanns, T. F., & Gibbs, N. A. (1995). Emotional responsiveness and obsessive-compulsive behavior. *Cognition and Emotion*, **9**, 563-578.

Schneider, R., Kuhl, J., & Walach, H. (2004). From justification to discovery: A conditional testing approach to unorthodox forms of interpersonal interaction. *Personality and Individual Differences*, **36**, 509-525.

Symons, C., & Johnson, B. T. (1997). The self-reference effect in memory: A meta-analysis. *Psychological Bulletin*, **121**, 371-394.

Tamir, M. (2005). Don't worry, be Happy? Neuroticism, trait-consistent affect regulation, and performance, *Journal of Personality and Social Psychology*, **89**, 449-461.

Tamir, M., Robinson, M. D., & Clore, G. L. (2002). The epistemic benefits of trait-consistent mood states: An analysis of extraversion and mood. *Journal of Personality and Social Psychology*, **83**, 663-677.

Tulving, E. (1995). Organization of memory: Quo vadis? In M.S. Gazzaniga (Ed.). *The cognitive neurosciences*. Cambridge, MA: MIT Press. pp.839-847.

Wegner, D. M. (1994). Ironic processes of mental control. *Psychological Review*, **101**, 34-52.

14 感情と認知行動療法

1. 心理療法と感情のコントロール

　不安障害やうつ病といった精神疾患に限らず，不登校の生徒やその親が抱える不安や恐怖，終末期癌患者における死への恐怖や絶望感，大切な友人を失った悲しみから，リストラにあったサラリーマンの会社に対する怒りまで，心理療法が対象とする感情は多様である。心理療法の発展の歴史は，そのまま感情に対する挑戦の歴史であり，感情コントロール法の発展の歴史とも言えよう。本章では，認知行動療法という心理療法が，感情に対していかにアプローチし得るかについて最新の知見を紹介したい。認知行動療法は，①効果が実証されていること，②短期間で効果が出ること，③治療手続きが比較的明確であること，などの点で他の心理療法より優れていると言われる。特に欧米諸国では，臨床心理士の資格を得るための条件として認知行動療法の研修を義務づける国が多く，心理療法のグローバルスタンダードとなっている（丹野，2001）。パニック障害や恐怖症の改善には，薬物療法より効果があるという指摘もあり（たとえば，Mitte, K., 2005），今後もますます多くの感情の問題に貢献することが期待される。さらに近年では，認知行動療法の「サードウェーブ」が勃発し，認知行動療法における感情の扱い方も大きく様変わりしようとしている。ここで問われているのは，そもそも感情のコントロールは必要か，ということである。

2. 認知行動療法とはどのようなものか？

[1] 認知行動療法の治療原理

　認知行動療法は，行動療法と認知療法が統合された心理療法と言われる。行動療法において情動の問題は，いわゆる学習理論によって説明される。たとえば，蝶々などに対する恐怖症ならば，本来恐怖を生じるはずのない蝶々を見たときに，何らかのきっかけで恐怖反応が随伴すると，レスポンデント条件づけによって蝶々を見ただけで恐怖反応を示すようになる。さらに，一度蝶々が恐怖の対象となると，蝶々が出そうな場所に行かない，などの回避行動が生じる。蝶々を回避することで安心が得られる，というオペラント条件付けが成立すると，実際に蝶々と接触しても怖いことは生じないことを確認する機会を失ってしまう。このように，二つの条件づけによって恐怖症の発症と持続が説明されるのである（Mowrer, 1960）。行動療法は，こうした環境と行動の関係を，条件づけという「もの差し」によって分析し整理することで，情動の問題を制御するのである。

　一方，ベック（Beck, 1979）やエリス（Ellis, 1960）らによって考案された認知療法の治療原理は，いわゆる「ABCモデル」に集約される。ABCモデルでは，ある患者が経験する出来事が心理学的，行動的反応を引き起こすのではなく，出来事に対するその人特有の「考え方」がその後の反応を生じさせると考える。たとえば，会社で上司に叱られる経験が続いてうつ病になったと訴える人がいるとする。この時，上司に叱られるという経験がうつを引き起こす直接的な原因とは（仮にそれが事実に限りなく近いとしても）みなさない。その代わり，出来事を患者がどの様に解釈しているかを丹念に聞き出す。そして，患者が上司に叱られたことで「自分は役立たずな人間だ」と強く考えていることが明らかとなったなら，こうした考え方がうつを引き起こすとみなして，この考え方を変えることを治療目標とするのである。引き金となる出来事（Activating event）に対する，考え方（Belief）が，ネガティブな結果（Consequence）をもたらす，というのがABCモデルたる所以である。

［２］認知行動療法の技法

　上記のような治療原理に基づき，さまざまな認知行動的技法が考案されているが，それぞれが単体で用いられることは少ない。むしろ，疾患ごとに開発された認知行動モデルに基づいて，効果的な技法を組み合わせた治療パッケージとして用いられる（坂野・根建，1988）。これまでに，パニック障害（Clark, 1986），強迫性障害（Salkovskis, 1985），社会恐怖（Clark & Wells, 1995），心的外傷後ストレス障害（PTSD; Ehlers & Clark, 2001）など，多数の認知行動モデルが開発されている。これらのモデルは，疾患ごとにどこを変えることで症状が軽減されるかを具体的に示しており，これにあつらえた技法の選択が可能となるのである。鈴木・神村（2005）によれば，感情を制御する技法として，逆制止法，段階的現実エクスポージャー，モデリング，セルフモニタリングなどが挙げられる。逆制止法とは，不安や恐怖を感じる場面において，不安や恐怖と相容れない反応（拮抗反応）を生じさせることで不安が減弱するという逆制止の考え方（Wolpe, 1958）に基づいている。拮抗反応としてよく用いられるのは，リラクセーションである。高所恐怖の患者に，あらかじめリラクセーション法をマスターさせておき，実際に高所に上がってこのリラクセーション法を行うことで，不安の減弱を目指すのである。

　段階的現実エクスポージャーとは，恐怖の対象に段階的にさらすという手続きをとる。たとえば，学校が怖い小学生に対して，はじめは「ランドセルを背負って玄関で靴を履く」ことを行わせる。これが出来たら，家を出る，学校の見えるところまで近づく，校門まで近づく，教室に入る，といったように，徐々に苦痛度の高い場面に挑戦していくのである。

　エクスポージャーは，条件づけによって恐怖対象となった対象に接近し，接近しても恐怖が生じないことを経験することで条件づけの消去が生じる「馴化」というメカニズムにより説明される。こうした段階的接近を行う際には，本人が想像しうる様々な恐怖場面を，その恐怖の程度で順番に並べた「階層表」を利用する。そして，不安や恐怖の程度が低い場面から徐々に馴れさせていくのである。

　これまでの技法を行動的技法とすると，モデリングやセルフモニタリングは認知的技法と言える。モデリングとは，他者の行為を観察することで，それま

で自分自身の行動レパートリーにないスキルを獲得する技法である。不安に怯える子どもに，先生が一緒に深呼吸してみせることで，不安の制御スキルを伝達する。どのようなモデルが当該のスキルの伝達に適当かどうかを吟味することで，より効果的なモデリングを行うことができる。さらにセルフモニタリングとは，先に示した ABC モデルに基づき，思考と感情の関係を書き出してみることで，自分自身の中で生じている思考と感情の関係を再検討する方法である。他にもさまざまな技法が考案されているが，パッケージ療法としての認知行動療法も，単体の技法についても，その効果を示す実証的知見が数多く重ねられている点が，認知行動療法の強みと言えよう。

3. 情動処理理論

　これまで見てきたような，疾患特異的なモデルに基づく認知行動療法が行われる一方，情動（全般）に共通する機能や処理過程を理解するための研究も行われている。いわゆる情動処理（emotional processing）理論に関する研究である。情動処理とは，厳密には「情動情報に関する処理」と言えるが，こうした研究は，他章でも紹介されているような情報処理理論に基づく認知と感情の基礎研究の発展なくして語れない。たとえば，気分一致効果や気分状態依存効果などの現象は，多くの精神疾患に共通するメカニズムと言える（5章参照）。疾患特異的モデルに基づく介入が，悪い部分に適当な技法をあつらえる対処療法であるとするなら，情動に普遍的なモデルに従った介入は，いわば根本的原因の解決を目指す方法と言える。情動処理研究の発展により，従来の認知行動モデルの範囲を超えた全く新しい介入方法の考案も期待できるのである。

[1] ラックマン（1980）の情動処理理論

　はじめて情動処理という用語を用いて情動の理解を試みたのは，ラックマン（Rachman, 1980）であった。しかし，彼の情動処理理論は情報処理理論に基づいてはおらず，情動反応の必要条件を観察可能な反応から整理したものであり，その分類は至って単純である。すなわち，①情動反応の喚起の段階，②情動反

応の減少の段階，そして，③情動反応の消失の段階である。第一の喚起の段階では，苦痛な情動の主観的経験や生理的変化，あるいは行動の阻害などといった，いわゆる「情動反応」が観察される。そして，第二の減少の段階では，そうした反応が以前と比較して低減することが観察される。最後に第三の消失の段階では，かつて情動を喚起した刺激に対して情動反応が喚起されず，あるいはかつて生じていた情動反応により日常の生活が阻害されないことが観察される。感情の変化の過程を描いただけの至ってシンプルな分類であるが，生理，言語，行動といった反応系に細分化された微視的研究が全盛の時代に，悪夢や恐怖がぶり返す現象も情動処理のプロセスと捉え（第二段階を反映すると述べられている），あらゆる情動反応が日常生活を脅かさなくなったときに一連の処理が終結すると捉える，巨視的な視点は斬新であった。また，第一段階と第二段階の区別は，情動の喚起と維持に異なるメカニズムが関与することを示唆し，さらに第三段階を示すことで，治療を行う際には情動処理の完了が確認されるようなアセスメントが必要であることを鋭く指摘している。

[2] フォアとコザック（1986）の情動処理理論

　本格的に情報処理理論の知見を応用し，特に恐怖反応の持続と，これに対するエクスポージャーの効果のメカニズムを，情動処理の観点から説明しようと試みたのが，フォアとコザック（Foa & Kozak, 1986）である。彼女らは，感情ネットワーク理論（Bower, 1981　詳細は第2章参照）を応用し，情動が沈静化する背景には恐怖を引き起こす記憶のネットワーク構造の再構築があると仮定した。たとえば，スーパーでパニック発作を体験した人は，その体験に含まれる「スーパー」「発作」「逃げられない（という思考）」といった記憶情報が「恐怖」という感情のノードと結びついている。そのため，スーパーに行けばおのずと恐怖が喚起し，反対に恐怖の感情を喚起させるとスーパーが思い出しやすくなるのである。こうした状態において，エクスポージャーを用いて介入を行うことで，①スーパーに行けば必ず発作が起こるわけではなく，②それまで気づかなかったスーパーの新たな側面があることに気づくことができる。この過程で，恐怖とスーパーの結びつきが弱まり，その一方で，スーパーと新しい知識（たとえば，スーパーは「広い」など）が結合することで，スーパーにおける

恐怖反応が減弱するのである。さらに彼女らは，十分な記憶構造の変化が起こるための必要条件として，①恐怖を中心とした記憶構造が十分に活性化すること，②記憶構造が変化するまで十分な期間刺激に曝されること，③単に恐怖刺激にさらすのではなく，そこから新しい情報を積極的に取り入れることで新しい記憶構造を形成することを挙げている。エクスポージャー技法は，日本語で暴露法とも訳され，行動療法以来その技法の歴史は古い。しかし，「馴化」による説明に反して，長時間刺激にさらしても効果が発揮されないケースが多く見られるなど，効果のメカニズムは曖昧なままであった（Wagner & Rescorla, 1972）。彼女らの理論は，新しいエクスポージャーの効果のメカニズムを示すだけでなく，技法を行う際の具体的な注意点を示したことで，その効果性を飛躍的に高めることに貢献したのである。

[3] グリーンバーグとサフラン（1987）の**情動処理理論**

グリーンバーグとサフラン（Greenberg & Safran, 1987）の情動処理理論は，患者の経験したリアルな感情と，それにより近い「ホットな認知」に目を向けなければ真の改善は望めないとする，「経験的アプローチ」に基づいている（Safran, 1996）。彼らの情動処理理論の前提は，情動は個体の生存と幸福を確保するための瞬時の行動をもたらす意味割り当てシステムであり（Frijda, 1986），個人にとって適応的な機能を有しているというものである。そこで，自分自身の情動から逃げるのではなく正面から向き合うことで，おのずと適応的な認知や行動が発見出来ると主張した。これを促進するため彼らは，①過去の情動体験と向き合う，②情動体験やそれに伴う苦痛と共にあることに耐え，あるいは受け入れることを必要条件としている。ここまでは，情動と直面することの重要性を指摘したフォアとコザック（1986）の理論とも類似しているが，グリーンバーグとサフラン（1987）によれば，次の第三の過程があってはじめて情動処理は完了するという。それは，情動と認知が統合され，新しい認知―感情的意味構造が構成されることである。人は情動を経験すると，その意味を探さずにはいられない。情動の経験と，認知的な探索や内省の過程が統合されて，はじめて一つの情動体験が処理されたといえるのである。つまり情動処理の進行具合は，自らの情動経験をどの程度象徴化して語り，そこに意味を見い

だし，今後の問題解決に役立てられるかなどに反映されうるのである。そこで，グリーンバーグら（Pos, A. E. et al., 2004）は，自分自身の情動体験をどのように捉え，語るかを情動処理の指標として，これがうつ病に対する介入の効果を予測するかどうかを検討した。その結果，介入後の情動処理の程度が，介入前の情動処理の程度や治療関係の良好さなどよりも治療効果を予測することを明らかにしている。

　これまで述べてきた三つの情動処理を比較すると，ラックマンは観察可能な反応としての情動，フォアとコザックは記憶構造としての情動，そして，グリーンバーグとサフランは情動の体験的な過程を重視している様子がうかがえる。また，グリーンバーグとサフランは，フォアとコザックの「記憶構造の再構築」という考え方をさらに発展させ，情動体験と認知的意味づけの統合という視点を盛り込んだことで，情動処理理論の臨床応用可能性をさらに高めたと言える。記憶構造は認知課題により測定しうるが，臨床場面で時間や手間のかかる実験課題を行うことは現実的でない。彼らが行った実験のように，情動経験の語り口からその「プロセス」を推定出来ることは，臨床的には大きな利点となるのである。

[4] ウェルズとマシューズ（1994）の自己制御実行機能（S-REF）モデル

　ウェルズとマシューズ（Wells & Matthews, 1994；箱田ら監訳，2002）の考案した，自己制御実行機能（Self-Regulatory Executive Function; S-REF）モデルについては，日本語でも読めるいくつかの文献があるため，詳細はそちらを参照されたい（たとえば，箱田ら監訳, 2002）。ここではモデルの概説にとどめるが，S-REF モデルは，情報源となる二つのユニットと，そこから得られた情報を運用する一つの自己制御ユニットを含む，三つの情報処理ユニット（アーキテクチャー）からなる（図 14.1 参照）。情報源ユニットは，外的情報の取り入れに関わる注意ユニットと，過去の経験を体系的に保持する自己知識（＝記憶）ユニットに分けられる。この二つの情報源ユニットから収集された情報から新たな情報を生成し，行動反応などの出力を返すのが自己制御ユニットである。

　たとえば，目の前に野犬が現れ，今にも噛みつこうと唸りをあげているとす

270　第14章　感情と認知行動療法

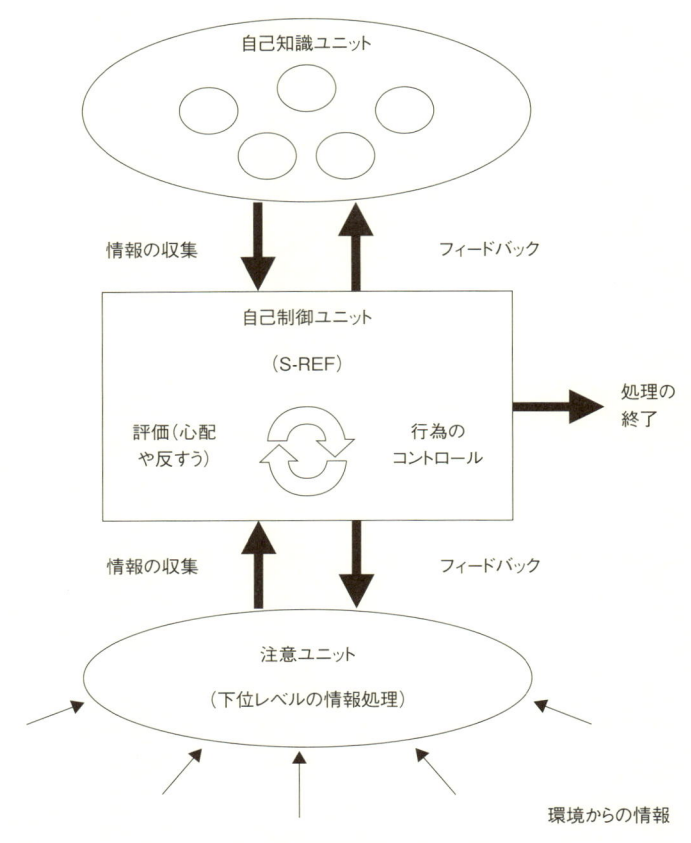

図14.1　感情障害の自己制御実行機能（S-REF）モデル
（Wells & Matthews, 1994を参考に筆者作成）

る。こうした危険な状況において，野犬の様子は注意ユニットを経て処理され，一方で自己知識ユニットから，この状況をのりきるための対処方法が参照される。自己知識ユニットには，人から聞いた話や過去に起きた同様の体験，本で読んだ体験談やより一般的な注意事項などの情報が格納されており，自己制御ユニットは，現状と自己知識ユニットの情報を照らし合わせながら，最適な行動を決定するのである。ただし，たとえば，「逃げる」という行動が選択されたとして，逃げると決めさえすればこの処理が終わるかといえばそうではない。

逃げる間にも細かく状況をモニタリングし，逃げ切れないと判断された場合にはプランを変更するなど，三つのユニットが常に連携を取りながら，最終的に脅威が存在しなくなるまで継続的に情報のやりとりを行う。これまでの情動処理理論はいくつかの段階がリレーのように連なる段階モデルであったのに対し，本モデルは，三つのユニットが互いに肩を組み，「3人4脚」のように相互に影響を与えあいながら処理を遂行する，並列分散処理モデルなのである。

S-REF モデルの面白いところは，能動性と柔軟性を兼ね備えた自己制御ユニットの存在を示したことにある。どんなに使える部下や貴重な情報があっても，これらを適切に運用するには，有能な上司が必要である。反対に情動障害は，この上司が「ご乱心」の時に生じるといえよう。たとえば，過去の失敗の原因ばかりを繰り返し考えてしまう「反すう」や，未来の出来事にネガティブな予測をしてそのことを考え続けてしまう「心配」は，自己制御ユニットの影響を反映した現象である。これらは，情動障害の持続要因として注目されているが（Sugiura, 2005），過度に心配や反すうをする人には，「心配をすることは問題の解決に役立つ」「反すうをすることは人間的な成長につながる」といった，心配や反すうに対するポジティブな価値観があることが示されている（金築ら，2002）。このことは，問題を解決するための対処として，心配や反すうを行っていることを意味する（Sugiura, 2005）。言うなれば心配や反すうとは，自己制御ユニットの能動性が「空回り」している状態なのである。さらに，上司が多忙で視野が狭くなりはじめると，部下もそのとばっちりを食うことがあるが，自己制御ユニットにも，処理の偏りが生じることがある。いわゆる注意バイアスや記憶バイアス（詳細は第5章参照）として示されるように，情報源ユニットと偏った情報のやりとりしかできず，処理の柔軟性が欠けてしまうと，全体の情動処理が滞ってしまうのである。

　こうした，自己制御ユニットにおける能動性の空回りと柔軟性の欠如の問題を解決するため，ウェルズ（1990）は「注意訓練（Attention Training; ATT）」を考案した。具体的には，①注意の焦点化，②注意の切り替え，③注意の分割という三つの注意スキルを訓練する。やり方としては，治療者の指はじきの音やエアコンの音，あるいは外の車の音などを用いて，はじめはいずれか一つの音に注意を傾け，次に治療者の指示に従って注意を傾ける音を切り替える練習

をして,最後に複数の音に同時に注意を向ける練習をする。クライエントが抱える問題(パニックやうつなど)に直接触れることなく,注意の制御スキルを高めることで,パニック障害やうつ病,心気症などに効果が見られることを,ウェルズは複数のケース研究により示している(たとえば,Wells, 1990; Papageorgiou & Wells, 2000)。

能動性と柔軟性を持つ自己制御ユニットの概念は,ワーキングメモリ(Baddeley, A. D., 1986)の概念とも類似しているが,その持ち味が失われることで情動処理が滞る,という発想から注意訓練という全く新しい技法が考案された。認知科学の抽象的な知識を臨床心理学の経験的な技法として再構成するには並はずれた想像力が要求されるが,これは,認知科学者のマシューズと臨床心理学者のウェルズという,異分野の専門家による強烈なタッグがなせる業と言えよう。1 + 1が3にも4にもなる成果を生み出すコラボレーションは魅力的である。

[5] ティーズデイル(1999)の情動処理理論

独自の情動処理理論を展開するティーズデイルもまた,認知科学者であるバーナードとコラボレートして,相互作用的認知サブシステム(Interactive Cognitive Subsystem; ICS)を提案している(Teasdale & Barnard, 1993)。ICSは,情動情報に限らず,人間の全ての活動を支えるマクロな情報処理メカニズムを説明するモデルであり,人間の情報処理を,12のサブシステムの間で生じる相互の情報の「交換」と,サブシステム内で生じる情報の「変換」によって説明する。これを踏まえたティーズデイルの情動処理理論は,主に再発を繰り返す重度のうつ病のメカニズムを説明するために考案されている(Teasdale, 1999)。図14.2に示されるとおり,彼の情動処理モデルには情報の入力と出力を示す箇所がない。つまり,情動処理の開始と終点が示されていないのが特徴である。人は死ぬまで環境と情報のやりとりを続ける生き物であり,そこに終わりはないことを考えれば,それは当然のことと言える。

情動処理の開始と終結を示すかわりに,ティーズデイルは,効果的な情動処理と効果的でない情動処理の違いを明示した。キーワードは,サブシステム内で行われる情報の「変換」である。ティーズデイルが抑うつ的連結処理と名付

3. 情動処理理論 273

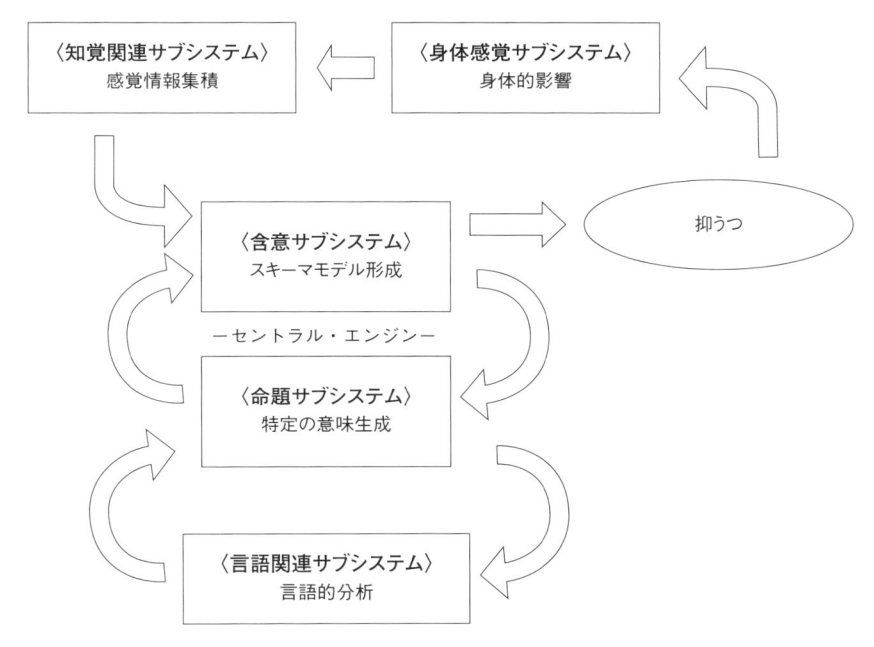

```
〈知覚関連サブシステム〉  ⇐  〈身体感覚サブシステム〉
感覚情報集積              身体的影響

        ↓
〈含意サブシステム〉  ⇒  抑うつ
スキーマモデル形成

—セントラル・エンジン—

〈命題サブシステム〉
特定の意味生成

〈言語関連サブシステム〉
言語的分析
```

図14.2 ティーズデイルの情動処理モデルにおける抑うつ的連結処理の概念図
(Teasdale, 1999を参考に筆者作成)

けたように，情報のやりとりは円環的に続くが，問題は，サブシステム間で「抑うつ的なヴェイレンスを帯びた情報が」いつまでもやりとりされることにある。もし，いずれかのサブシステムにおける情報の変換により，ヴェイレンスを帯びた情報がヴェイレンスを持たない情報に変わったなら，サブシステム間で情報がやりとりされることは，なんら問題ではなくなるであろう。ヴェイレンスを帯びた情報を変換して無毒化する処理を効果的な情動処理と呼び，反対に，いつまでも情報のヴェイレンスを持続させる処理を，効果的でない情動処理と呼ぶのである。

　次に重要なことは，この変換の方法である。通常の情報処理の中では，各サブシステムはいくつかの情報を束ねたまとまり（＝チャンク）としてやりとりしている。ヴェイレンスを失わせるような大きな情報の変換は，このチャンクをばらして，入念にサブシステム内に保持してある記憶のログと参照すること

で達成される．たとえば，車の「車検」をイメージしてみて欲しい．車検で行われることは，車を細部まで分解・点検し，部品に摩耗や破損が見つかった箇所は交換することであるが，特に長年乗った車ならば，車検の前後で格段に走りが良くなることを実感出来るであろう．このように，通常ならば部品の集合として機能しているものを，分解して，最新の情報と異なる部分を交換することで，全体としての情報を更新するのである．こうした作業を「バッファー（buffer）をかける」と呼ぶ．車検が費用も時間もバカにならないように，バッファーも多くの注意資源を投入して行われる．

あとは図中のいずれのサブシステムでバッファーをかければ効果的な情動処理が行われるかの問題であるが，これについては，最も多くのサブシステムから入力を受け，高次の処理を行うサブシステムが，より影響力が大きいであろう．ICS では，最も高次の意味表象を行うシステムとして，命題的サブシステム（Propositional Subsystem）と含意的サブシステム（Implicational Subsystem）を仮定している．命題的サブシステムとは，「自分はダメな人間だ」のような言語―評価的な特定的意味を処理し，含意的サブシステムは「自分はダメな人間だ」という言葉の余韻に含まれる，言葉になし得ないより高次の教訓的意味を処理する．両者は相互に情報を交換するが，含意的サブシステムは，命題的サブシステムの他にも視聴覚情報や身体感覚などを司る，さまざまなサブシステムと情報の交換を行っている．他方，命題的サブシステムは，自動思考とも関連するより言語的なサブシステムとの情報交換を行う．このことから，含意的サブシステムでバッファーをかけることで，「今ここ」での経験から得られる情報を積極的に参照でき，閉じたループの情報を大きく変換することが可能となる．これに対して，命題的サブシステムでのバッファーは，分析的かつ言語的な精緻化を意味しており，情報の質的変換の可能性は少ないと言える．前者が効果的な情報処理，後者は効果的でない情報処理である．

具体的な状態がイメージしにくいかもしれないが，ティーズデイルの一番弟子，ワトキンス（Watkins, 2004）は，筆記表現課題を用いてこの二つの情動処理を操作し，それが気分に及ぼす影響を検討している．失敗経験をさせた直後の思考を 15 分筆記させるのだが，その際，今この瞬間「どのように（How）」感じたり考えたりしているかについて筆記する群と，今自分は「なぜ（Why）」

失敗したと考えているかについて筆記する群を設けたのである。もちろん，前者が効果的情動処理を，後者が効果的でない情動処理を反映すると想定されていたが，その通り，Howについて筆記した群はWhy筆記群と比較して，筆記をした夜に失敗経験を想起する頻度が少なく，ネガティブ気分の程度が低いことが示された。いずれも自己注目を促進させる課題といえるが，従来自己注目は情動の悪化をもたらすことが指摘されてきた（Pyszczynski & Greenberg, 1987）。確かに，自分の失敗の原因などについて反すうする「分析的自己注目」は効果的でない情動処理をもたらすが，自分がその瞬間に体験していることに注意を向ける，「体験的自己注目」が効果的情動処理を導くという発見は，情動処理の促進についての新たな地平を切り開くものである。

4. 感情のコントロールから感情と「うまくつき合う」へ

　従来の認知行動療法と，情動処理理論の情動に対する考え方の違いが，ご理解頂けたであろうか。情動処理理論は，それぞれに従来の認知行動療法にはない視点と技法を提供してきたが，総じていえるのは，情動の処理は一連の流れを持っており，これを途中で停止することは出来ないということである。ウェグナー（Wegner, 1994　詳細は第10章参照）の，思考抑制の皮肉過程理論とも通じることであるが，情動の処理を抑制したり制御することは，むしろ情動反応の悪化をもたらす。情動の沈静化は，その処理を促進することではじめて達成されるのである。感情処理を促進するとはどういうことか。それこそが，感情に囚われるのではなく受け入れ，距離を置いて「うまくつき合う」姿勢なのである。

　こうしたスキルを獲得する方法として注目されているのが，マインドフルネストレーニングである。マインドフルネスとは，今ここでの体験に評価することなく注意を向けること，と定義される（Kabat-Zinn, 1990）。マインドフルネストレーニングは，自分自身の思考や情動に囚われない注意のスキルを訓練する方法と言え，この要素を治療パッケージに取り入れた，マインドフルネスに基づく認知行動療法が，近年数多く開発されている。たとえば，ティーズデ

イルとその共同研究者（Segal et al., 2002）は，うつ病の再発を予防するためのマインドフルネスに基づく認知療法（Mindfulness-Based Cognitive Therapy; MBCT）を考案した。彼の「経験的自己注目」は，マインドフルネスの定義とまさに一致する。そして，マインドフルネス技法として瞑想やヨーガを取り入れたMBCTは，特に再発を繰り返す重度の患者に効果を発揮することが報告されている（たとえば，Ma & Teasdale, 2004）。さらにティーズデイルらは，自分自身の情動体験について距離を置いて知覚することを「メタ認知的気づき（metacognitive awareness）」と呼び，この程度を測定する「自伝的記憶における気づきと対処の測定法（Measure of Awareness and Coping in Autobiographical Memory: MACAM）」を開発した（Teasdale et al., 2002）。これは，グリーンバーグら（2004）の情動処理の測定法と同様に，自分自身の情動体験の語る様子からその体験との距離を推定する方法である。筆者らは，MACAMの日本語版を作成し，2週間の座禅を用いたマインドフルネストレーニングが，大学生のメタ認知的気づきの能力を高め，抑うつ傾向を低減させることを示している（Ito et al., 2006）。

　この他にも，境界性人格障害や，物質依存症，カップル間の問題など，マインドフルネスに基づく第3世代の認知行動療法は，従来の認知行動療法には手の届かなかった幅広い対象にチャレンジしている（レビューとしてHayes et al., 2004；武藤ら監訳，2005）。さらに，応用行動分析の考え方を発展させて独自の治療理論を打ち立てたスティーブン・ヘイズら（Hayes et al., 1999）のアクセプタンス・コミットメントセラピーも，目指す方向性は同様である。第3世代の認知行動療法家は，情動や感情を制圧の対象とは捉えず，むしろ情動との友好的な関係作りを目指す。イソップ童話の「北風と太陽」のように，情動の問題の解決にとって，それが近道なのである。

引用・参考文献
Baddeley, A. D. (1986). *Working memory*. Oxford: Clarendon Press.
Beck, A. T., Rush, A. J., Shaw, B. F., & Emery, G. (1979). *Cognitive therapy of depression*. Guilford: New York.
（坂野雄二（監訳）（1992）. うつ病の認知療法　岩崎学術出版）
Bower, G. H. (1981). Mood and memory. *American Psychologist*, **36**, 129-148.

Clark, D. M. (1986). A cognitive approach to panic disorder. *Behaviour Research and Therapy*, **24**, 461-470.

Clark, D. M., & Wells, A. (1995). A cognitive model of social phobia. In R. Heimberg, M. Liebowitz, D. A. Hope & F. R. Schneier (Eds.), *Social Phobia: Diagnosis, Assessment and Treatment*. New York: Guilford Press pp.69-93.

Ehlers, A., & Clark, D. M. (2001). A cognitive model of posttraumatic stress disorder. *Behaviour Research and Therapy*, **38**, 319-345.

Ellis, A. (1960). *The art and science of love*. NJ: Lyle Stuart.

Foa, E. B., & Kozak, M. J. (1986). Emotional processing of fear: Exposure to corrective information. *Psychological Bulletin*, **99**, 20-35.

Frijda, N. H. (1986). *The emotions*. Cambridge: Cambridge University Press.

Greenberg, L. S., & Safran, J. D. (1987). Emotion in psychotherapy: Affect, cognition and the process of change. New York: Guilford Press.

Hayes, S. C., Follette, V. M., & Linehan, M. M. (Eds.) (2004). *Mindfulness and Acceptance: Expanding the Cognitive-behavioral Tradition*. New York: Guilford.
（武藤　崇・伊藤義徳・杉浦義典（監訳）　春木　豊（監修）(2005). マインドフルネス＆アクセプタンス：認知行動療法の新次元　ブレーン出版）

Hayes, S. C., Strosahl, K. D., & Wilson, K. G. (1999). *Acceptance and commitment therapy: An experiential approach to behavior change*. New York: Guilford.

Kabat-Zinn, J. (1990). *Full Catastrophe Living*. New York: Delta book.
（春木　豊（訳）(1993). 生命力がよみがえる瞑想健康法　実務教育出版）

金築　優・伊藤義徳・根建金男（2002). 心配に関する信念尺度の作成及び信頼性と妥当性の検討　第28回日本行動療法学会大会発表論文集．122-123.

Ito, Y., Katsukura, R., & Nedate, K. (2006). Development of the Japanese version of the 'Measure of Awareness in Autobiographical Memory.' In M. G. T. Kwee, K. J. Gergen & F. Koshikawa (Eds.), *Horizons in Buddhist Psychology: Practice, Research & Theory*. New Mexico: Taos Institute Publications. Pp.225-234.

Ma, H. S., & Teasdale, J. D. (2004). Mindfulness-based cognitive therapy for depression: replication and exploration of differential relapse prevention effects. *Journal of Consulting and Clinical Psychology*, **72**, 31-40.

Mitte, K. (2005). A meta-analysis of the efficacy of pscho- and pharmacotherapy in panic disorder with and with out agoraphobia. *Journal of Affective Disorders*, **88**, 27-45.

Mowrer, O. H. (1960). *Learning theory and symbolic process*. Chichester: Wiley.

Papageorgiou, C., & Wells, A. (2000). Treatment of recurrent major depression with attention training. *Cognitive and Behavioral Practice*, **7**, 407-413.

Pos, A. E., Greenberg, L.S., Goldman, R. N., & Korman, L. M. (2003). Emotional processing during experiential treatment of depression. *Journal of Consulting and Clinical Psychology*, **71**, 1007-1016.

Pyszczynski, T., & Greenberg, J. (1987). Self-regulatory perseveration and the depressive self-focusing style: A self-awareness theory of reactive depression. *Psychological*

Bulletin, **102**, 122-138.
Rachman, S. (1980). Emotional processing. *Behaviour Research and Therapy*, **18**, 51-60.
坂野雄二・根建金男 (1988). 行動療法から認知行動的介入へ　季刊　精神療法, **14**(2), 121-134.
Salkovskis, P. M. (1985). Obsessional-compulsive problems: A cognitive behavioral analysis. *Behaviour Research and Therapy*, **23**, 571-583.
Segal, Z. V., Williams, J. M. G., & Teasdale, J. D. (2002). *Mindfulness based cognitive therapy for depression: A new approach to preventing relapse*. New York: Guilford.
Sugiura, Y. (2005). *Problem-Solving Model of Worrying*. Tokyo: Kazama Shobo.
鈴木伸一・神村栄一（著）　坂野雄二（監修）(2005). 実践家のための認知行動療法テクニックガイド：行動変容と認知変容のためのキーポイント　北大路書房
丹野義彦 (2001). エビデンス臨床心理学　日本評論社
Teasdale, J. D. (1999). Emotional processing, three modes of mind and the prevention of relapse in depression. *Behaviour Research and Therapy*, **37**, S53-S77.
Teasdale, J. D., & Barnard, P. J. (1993). *Affect, cognition and change: Remodeling depressive thought*. Hillsdale: Lawrence Erlbaum Associates.
Teasdale, J. D., Moore, R. G., Hayhurst, H., Pope, M., Williams, S., & Segal, Z. V. (2002). Metacognitive awareness and prevention of relapse in depression: Empirical evidence. *Journal of Consulting and Clinical Psychology*, **70**, 275-287.
Wagner, A. R., & Rescorla, R. A. (1972). Inhibition in Pavlovian conditioning: Applications of a theory.　In R. A. Boakes & M. S. Halliday (Eds.), *Inhibition and learning*. New York: Academic Press pp.301-336.
Watkins, E. (2004). Adaptive and maladaptive ruminative self-focus during emotional processing. *Behaviour research and Therapy*, **42**, 1037-1052.
Wegner, D. M. (1994). Ironic processes of mental control, *Psychological Review*, **101**, 34-52.
Wells, A., (1990). Panic disorder in association with relaxation induced anxiety: An attentional training approach to treatment. *Behavior Therapy*, **21**, 273-280.
Wells, A. & Matthews, G. (1994). *Attention and emotion: A clinical perspective*. Hillsdale: Lawrence Erlbaum Associates. (箱田裕司・津田　彰・丹野義彦（監訳）(2002). 心理臨床の認知心理学：感情障害の認知モデル　培風館)
Wolpe, J. (1958). *Psychotherapy by reciprocal inhibition*. Stanford University Press. (金久卓也（監訳）(1977). 逆制止による心理療法　誠信書房)

事項索引

あ

Action Control Scale　246
アクセスビリティ　162,163
あたかもループ　80
一次的感情　170
意図記憶　249,251,252
因果関係　46
ヴェイレンス　45,82,107
うまくつき合う　275
ABCモデル　264
エクスポージャー　265
SACモデル　38

か

外向性　244
開示　203
海馬　70,93
快楽随伴モデル　30
カウンセリング　212
学習理論　264
拡張記憶　250
カタルシス　211,212
活性化拡散モデル　97
含意的サブシステム
　　（Implicational Subsystem）　274
感覚運動の記憶　95
眼窩前頭皮質　71,77
喚起　107
感情
　──インプット説　34
　──管理仮説　36
　──血流理論　228
　──コミュニケーション仮説　82
　──混入モデル　24
　──シグナル説　29
　──情報機能説　255
　──情報説　113
　──心理学　219
　──スタイル　83
　──制御　98,193
　　　──の社会的制約モデル　35
　　　──方略　35,244
　──と一般知識構造仮説　31
　──特性　46
　──と情報処理方略　26
　──ネットワークモデル　97
　──ネットワーク理論　22,26
　──ノード　98
　　　──の実験的操作　47
　　　──の調整効果　251
　──プライミング　116
干渉変数　47
顔面フィードバック　135
　──仮説　228
記憶　93
　──再生における気分一致の非対称性
　　　22
基礎的感情　169
北風と太陽　276
気分　118
　──一致効果　45,96
　　　記憶の──　22
　　　社会的判断における──　22
　──緩和動機　99
　──の源泉　124
　──不一致効果　51,99
基本情動　84
義務自己　157

記銘　*94*
客体的自覚理論　*216*
逆転学習　*79*
逆方向の感情制御　*254*
キャノン-バード説　*70*
ギャンブル課題　*81*
急性ストレス障害　*212*
共感　*174*
恐怖条件づけ　*73*
緊急反応　*68*
クリューバー–ビューシー症候群　*73*
経験的アプローチ　*268*
言語的記憶　*95*
検索容易性　*140*
行為者・観察者効果　*233*
効果的でない情動処理　*272*
効果的な情動処理　*272*
交差モダリティプライミング　*136*
行動志向性・状態志向性　*246*
行動出力　*249*
行動生態学的視点　*224*
行動の準備性　*119*
語幹完成課題　*117*
コンテクスト（context）　*233*

さ

罪悪感　*173*
再評価　*204,244*
サブシステム　*272*
三位一体説　*71*
ジェームズ-ランゲ説　*68*
自己
　——開示　*211,212*
　——概念　*255*
　——関連感情　*171*
　——制御実行機能（Self-Regulatory Executive Function; S-REF）　*269*
　——制御ユニット　*269*
　——側面　*102*
　——の連合ネットワークモデル　*152*
　——評価維持理論（SEM 理論）　*181*
　——複雑性　*105*
自己意識　*172*
　——感情　*126,169,170,172,184*
思考抑制の皮肉過程理論　*275*
自己知識　*251*
　——（＝記憶）ユニット　*269*
　——表象　*102*
視床下部　*70*
自尊心　*100*
実験　*47*
実質型処理　*26*
実態把握型研究　*43*
嫉妬　*181*
自伝的記憶における気づきと対処の測定法（Measure of Awareness and Coping in Autobiographical Memory: MACAM）　*276*
自動性　*100*
自動的過程　*38,115*
自動的処理と統制的処理の状況的方略モデル　*38*
自動動機論　*122*
自動評価　*116*
社会構成主義　*84*
社会心理学　*219*
社会的確証　*212*
社会的感情　*109,170*
社会的共有行動　*217*
社会的コントロール　*212*
従属変数　*52*
羞恥感情　*180*
主観的感覚　*133*
情動処理（emotional processing）　*266*
　——理論　*266*
情動調整　*215*
情動伝染（emotional contagion）　*227*
　——尺度　*229*

情報としての感情仮説　23,25
自律神経系　213
神経経済学　86
神経症傾向　244
心的外傷後ストレス障害　212
心理療法　212
ストレス　215
制御フォーカス理論　161,164
精神的健康　213
精神反すう　217
生態学的妥当性　51
接近・回避傾向　119
セルフ・ディスクレパンシー理論　157,158
前頭前野腹内側部　77
前部帯状皮質　72
想起　94
相互作用的認知サブシステム（Interactive Cognitive Subsystem;ICS）　272
促進フォーカス　156,161
側性化　82
ソマティック・マーカー仮説　80

た
第3世代の認知行動療法　276
対象認知　249
他者との関係性　225
他者の役割　225
段階的現実エクスポージャー　265
単純接触効果　135
知覚的流暢性　134
注意　94
注意訓練（Attention Training; ATT）　271
注意ユニット　269
中枢起源説　70
直接アクセス型処理　24
直観　250
DSM-Ⅳ　212

ディストラクション　203
動機充足型処理　25
統制の過程　37,115
同調的恥　181
道徳感情　172
特性論　257
独立変数　44
TOSCA　175,183
トラウマ　95,215

な
二次的感情　170
二重モデル説　33
認知行動療法　263
認知的資源　99
認知容量説　28
ネガティブ感情の改善　37
妬み　181

は
パーソナリティ・システム相互作用理論　248
"How do I feel about it?"　ヒューリスティック　23
恥　173
　——の文化　179
バッファー（buffer）　274
パペッツの回路　70
BIS（行動抑制システム）　154
BAS（行動活性システム）　153,154
PSI理論　249
PNA　22
非意識的・自動的な感情制御　246
ヒューリスティック型処理　25
表出性ハロー効果（the expressivity halo effect）　233
表情表出の2要因説　224
フィーリング　85
プライミング　158,159
フラッシュバルブ記憶　94

並列分散処理　250
辺縁系　71
変数の交絡　46
扁桃体　71,72,93
防止フォーカス　156,161,162
保持　94
ポジティブ感情の維持　37

ま

マインドフルネス　275
　──トレーニング　275
　──に基づく認知療法（Mindfulness-Based Cognitive Therapy; MBCT）275
末梢起源説　68
ミスマッチ理論　138
命題的サブシステム（Propositional Subsystem）274
メカニズム解明型研究　44
メタ認知的気づき（metacognitive awareness）276

免疫機能　213
メンタルコントロール　194
目撃証言　96
目標状態　120
モデリング　265

や

有名性効果　134
要求特性　48
抑圧（repression）　195
抑うつ　100
抑制（suppression）　196,215,245
　──の逆説的効果　200
　──理論　215

ら

乱文再構成課題　120
理想自己　157
利用可能性(availability)ヒューリスティック　140
臨床心理学　219

人名索引

A

Aarts, H.　119,145
Abe, K.　95
Adolphs, R.　73
Aggleton, J. P.　71
Ajzen, I.　116,123
Allan, S.　175
Allport, G. W.　119
Amaral, D. G.　73
Anderson, A.　94
Anderson, A. K.　107

Anderson, J. R.　86
安藤清志　204,213
Archer, R. L.　212
有光興記　177,181,183,184
Arkes, H. R.　134,136
Asendorpf, J.　56
Ashby, F. G.　86,107
Atkinson, J. W.　122
Averill, J. R.　84
薊　理津子　183

B

Baddeley, A. D.　*272*
Bagby, R. M.　*195*
Banaji, M. R.　*116*
Bard, P.　*70*
Bargh, J. A.　*114-118,122,124*
Barlow, D. H.　*57*
Barnard, P. J.　*272*
Barrett, K. C.　*176*
Baumann, N.　*251,253*
Baumeister, R. F.　*50,99,115,173, 175,199,204*
Bavelas, J. B.　*226*
Baxter, M. G.　*74,79*
Beall, S.　*213*
Bechara, A.　*74,75,81,82*
Beck, A. T.　*46,264*
Becker, E. S.　*201*
Benedict, R. F.　*179*
Berkowitz, L.　*98*
Bernieri, F. J.　*227,233*
Berntsen, D.　*95*
Blaney, P. H.　*46,48,96*
Bless, H.　*27-29,32,113,114,133,144- 146*
Bloom, F. E.　*72*
Boals, A.　*201*
Boden, J. M.　*50,99,204*
Bodenhausen, G. V.　*27,29,114*
Bohner, G.　*113*
Bonanno, G. A.　*205,206*
Booth-Kewley, S.　*197*
Bornstein, R. F.　*134,135*
Bower, G. H.　*22,23,25,26,36,96- 98,108,267*
Bradley, B.　*46,56*
Bradley, M. M.　*53,56*
Brekke, N.　*114*
Bremer, D.　*56,57*
Brendl, C. M.　*120*

Brennera, S. L.　*155*
Brown, M. W.　*71*
Bruner, J. S.　*119*
Bryden, M. P.　*82*
Buck, R.　*85,109,224-226*
Bucy, P. C.　*72*
Buehler, R.　*49*
Burgoon, J. K.　*232*

C

Cacioppo, J. T.　*58,86,136,139,186*
Cahill, L.　*76,77,95,108*
Cannon, W. B.　*68-70*
Cappella, J. N.　*232*
Carroll, J. M.　*107,108*
Carver, C. A.　*153,154*
Carver, C. S.　*195,199*
Cervone, D.　*257*
Chaiken, S.　*114*
Chartrand, T. L.　*114,115,117,118, 123,124*
Chastain, R. L.　*198*
Chen, M.　*118*
Cheng, C. M.　*123*
Chovil, N.　*224-226*
Christianson, S. A.　*77,95*
Ciarrochi, J. V.　*36,37,49,51,101*
Cioffid, D.　*200*
Clark, D. M.　*56,265*
Clark, L.　*82*
Clark, L. A.　*46*
Claypool, H. M.　*139*
Clore, G. L.　*22,24,26,31,54,113,124, 125,133*
Cohen, N. J.　*71*
Cohen, P. R.　*25*
Colligan, D.　*203*
Collins, A. M.　*97,98*
Condon, W. S.　*227*
Conway, M. A.　*95*

Cook, E. W. III．　56
Corkin, S.　107
Crites, S. L. Jr.　58
Crowne, D. P.　229

D

D'Agostino, P. R.　134,135
大坊郁夫　154,227,230-232
Dallas, M.　136
Damasio, A. R.　7,12,13,78,80,82,200
Daruns, L.　224,225
Darwin, C.　178
Davidson, R. J.　70,82,83,154,194,211
Davies, B.　34
Davis, C. G.　204
De Houwer, J.　248
Dearing, R. L.　172,177,183,184
DeHart, T.　47
Demaree, H. A.　83
Derlega, V. J.　212,216
DeSteno, D.　23
Dias, R.　79
Diener, E.　153,205
Dienstfrey, H.　203
Dijksterhuis, A.　145,146,250
Dodgson, P. G.　98
Doherty, R. W.　228,229
Dolan, R. J.　85,93
Duckworth, K. L.　115
Dunn, J. C.　86
Durand, V. M.　57
Duval, S.　232

E

Eelen, P.　248
Ehlers, A.　201,265
Ehrlichman, H.　49,96
Eichenbaum, H.　71
Eisenberg, N.　170

Ekman, P.　56,84,109,185,211,223,224,231,234,235
Elliot, A. J.　153
Ellis, A.　264
Ellsworth, P. C.　12,21
Emery, N. J.　73
Emmons, R. A.　153
遠藤利彦　7,170
Engelberg, E.　95
Erber, M. W.　35,36,96,100,101
Erber, R.　35,36,38,96,100,101
Erikson, E. H.　178
Eysenck, H. J.　228
Eysenck, M. W.　194
Eysenck, S. B. G.　228

F

Farah, M. J.　82
Fazendeiro, T. A.　136
Fazio, R. H.　116,119
Fellows, L. K.　82
Ferguson, M. J.　117
Fiedler, K.　25,33,49,50
Finkenauer, C.　215
Fischer, K. W.　125
Fischhoff, B.　143
Fishbein, M.　116,123
Fisler, R.　95
Foa, E. B.　267-269
Folkman, S.　194
Forgas, J. P.　21-26,36-37,49,51,96,101,113,133
Foster, G.　181
Fowles, D. C.　153
Freud, A.　194
Fridlund, A. J.　224,225
Friedman, H. S.　197,226
Friesen, W. V.　56,223
Frijda, N. H.　7,14,268
Fujita, F.　253

G

Gable, S. L.　*154*
Garcia-Marques, T.　*136,139*
Gardner, W.　*116*
Garnefski, N.　*245*
Gazzaniga, M. S.　*78*
Gerrards-Hesse, A.　*47,48,50*
Gibbs, N. A.　*244*
Gidron, Y.　*217*
Gilbert, D. T.　*114,121*
Giles, H.　*232*
Glaser, J.　*116*
Glenberg, A. M.　*119,121*
Glickman, A. S.　*217*
Glimcher, P.　*86*
Gluck, M. A.　*86*
Gollwitzer, P. M.　*120*
Goschke, T.　*250*
Gray, J. A.　*72,153,154,166*
Gray, J. R.　*87*
Grayson, C. E.　*142,145*
Greenberg, J.　*275*
Greenberg, L. S.　*268,269,276*
Gross, J. J.　*49,194,200,201,211,244, 245,253*
Grzelak, J.　*212*
Gschwandtner, L. B.　*206*
Gump, B. B.　*230*

H

南風原朝和　*47*
Haddock, G.　*142*
箱田裕司　*269*
Hall, E. T.　*233*
Hall, J. A.　*226*
Halpern, J. N.　*49,96*
Hamann, S.　*77*
Handley, I. M.　*31,37,38*
原　奈津子　*27,255*
Harber, K. D.　*197,216*
Harvey, J. H.　*204*
Hatfield, E.　*227,228,231*
Hawk, L. W.　*56*
Hawley, K. J.　*138*
林　潔　*46*
Hayes, S. C.　*276*
Hebb, D. O.　*67*
Heimpel, S. A.　*100*
Hertel, P.　*45,46,49*
Hess, U.　*227*
Heuer, F.　*94,96*
Higgins, E. T.　*120,138,151,153,155-159,161-166,195*
樋口匡貴　*180*
Hixon, J. G.　*121*
Hoffman, M. L.　*227*
Holloway, J.　*200*

I

市川伸一　*47*
池上知子　*115*
今栄国晴　*46*
稲葉　緑　*94*
井上　弥　*226*
Isen, A.　*49*
Isen, A. M.　*22,24,30,197*
石川隆行　*177,178*
Ito, T. A.　*86*
伊藤美加　*21,96*
Izard, C. E.　*224*

J

Jacoby, L. L.　*134,136*
Jakobs, E.　*225*
James, W.　*68*
Jefferis, V.　*124*
Jesser, R.　*228*
Jesser, S.　*228*
John, O. P.　*244,245*
Johns, W. H.　*183,184*

Johnson, B. T.   255
Johnson, E. J.   22
Johnston, B. T.   138
Jones, E. E.   232
Jonides, J.   87
Josephson, B. R.   49,99,100
Jostmann, N. B.   247,248
Jouranrd, S. M.   212

K

Kabat-Zinn, J.   205,275
Kahneman, D.   140,141
海保博之   ii
上出寛子   154
神村栄一   265
上瀬由美子   144
唐沢かおり   12
Katon, W.   46
河野和明   198
Kazén, M.   252
Keller, J.   144
Keltner, D.   205,206,211
Kennedy-Moore, E.   195
Kensinger, E. A.   107
木村　晴   115,199-201,204,244
木村昌紀   227,229-231,234
北村英哉   7,23,33,37,38,49,50,114,
　　133,138,250
Klein, K.   201
Klein, S. B.   255
Klüver, H.   72
Kolb, B.   83
Koole, S. L.   246,248
Kowalski, R. M.   215
Kozak, M. J.   267-269
Kraut, R. E.   224,225
Krauth-Gruber, S.   32
工藤恵理子   133
Kugler, K.   183,184
Kuhl, J.   246-254

Kuiper, N. A.   206
Kulik, J. A.   230
Kunda, Z.   119
Kunst-Wilson, W. R.   135
黒沢　香   257,258
楠見　孝   141
Kuykendall, D.   57
久崎孝浩   178

L

Lane, A. M.   205
Lane, J. D.   202
Lane, R. D.   72
Lang, D. J.   56
Lang, P. J.   53,60,153
Lange, C.   68
Larsen, R. J.   202,205
Larson, D. G.   198
Lassiter, G. D.   31,37
Lazarus, R. S.   120,194
Learner, J. S.   86
Leary, M. R.   172,176
LeDoux, J. E.   69,71,73,84,94
Lee, V.   225
Lefcourt, H. M.   206
Lehman, D. R.   217
Lepore, S. J.   197,214,215,217
Lerner, M.   115
Levenson, R. W.   49,194,200,201
Levine, L. J.   52
Lewis, H. B.   175,179
Lewis, M.   170-172,174,178,180
Ley, R. G.   82
Linville, P. W.   102,105,106,251
Locke, S.   203
Loewenstein, G.   86,120
Loftus, E. F.   97,98,165
Loftus, J.   255
Lucas, R. E.   253

人名索引　287

M

Ma, H. S.　*276*
Mackie, D. M.　*28,29,139*
MacLean, P. D.　*71*
MacLeod, C.　*256*
Macrae, C. N.　*202*
Maia, T. V.　*82*
Mandler, G.　*60,136*
Markus, H.　*102*
Marlowe, D.　*229*
Marr, D.　*87*
Marrow, J.　*52*
Martin, L. L.　*34,217*
Martin, R. A.　*206*
Matarazzo, J. D.　*227*
Mathews, A.　*256*
Matsumoto, D.　*231,234,235*
Matthews, G.　*269,270*
Mayer, J. D.　*56,57*
McClelland, J. L.　*82*
McClure, S. M.　*86*
McFarland, C.　*49*
McGaugh, J. L.　*76,77*
McGlone, M.　*136*
Meeter, M.　*86*
Megargee, E. I.　*202*
Mendoza-Denton, R.　*251*
Miller, L. C.　*212*
Mischel, W.　*257,258*
三谷信広　*12*
Mitchell, G. W.　*217*
Mitte, K.　*263*
三宅和夫　*184*
宮元博章　*247*
Mogg, K.　*101*
Moll, J.　*185*
Monahan, J. L.　*232*
Morf, C.　*258*
森　津太子　*115*
Morrow, J.　*203*

Moskowitz, G. B.　*119*
Mowrer, O. H.　*264*
村田光二　*126*
Muraven, M.　*115*
村山　航　*85*
Murray, E. A.　*74,79*
武藤　崇　*276*
Myers, C. E.　*86*

N

長岡千賀　*227*
永房典之　*177-179,181,183*
中村　真　*233*
中里至正　*178*
成田健一　*180*
Navarro, D. J.　*86*
Neisser, U.　*94*
根建金男　*265*
Neumann, R.　*135*
Newell, A.　*115*
Newman, L. S.　*202*
Nisbett, R. E.　*85,232*
Nolen-Hoeksema, S.　*52,203*
Norman, K. A.　*86*

O

越智啓太　*201*
Ochsner, K. N.　*95*
O'Doherty, J.　*79*
小川一美　*227*
Ogston, W. D.　*227*
小口孝司　*213*
O'Heeron, R. C.　*200,203*
大平英樹　*94*
Öhman, A.　*84*
及川　惠　*204*
及川昌典　*120,121,124*
岡田顕宏　*183*
岡野憲一郎　*182*
岡　隆　*47*

Oltmanns, T. F. *244*
Onoue, K. *218*
O'Reilly, R. C. *86*
Osgood, C. E. *54*
Ota, H. *233*

P

Palomba, D. *59*
Panksepp, J. *85*
Papageorgiou, C. *272*
Papez, J. *70*
Parker, J. D. A. *195*
Parkinson, B. *170*
Parrott, W. G. *46,48,49,51,52,99*
Patterson, M. L. *232*
Pennebaker, J. W. *55,194,197-200, 203,206,213,215,218*
Petty, R. E. *30,35,100,139*
Pleydell-Pearce, C. W. *95*
Pos, A. E. *269*
Prizmic, Z. *202*
Pyszczynski, T. *201,275*

R

Rachman, S. J. *266,269*
Read, S. J. *212*
Reber, R. *136*
Reisberg, D. *94,96*
Rescorla, R. A. *268*
Ric, F. *32*
Rimé, B. *215-218*
Robinson, M. D. *256*
Rodin, J. *181,182*
Rogan, M. T. *74*
Rolls, E. T. *74,78,79,82*
Roseman, I. J. *12*
Rosenberg, M. *228*
Rosenbloom, P. S. *115*
Roskos-Ewoldsen, D. R. *119*
Rothman, A. J. *142,145*

Rottenberg, J. *49*
Roy-Byrne, P. R. *46*
Ruder, M. *145*
Ruiz-Belda, M. *224*
Russell, J. A. *85,107,108*
Rusting, C. L. *45,47*

S

Sabini, J. *48,51,52,99*
Safran, J. D. *268,269*
相良陽一郎 *201*
榊 美知子 *51,103-106*
坂元 桂 *134*
坂野雄二 *53,265*
Salekin, K. L. *202*
Salkovskis, P. M. *201,265*
Salovey, P. *181,182*
Sanna, L. J. *101,144*
Sarter, M. *60*
佐々木 淳 *180*
佐藤 徳 *154*
佐藤美恵子 *184*
澤田匡人 *182*
Schachter, S. *14*
Schacter, D. L. *95,114*
Scheier, M. F. *195,199*
Scherer, K. R. *233*
Schneider, D. J. *194*
Schneider, R. *246*
Schneider, W. *114,115*
Schoenberg, B. *217*
Schultz, W. *86*
Schwartz, G. E. *194,255*
Schwarz, N. *14,22-26,28-31,54,113, 124,125,133,141-145*
Segal, Z. V. *276*
Shah, J. Y. *119*
Shiffrin, R. M. *114,115*
清水秀美 *46*
Shoda, Y. *257*

Silver, R. C.　*217*
Sinclair, R. C.　*29*
Singer, J. E.　*14*
Skinner, B. F.　*67*
Skurnik, I.　*137*
Smith, C. A.　*12,21*
Smith, E. E.　*87*
Smith, E. R.　*115,139*
Smith, J.　*225*
Smith, R. H.　*179*
Smith, S. M.　*100*
Smith, T. W.　*202*
Smyth, J. M.　*198,214,217*
Snodgrass, S. E.　*230*
Sobel, N.　*107*
Solarz, A. K.　*118*
外林大作　*194*
Spencer, S. J.　*121*
Spiegel, D.　*203*
Spielberger, C. D.　*46*
Squire, L. R.　*71*
Steel, C. M.　*144*
Steil, R.　*201*
Stepper, S.　*135,141*
Stevens, M. J.　*205*
Strack, F.　*70,135,138,141*
Strange, B. A.　*77*
Strauman, T. J.　*158*
菅原健介　*180*
菅原ますみ　*165*
Sugiura, Y.　*271*
杉浦義典　*205*
Sutton, S. K.　*154*
鈴木伸一　*265*
鈴木直人　*225-227*
Symons, C.　*255*

T
Tait, R.　*217*
Takai, J.　*233*
高野陽太郎　*47*
Tamir, M.　*254-256,258*
田中知恵　*37*
Tangney, J. P.　*125,171-177,180,183*
谷口高士　*48,50,96*
丹野義彦　*263*
Taylor, G. J.　*195*
Taylor, L.　*83*
Taylor, S. E.　*99*
Teasdale, J. D.　*272,273,276*
寺崎正治　*53*
Tesser, A.　*181,204,217*
Thayer, R. E.　*205*
Thorpe, S. J.　*201*
戸田正直　*7*
Tofighbakhsh, J.　*136*
Tomarken, A. J.　*82,83*
Tomb, I.　*82*
Tomkins, S. S.　*228*
Tormala, Z. L.　*145*
Troccoli, B. T.　*98*
Tulving, E.　*255*
Tversky, A.　*23,140,141*

U
内山伊知郎　*177,178*

V
Van den Berg, A. E.　*248*
van der Kolk, B. A.　*95*
Velten, E. J.　*47*

W
和田　実　*232*
Wagner, A. R.　*268*
Wagner, H. L.　*225*
Wänke, M.　*142,145*
Watkins, E.　*274*
Watson, D.　*46,83,153*
Watson, J. C.　*195*

Wegener, D. T.   *30,35,197*
Wegner, D. M.   *194,200,202,206,244,275*
Weinberger, D. A.   *194*
Wells, A.   *265,269,271,272*
White, T. L.   *154*
Whittlesea, B. W. A.   *146*
Wicklund, R. A.   *232*
Williams, L. D.   *146*
Wilson, T. D.   *85,114,126*
Winkielman, P.   *134,136,143,146*
Wolpe, J.   *265*
Wood, J. V.   *98*
Worth, L. T.   *28,29*
Wurf, E.   *102*

Y

Yalom, I. D.   *216*
山本恭子   *225-227,230*
Yarczower, M.   *224,225*
安田朝子   *154*
余語真夫   *200,218,228*

Z

Zajonc, R. B.   *135,228*

執筆者一覧 （五十音順，＊は編者）

青林　唯（あおばやし・ただし）
障害者職業総合センター　社会的支援部門
担当：第13章

伊藤義徳（いとう・よしのり）
琉球大学教育学部准教授
担当：第14章

及川昌典（おいかわ・まさのり）
同志社大学心理学部助教
担当：第6章

尾上恵子（おのうえ・けいこ）
修文大学短期大学部講師
担当：第11章

北村英哉（きたむら・ひでや）＊
東洋大学社会学部教授
担当：第1章（共著）・第3章（共著）

木村　晴（きむら・はるか）＊
同志社大学感情・ストレス・健康研究センター研究員
担当：第1章（共著）・第3章（共著）・第10章

木村昌紀（きむら・まさのり）
神戸学院大学人文学部講師
担当：第12章

榊　美知子（さかき・みちこ）
南カリフォルニア大学
担当：第3章（共著）・第5章

田中知恵（たなか・ともえ）
明治学院大学心理学部准教授
担当：第2章

永房典之（ながふさ・のりゆき）
新渡戸文化短期大学生活学科准教授
担当：第9章

樋口　収（ひぐち・おさむ）
一橋大学大学院社会学研究科博士課程
担当：第7章

村山　航（むらやま・こう）
ミュンヘン大学
担当：第4章

山上真貴子（やまがみ・まきこ）
お茶の水女子大学アソシエート・フェロー
担当：第8章

感情研究の新展開

| 2006年11月20日 | 初版第1刷発行 | 定価はカヴァーに |
| 2011年10月10日 | 初版第3刷発行 | 表示してあります |

編　者　　北村英哉
　　　　　　木村　晴
発行者　　中西健夫
発行所　　株式会社ナカニシヤ出版
〒606-8161　京都市左京区一乗寺木ノ本町15番地
Telephone 075-723-0111
Facsimile 075-723-0095
Website http://www.nakanishiya.co.jp/
Email iihon-ippai@nakanishiya.co.jp
郵便振替　01030-0-13128

装幀＝白沢　正／印刷＝ファインワークス／製本＝兼文堂
Printed in Japan.
Copyright © 2006 by H. Kitamura & H. Kimura
ISBN978-4-7795-0110-4

◎本書のコピー，スキャン，デジタル化等の無断複製は著作権法上での例外を除き禁じられています．本書を代行業者等の第三者に依頼してスキャンやデジタル化することは，たとえ個人や家庭内での利用であっても著作権法上認められておりません．